腾讯娱乐
原创书系

腾讯娱乐　编

封面人物

娱乐大人物的真实与谎言

世界知识出版社

图书在版编目（CIP）数据

封面人物：娱乐大人物的真实与谎言 / 腾讯娱乐 编. —北京：
世界知识出版社，2015.12

（腾讯娱乐原创书系 / 杨瑞春 主编）

ISBN 978-7-5012-5103-2

Ⅰ.①封… Ⅱ.①腾… Ⅲ.①名人—人物研究—中国—现代
Ⅳ.①K820.7

中国版本图书馆CIP数据核字（2015）第289868号

总 统 筹　刘　静
统　　筹　罗雪萍　张立意
责任编辑　汪　琴　张　黎
责任出版　赵　玥
责任校对　马莉娜
封面设计　肖晋兴

封面人物：娱乐大人物的真实与谎言
Fengmian Renwu: Yule Darenwu De Zhenshi Yu Huangyan

腾讯娱乐 编

出版发行　世界知识出版社
地址邮编　北京市东城区干面胡同51号（100010）
网　　址　www.ishizhi.cn
电　　话　010-65265923（发行）　010-85119023（邮购）
经　　销　新华书店
印　　刷　北京京科印刷有限公司
开本印张　710×1000毫米　1/16　21印张
字　　数　409千字
版次印次　2015年12月第1版　2016年4月第2次印刷
标准书号　ISBN 978-7-5012-5103-2
定　　价　39.80元

序 ｜ 唯有时光，不可辜负

我和我的团队报道的这个领域，有人戏称为"贵圈"，甚至我们一个原创栏目，做娱乐行业深度调查的，也索性就叫《贵圈》，与《名利场》杂志的取名倒有些异曲同工。

"贵圈"之"贵"，不光是金迷纸醉，不光是一个代言酬劳上千万元，一部电影票房 20 多亿元。"贵圈"之"圈"，也不光是画地为圈，谁也进不来，谁也出不去。"贵圈"，它有它自己本身迷人的地方，它也有让人痛恨的地方；它有足够开放兼容并蓄的地方，它也有狭隘自闭阴沉冷漠的地方。聚光灯下的此圈看起来格外神秘，人们关心这个圈里发生的一切，好奇它的内在运作和身在其中的人们的命运。

很多人对于贴近这个圈子的娱乐报道者也怀有一份好奇。常有人说娱乐媒体是男女老少通吃的媒体，有最多元的受众，只要有娱乐的行为，就有消费娱乐资讯的需求，因此，娱乐报道覆盖的人群、层级更加复杂。我们需要告知公众哪部电影电视剧大火，哪一档综艺节目最好看，什么音乐什么演出值得去欣赏，我们从专业的角度奉献影评剧评，挖掘娱乐行业的幕后故事，点评各种娱乐事件，同时还要忙活那些八卦，明星的分分合合、婚丧嫁娶。后者对于一家娱乐媒体的重要性，还甚至一点都不比前者差，为什么？因为大众需要。

实际上从媒体人的角度，报道娱乐和报道时政、经济没什么根本不同，最好的报道者，无论给什么报道对象都能拿出高质量的作品，最终考验的还是判断力、立场、态度、写文章做报道的手艺。段位之高下，一目了然。假如低端的报道者充斥，别说深度报道，连八卦的质量也一样不能给予保证。你看到的八卦，在明星的世界里，那也许是他或她真实的感情，假如他们的感情发心纯正，为何就不能像普通人一样，得到尊重、理解和祝福呢？李晨和范冰冰选择在腾讯娱乐正式公开恋情，在公布之时，范冰冰特意恳请编辑部把李晨排在她的名字前面，只是这样一个细节就让我对她的好感倍增——她那一刻并不是一位明星，而是甘心放低自己姿态的恋爱中的女子。黄晓明、Angelababy 大婚，在筹备最紧张的时候，黄晓明甜蜜地向我"抱怨"，大婚需要他全面操心，去尽力实现 baby 的梦想。这样甘于付出的男人也只是一个恋爱中的男人，只不过他正好在娱乐圈。他克服身体的旧伤为 baby 排练舞蹈，只为给她一个惊喜，又有多少男人能够做得到呢？这也是为什么有些媒体拿屠呦呦获诺贝尔奖和黄晓明大婚做莫名比较的时候，腾讯娱乐态度鲜明地表达了反对意见，因为二者不应该被这样粗暴的对比。当然，理解明星们，但并非逢迎，我们是观察者、记录者、发问者。同样是范冰冰，在作为《封面人物》的采访中有这么一幕，记者很尖锐地问道："你第一次看到'红颜祸水'这类词的时候，有没有想到过自己？"范的宣传总监听到后警惕地转身，但范冰冰向她摆摆手。她沉吟着说："想到过。但我觉得这绝对不是我的命运。"这就是我们的栏目《封面人物》的力度和锐度。我们对邹市明的报道，如此真实而深刻地呈现了他的悲情，让他的妻子看得眼泪直流。我真的很想感谢我们的采访对象，面对我们的记者，他们勇敢展示了不为人知的一面：比如第一次讲述自己从监狱出来后，在横店演各种小角色谋生的刘晓庆，比如终于放下女神包袱，回归她心直口快本色的李冰冰，比如经历被封杀磨难的陈佩斯，再比如在体制和理想两端纠结的王学圻。

许多人对采访有过犹豫，几番同意又反悔，反悔又同意，但最终他们愿意让公众看到更真实的自己。这就是我们的《封面人物：娱乐大人物的真实与谎言》。

我们的深度报道栏目《贵圈》，每一篇都费尽记者和编辑的心力，他们来到娱乐发生的地方，揭开表象，力求深入探寻每一个娱乐事件或者现象背后的真相。我们回答了很多大众和行业最为关心的话题，比如：作为韩国文化重要输出平台的韩国娱乐产业，那个可怕的造星机器，它到底是个什么样子？我们的记者一年内4次赴韩国，一共在那里待了近两个月，先后采访了68个人，拿回了100多个小时的采访录音，最后，我们用一个系列九篇深度报道告诉你为什么（本书由于篇幅所限，仅选用了其中三篇）。以及，谢霆锋仅仅是个演员吗？给你看看他身后隐秘的商业版图，就知道答案了。又以及，明星办一场婚礼，背后到底有多少故事？国产片的特效真的是五毛特效吗？电视的收视率是在造假吗？普通人能在娱乐圈淘到金吗？将这些鲜活又专业的深度调查报道集纳成册，便是《贵圈：关于娱乐圈的32个真相》。

而《电影有内涵：唯有电影，不可辜负》是影迷写给影迷的文字，它聊这个时代里电影的一些变化，比如直男癌导演拍的片子到底是给谁看的，国产片的青春到底是不是我们的青春，郭敬明和韩寒的大战，到底在战些什么。它也聊那些经典之作，如彼得·杰克逊的中土世界，漫威宇宙、速激宇宙该如何打开，大家关注的电影节也几乎聊了个遍，而大公司也都没落下，戛纳的潜规则是什么，华谊能否做成百年老店，梦工厂告急怎么破，别急，我们有解答。《导演公园：对话拍电影的人》，光是把这些名字列出来就已经足够让人激动了吧：李安、王家卫、张艺谋、徐克、杜琪峰、许鞍华、贾樟柯、陆川，等等。看完了也许你就会知道，你喜欢的导演到底是个天才，还是一个混蛋，或者兼而有之。

　　世上存在各种各样先入为主的偏见，娱乐圈也许是偏见最多的地方，过多的光怪陆离，已经让这个世界的图景变得更加扑朔迷离。但究其本质，它也只是你我所理解的世界之一种，报道原则也并无不同，我们要力求报道是专业的、人性的、敏锐的、有深度的。在这个行业经历巨变的时代，无论是行业本身还是公众，都期待有更专业的报道者和记录者。腾讯娱乐此次出版的这四本书，大多是近一两年来的报道集纳，相比我们的目标，还有很多缺憾，我们还有很长的路要走，但我们想说的，也都在这些文字里头了，你来体会吧。

　　捧起这四本书，就像是捧起已经逝去的时光。它们，对得起我们的时间，希望，它们也对得起您的时间。

腾讯网副总编辑

2015 年 12 月 8 日

目录

第一部分

老牌巨星

范冰冰：我们这一代承受了老一辈没法承受的一切

文 / 叶弥杉　编辑 / 露冷　摄影 / 薛建宇

　　范冰冰小姐不在宣传期。所以，她终于有空在生日前夕，来完成这个和腾讯娱乐已经相约甚久了的深度专访。采访安排在了她的公司，记者走进会议室的时候，一旁的口语外教正收工告辞，她坐在白色的沙发上，吃着一盒蔬菜沙拉——真的只是蔬菜沙拉吗？而不是什么回锅肉吗？记者问。范冰冰显然明白这个梗的出处，笑着说："你们太坏了。"

　　不在宣传期的范冰冰没有化妆，并且还瘦了几斤，穿一件白色字母 T 恤和一条灰色长裙，有一种柔弱的美，曾经让画家陈丹青在飞机上偷窥了一路的侧颜，大约就是这个样子。见惯了她凌厉的眼线和大红唇，这一刻觉得她实在小女生得很，甚至非常替她着想：如果她经常以这样的妆容出镜，恐怕大众对她的观感与现在会大有不同。

　　然而她并没有选择这一面作为其出镜的那一面。只要在中国任意一座城市的主要商业街上走一趟，你都会迎面撞见很多次范冰冰。在那些广告海报中，范冰冰毫不例外地涂着艳丽的唇膏，大波浪的卷发拨到一边，单手或者双手掐腰，露齿而笑，齿若编贝。这些视觉印象，多少影响了我们对范冰冰的认知——艳丽的，高高在上的。

　　记者还见过范冰冰的另外一面。

　　一个多月前的上海，她为《王朝的女人·杨贵妃》跑院线的七个小时里，记者一直在她身边。那七个小时里，范冰冰要做的事情是去上海所有的大型影院里的某个影厅，见一下在那里等候多时的观众，与他们互动，回答几个观众提出的问题，送出几幅签名海报，然后与大家合影。每个影厅停留时间大约为 15—20 分钟。然后钻回奔驰 S600 座驾里，在汹涌的堵车潮里，奔赴下一个影厅，再一次重复上述步骤。

她和所有明星一样，并不喜欢这个过程。她不觉得这种宣传方式能给票房带来任何收益，但是职责所在，她说："我也是硬着头皮，没办法。"那个下午，范冰冰只补了一次妆。在第四家影院影厅的门口，上台之前，她躲进卫生间里，拍了下散粉，补了下唇彩，把平跟鞋换成高跟鞋。然后，灯光亮起，她上台，给观众鞠躬："大家好，我是冰冰。"笑容亲切。你无法从她的表情里看出任何的不愿意和不耐烦。

那个范冰冰是职业的——职业到没有情绪。

明星为自己选择不同的妆发与表情来应对不同的场合，适应不同的身份。而媒体则企图把那些台上台下、人前人后的碎片拼凑在一起，从而得出一个完整的明星写真。这些努力很可能谬之千里，但却是媒体不得不尽之义务——谁让明星是我们社会的新图腾，他们统治了我们上空十米处的所有广告牌。

这是一个不在宣传期的女明星，这也同样是一篇不在宣传期推出的采访稿。这里有我们在长达一个多月的时间里，所知所想的范冰冰。

那次前无古人的尝试

《VOGUE》杂志十周年封面拍摄的花絮视频里，所有参与拍摄的明星都回答了一个问题："你平时最经常使用的 app 是什么？"视频里，范冰冰想了一下，然后自己先笑了，说："美图秀秀啊。"

这个答案既出乎意料又在情理之中——谁都知道，没有明星会将没有处理过的图片公布于世，然而坦诚这点，又需要格外的勇气。

一个月前，范冰冰正在为自己的电影满上海跑影院，李晨突然发来一张照片，她在车上一下子就乐了。那是一张保暖衣广告图片，竖版。李晨面带微笑，穿着一身蓝色的保暖衣，双手合抱。她是那样乐不可支，尽管在旁人眼里这张图的笑点很难被立刻捕捉到。

很快，范冰冰已经有了完整的思路，她回了一条语音："要不往上截一点就上半身，要不就是全身到脚，不能现在这样截在膝盖上，这样构图没有美感。"

"不是帮他审片，"她后来解释，"我只是给他一些建议，毕竟图片对我是一个很专业的领域。"

很多人称赞过她对图片所传达信息的敏感度。经纪人穆晓光告诉腾讯娱乐，范冰冰是一个平时不出去玩的女孩子，最大的娱乐是宅在家。"早年网络、手机还不像现在这么发达的时候，她尽可能搜集国外杂志上美丽的造型，留存下来供自己参考，她在这方面下了很多功夫。现在她也会用手机来涉猎这些资讯。"

设计师卜柯文 2006 年与她相识，那时候他就觉得相比国内娱乐圈中众人，范冰冰对"形象"问题有格外的自觉。他曾在采访中称道范冰冰的可塑性："很多明星，其实是过不了自己心理的那一关。她会觉得，我怎么能是这样的呢？我很清纯。但范冰冰不是这样，为了造型上更完整，她可以做一切尝试。"

范冰冰与卜柯文联手的最成功的作品，便是范冰冰的龙袍形象。一个演员的作品往往指的是电影或电视剧；但一个明星不必拘泥于此：只要个人形象得到传播、引起关注，便可以视为广义上的作品，而在这个角度上，范冰冰最受人关注的代表作，应当是红毯上那个造型美艳、风格多变的中国面孔。或许也是因为这类作品的深入人心，有人将她称为红毯女星始祖。

但事实上，如今的红毯，后来人可以大无畏地想蹭就蹭，先驱范冰冰当年倒还都是带着作品去的。2007 年她在柏林电影节的造型已初见用心，但一举奠定她红毯地位的，还要等到 3 年之后的戛纳，而这两次出场机会，分别是由电影《苹果》和《日照重庆》带来的。

有消息称，中间那几年里她拼命找电影本子，片酬再低也不是问题，2009 年她拍了 7 部电影，忙的时候只能睡在保姆车上。除了她自己所说的，这是一个女演员对表演的热爱，或许在一定程度上，也包含一个女明星对展现渠道的亟须。

《日照重庆》得到入围消息时，离电影节只有 1 个月时间，卜柯文说服了服装设计师许建树，用了 27 天，请多名工艺师日夜赶工制成龙袍，依惯例，这点时间本来只够画完图、上完浆。而这件战袍送到范冰冰手里的时候，离出发只有 5 个小时。

她成功了。穿着龙袍的范冰冰后来被制作成了名人芭比——芭比娃娃中的高端款式，不用千人一面的芭比脸，直接复刻明星脸模。在过去的时代里，名人芭比序像是对女演员成就的致敬，比如费雯丽之于《乱世佳人》，赫本之于《蒂凡尼早餐》。而现在，范冰冰跻身其中。

在设计时，卜柯文已志在必得，早先接受采访时他强调"抢眼"之于红毯的意义。外媒的评价可以印证他的观点：范冰冰被看作深谙红毯要义，"每一次都成功地从一众着装风格四平八稳的美国明星身上夺去焦点"——"每一次"的意思是，除了 2010 年"龙袍"，还有 2011 年的"鹤袍"和 2012 年的"China 瓷"。用我们中国媒体的话讲，统称范冰冰的戛纳红毯三连击。

但范冰冰说，她并没有成功预感："因为之前没有人做过，我要不就做不成，做成了就是我的，对我来说都一样，这只是我的工作。但大家把它想得太神乎其神了，现在对时装周、走红毯太过神话了，觉得它是一个必然的模式。但真的不是，连我自己当时都不知道它是不是必然（成功）。"

这听起来更像是一个成功人士的谦辞。毕竟龙袍加身的辨识度，即便身经百战如范冰冰，也恐难有先例。当年荣归时被诟病"把野心穿在身上"，她并不客气地回应"我的龙袍你也未必敢穿"。

她几乎是当场就得到了实际回报。这年4月传出她将代言欧莱雅的消息，不过5月13日在戛纳现身时，合同尚未到生效期。但就在第二天，欧莱雅中国广发通稿，"高调向世人宣布牵手中国影星范冰冰正式加入巴黎欧莱雅明星'梦之队'，成为巴黎欧莱雅亚洲区最新代言人"。据说作为戛纳的官方合作伙伴，欧莱雅总部高层在现场为龙袍范所震撼，迫不及待邀其履约。5月18日，作为"全新代言人"，范冰冰为欧莱雅又在戛纳走了一次红毯。

尽管2005年以来范冰冰每年都出现在福布斯中文名人榜前十，但此前其排名主要依靠高曝光率，收入不过排在十几乃至二十几名，每年增幅约在几十万到几百万间。而2010到2011的一年间，她的收入迅速增加2000万，攀升到5000万级别，次年破亿。2013年至今，她已连续三年摘冠。

对于年年岁岁的红毯后来人，她们看到的范冰冰传奇的精髓可能更接近于此。无数的副本因此衍生：具备一定外形条件，用心揣摩用户需要，不管不顾地将自己置于被观看以及附带的被评说的位置上，甚至不惜动用一些出格之举以壮声势。即便观者早已对雷同模式感到疲劳，但她们仍前仆后继，款款走在各大电影节与时装周的红毯上。

对此，创始人范冰冰对腾讯娱乐说："我觉得这起不到任何作用，我自己都不知道它到底是不是必然。这群人应该是被我忽悠的。"

一场以结婚为目的的恋爱

以普罗大众的想象能力，范冰冰开发了一个女明星的全部商业价值。她没有停止演戏，同时当上了制片人；风姿仍见于红毯，也到交易所敲钟；没有放弃广阔的中国市场，也努力将形象输出到世界范围。她下一步还要什么，这超出我们所有人的经验。

开始赚钱是为了父母弟弟。舟车劳顿赶去为民营企业站半小时的台，再赶去下一家。那时候的宣传总监杨思维问她为什么要这么拼，她说："我不知道我能红多久。"

她红到了现在，给了父母弟弟他们一辈子都用不完的金钱之后，她改了目标，要给身边人好一点的生活。她的工作室的待遇在业内颇有口碑，在一个员工流动性极高的领域里，她颇为团队的稳定性而自豪。

　　"但我自己还不是人生赢家，"她说，"接下来的心愿，就是接几个自己想演的角色，有一个好的家庭。"想了想，她又加上一句："再做一点稳定的投资吧。就可以了，还要干嘛啊，我是个女的对吧。"

　　一个多月前在上海，她和记者讲述了一件12岁时发生的事情：初一报名是一个周五，到星期一开学的时候，学校花坛的冬青树后站了一排男生，远远拿着望远镜瞄她。"安保主任发现了，把他们全部罚到办公室去了。"她平淡地说着，一点得意都没有。

　　记者问她："那你第一次看到'红颜祸水'这类词的时候，有没有想到过自己？"

　　宣传总监黄子樱警惕地转身，但范冰冰向她摆摆手。她沉吟着说："想到过。但我觉得这绝对不是我的命运。"

　　就在上周，范冰冰过了一个粉红色的生日：Hello Kitty 的蛋糕，Hello Kitty 的气球，玫瑰花瓣组成了一个 Hello Kitty 玩偶。这一切都由男友李晨精心操办。从16岁在《还珠》剧组开始，范冰冰所有的生日几乎都是在剧组过的，李晨让她心中的灰姑娘第一次得到了一个生日庆典，他在朋友圈里称她为"小公举"。

　　范冰冰当天穿了一条花裙子，妆容清淡，笑容甜美，与父母和李晨在粉红色的气球门前合影。她在朋友圈里写道：谢谢你，李先生。

　　在人生的第34年，范冰冰终于回到了自己的安全区：家人永远在一起，童年始终不结束。

　　与李晨的这段恋情，是范冰冰出道19年来第一次公开了现在进行时的男友。"不然狗仔天天跟着，做什么事都不自由，家里窗帘都没法拉开。公开之后，上街走走哪怕有人围观拍照也没什么大关系了，对生活上的干扰会少一些。"

　　当然也有一重原因，恋爱中的女人，认为对方已臻完美。这个评价多少让记者有点意外，宣传总监黄子樱忍不住帮她圆了一下：完美的意义类似于，李晨的一切都符合范冰冰的标准，哪怕外界看来的缺点在她都是 ok 的。"不是的，他就是完美的，"范冰冰直接拒绝被解释，"这是事实啊。"

　　"那你遇到的完美的人多吗？"眼前这种小女生式的执着，有点吓到记者，不得不追问起她对完美的定义。

　　"很少，"她斩钉截铁，"目前来说，没有看到有什么人。"

这答案让黄子樱都不镇定了："这个问题我们没有讨论过。"而范冰冰又补了一刀："她们会说啊，这靠不靠谱啊，你要不要好好想想啊，你不要付出太多啊，你个傻帽。"

"要是放在 10 年前，他符合你的标准吗？"记者仍不死心。

"如果他还是现在的这个样子，他也是我的择偶标准。我觉得他就是那种典型的，能够一步一步成为好老公、好爸爸的这样的一个男人。他很稳定。"

哪怕是少女时期，她也没有迷恋过白马王子类型的男人。年轻时她的偶像是刘青云，带有厚道的、稳定的、能撑住一个家的感觉的男人；也喜欢过罗大佑，青春期总是需要一些沉郁的、沧桑的、诗人气质的歌曲。曾经她坐了一夜火车，从北京到上海看罗大佑演唱会。这可能是这个有着超强情绪管理能力的女人，一辈子做的最疯狂的事情。

她从没有与他们合作过，也没有寻求过这样的机会。在一些场合曾遇到，淡淡地打个招呼便过去。她没法说出"大佑哥我是你的歌迷啊"之类的话，这些纤细情感只属于她自己。

但 10 年前她确实没有注意到他。2004 年李晨进入华谊，2007 年范冰冰约满离开。三年间的年会、庆典乃至王中磊生日派对等活动，两人基本都会参加，但新晋员工念念不忘，公司一线全无印象。

"我们好了以后，他不断说你还记不记得我们当时在哪哪哪活动，每一个细节他都记得很清楚。我说我不记得了，他就去网上搜当时的照片，他连哪一天都能记住！"范冰冰回忆。

2006 年范冰冰主演的《心中有鬼》首映礼上，李晨作为导演滕华涛的朋友前来捧场，俩人与任泉一起合过影。2011 年《芭莎男士》一场活动，嘉宾大合照里，范冰冰和李晨之间只隔了一个冯绍峰。"他说你不记得我那天穿了一套蓝色西装吗？我说不记得。他只好又把照片找出来了，还说我那天跟他说过话。我说哦，一定是'hi 你也来啦最近忙什么呢好的好的再见'。"

恋爱后，李晨总说要写个剧本，写两个人无数次相遇又无数次错过的故事。"他描述的时候，我觉得特别逗。我们究竟有多少次擦肩而过啊，真是特别好玩的一个故事。"范冰冰说。

两人最终擦出火花，是因为《武媚娘传奇》。第一场对手戏，李晨有整整四页纸的台词，第一条过，一个字都没有念错。"演员和演员之间，一对手就知道对方有没有（功底）。"但真正的缘起却是在李晨拍摄《武媚娘》时坠马受伤，"不然他就客串个二十几天也不会怎样，我们拍了 8 个月，来客串的演员可多了。就是因为摔了那一下。"

"那一下"其实还摔得蛮狠，李晨甚至短暂地丧失了意识。当时地上躺满"死伤将士"，李晨要避开他们策马奔跑，因为担心群众演员被踩踏受伤，他调整马向无人处前进，因此自己迎面撞在树上，摔下马来。在片方发布的片花中，全场一阵混乱，身穿戏服的范冰冰飞奔上去看护李晨。"我是制片人嘛，演员受了伤总要多看望一下，问一下伤势如何了，让场务去送点水果之类的，这样才交流多了起来。"范冰冰解释。随后，李晨先杀青离组，两人断了联系。《武媚娘》杀青半年后，两人间或微信往来，2015年初，情愫渐生。

在这个时候她才开始去了解李晨。男方念念不忘的那些同台活动，在她看来，感受完全不同："这种场合都是到一下，打个招呼，快速就溜了。没有人会真的在那儿交朋友啊，都是以最快的速度撤离。"

这种娱乐圈的为数不多的简单天真，感动了栉风沐雨摸爬滚打二十载的女明星。更难得的是，甚至得到了她父母的心。范冰冰对腾讯娱乐说，自己的恋爱，关键因素却是父母的意见，此前所有的恋情的结束，基本都是因为母亲反对。"她妈妈是个三观极正的人，一抓着你就要说好久，这事应该怎样不应该怎样。所以她找的男朋友她妈妈要是不喜欢，一定会极力反对。"黄子樱说。

今年二月，李晨第一次正式上范家拜访。因为听说范冰冰父亲好酒量，李晨主动表示陪范爸爸喝酒，结果自己不胜酒力，醉倒在范冰冰家里。"我觉得好丢脸啊，我心想你可千万别睡在我家。他在我弟弟房间里睡了两小时，我赶紧过去弄他起来，结果是我开车把他送了回去，"范冰冰吐槽，"一般人不是应该处心积虑，小心翼翼，陪家长说说话的吗？话没说几句就倒了。"

虽然一边说着"丢脸"，但这位女明星还是露出了采访以来最甜蜜的笑容。"我爸妈觉得这孩子挺实在的，内心简单，没什么心机，"范冰冰有一点点小炫耀，"是挺可爱的，对吧？"

她承认这是以结婚为目的的恋爱。

腾讯娱乐问范冰冰，做你的男朋友李晨会不会有很大压力？"特别没有，"她大大咧咧地回，"因为他特别简单。如果一个人在一段情感当中还要去考虑到底能不能抓住对方的心之类的问题，我觉得就已经输了，早晚会出状况。我的情感的基础就是很自然地相处，没有抓不抓得住的问题。"

你看，那个愿望是不是就要达成。

一个童年戛然而止的小女孩

要一份安稳的家庭幸福，是范冰冰现在的诉求，和普通女生别无二致。在她的自陈里，那个华服浓妆、艳压全场到被诟病把野心穿在身上的形象，不过是她应对现实社会快速养成的分身，用来保护另一个范冰冰：一个童年戛然而止的小女孩。

15 岁她离乡背井，独自来到上海读艺术学校；在同龄人还被父母照顾周全，对自己的人生只需要负责上学考试和早恋的时候，她已经开始北漂，带着简历和照片东奔西跑找角色。

拍她人生中的第二部电视剧时，配戏演员失误，现场她被狠狠打了一巴掌，头晕耳鸣，世界变成不明所以的空洞回音。一个不置一词、含着眼泪演完的范冰冰由此出发，长成了我们熟知的模样。

在上海宣传那天，范冰冰从浦西到浦东、再从浦东到浦西跑了 7 个影院，参加了 8 场观众见面活动。在行进过程中，她才知道她需要 7 家影院一个不落，而搭伴宣传的吴尊只需要去其中的五家。对此她是最后一个知情的。

她身边的工作人员炸了。"之前说吴尊和冰冰一起做活动，我们才答应下来，根本没有说后面要让她一个人去；说好是 7 家影院，也根本没有说过一家影院里都要跑好几场。"团队里另外一位成员激动地跟记者说，"已经不是第一次了。前两天去网站宣传，说是安排大牌主持人让我们再加录一期，还叮嘱我们不能迟到，结果到时候去了，跟说好的完全不一样。"

工作人员当场发作："你们怎么可以这样？我们也不去了，一个人在台上看着多单，怎么跑！"

"一个人怎么就不能跑了，"在双方正在僵持的时刻，范冰冰站出来说话了，她没有看向任何一个人，声音也并不响亮，慢悠悠的，"想跑怎么都能跑下来，"顿了顿，"还是来吧，影院都卖了票了。"

因为她这句话，她身边自己的工作人员，还有片方，都得以松绑。然后她转过头，对宣传方那几个有点被吓到的女孩子客客气气地说："但我要给你们提个意见，以后你们安排见面能不能在放映后啊，看到正入神呢突然停了，电影里的人还走到台上，你是观众你也不乐意啊。"

进影院的时候，范冰冰总是先向观众为迟到道歉。很多年前，迟到而没有道歉曾是她的污点之一。尽管当时她化好了妆等在房间，却没有任何人通知她出席，而当她忍不住自己走到会场，立刻被勒令道歉。在那个发布会上 22 岁的范冰冰委屈得大哭，但她的眼泪第二天就成了媒体的嘲弄对象。

和吴尊一起出场的时候，她给对方足够的尊重。即便现场她赢得的欢呼声更为响亮，但在主持人让她抽取粉丝的时候，她坚持在场观众都是奔吴尊来的，应该由吴尊挑选。

一个 12 岁的小女孩磕磕巴巴地表达了对冰冰姐姐的喜爱，她耐心听完，笑着说："那你想不想和冰冰姐姐合个影？"

在一片艳羡惊呼中，女孩和她的母亲挤出人群上了台，范冰冰俯下身笑容可掬地搂着她的肩膀。"缘分难得。可能我们这一世只会碰到这一次，很多人甚至都不会碰到。如果可以做一点小事，让他们满足的话，我会挺高兴的。"范冰冰后来解释。她总结自己是付出型人格。

"冰冰有很敏锐的观察力，可以体验到别人的、环境的需求，这是她与生俱来的天赋。"穆晓光说。

就像在每个影厅最后的大合影里，她都会提醒前排的人别站起来，这样后排的人也能出现在照片里。她一遍又一遍地提醒，一次又一次地重复。而在她不做明星的瞬间，她也会细心地提醒自己的助手，"该走了"，"背包的拉锁开了"。

这种天赋往大里用，或许也是她"话题女王"的名号由来。本质上说，所谓话题，正是因为知道大众与传媒对一个明星的使用需求，才可以做到的配合行为。

我们这一代演员都是炮灰

在学会成为赢家之前，范冰冰也走过很长一段时间弯路。在穆晓光看来，问题的症结在于《手机》，范冰冰在里面饰演武月，一个第三者。

这个角色是她当时的经纪人王京花争取来的。为了在冯小刚电影里得到一个配角她大费周章；而为了说服范冰冰去演这个角色，她花了更大的力气。她们谁也没说服对方，大吵起来，金牌经纪人被一个小演员气到直接摔了手机。

范冰冰此前并没有演过电影。那时她的代表作品还停留在 16 岁时的《还珠格格》。这部几乎已经成为集体记忆的电视剧，使一个谢晋恒通影视学校的肄业生成为全中国人民眼皮底下的金锁，也使一个带着照片到处拜访剧组的北漂，成为琼瑶公司的签约新人。

初出名的兴奋期结束后，范冰冰无法忍受被公司晾在出租屋里无所事事。她的母亲担任着早年的内地明星经纪人的功能，帮她在外面接戏，公司知情后双方对簿公堂，最后以范冰冰偿付违约金告终。这是 1999 年，达成解约的具体数字，有说是 15 万，也有说 20 万，之前她饰演金锁的片酬总共不到 3 万元。

虽然获得自由身，但没有资源依托的小明星一样没有戏演。凭借金锁的影响力，范冰冰一度在广大基层地区跑穴赚钱。拍完《还珠格格》之后，她的父母关掉服装店，从山东搬来北京，她成为家里的经济支柱。在商演的唱歌跳舞签名合影的活动中，她用标准微笑替换掉自己当初的激烈脾气。

直到 2000 年范冰冰与王京花签约，依托华谊，获得了一些电视剧中活泼可爱的角色，最多再有点刁蛮任性。她从来没有遇到武月这么反面，或者说，这么复杂的人物。她知道这是机会，但她拒绝这个机会。

最后冯小刚说服了她。"他说没有绝对的正面，也没有绝对的反面，你认为这是一个反面的人物，她也有她可悲的地方，也有她会被人同情和关爱的地方。"

剧本里本有一场戏，武月见到严守一在节目里道貌岸然，轻蔑地笑了一声关了电视。范冰冰改成了电视继续开着，武月默默躺在床上流泪。很多人至今认为此处范冰冰达成了演技峰值。

《手机》成为 2003 年国产电影票房冠军，22 岁的范冰冰获得第 10 届华表奖最佳新人奖和第 27 届百花奖最佳女演员奖。但穆晓光认为，那是范冰冰"被妖魔化"的开始：观众把角色和演员合一了。

这种认识在当年或许是成立的。

在那之前，范冰冰的公众形象的确没有那么多的异色。在 21 世纪初的那些娱乐新闻里，常有一些"记者拨通了范冰冰的电话，就此开始了一场谈话"的即兴。范冰冰一本正经地介绍眼下的拍摄多么不易，合作的港台艺人何其 nice，下个月怎样的工作计划，接下来又将联手哪个大咖——华谊当时常常把她安排在合拍片里演个没什么戏的配角。

2006 年，她陷入最大的舆论危机，有人言辞凿凿地发帖称范冰冰整容、涉黄。范冰冰承受了来自全国人民的道德谴责，如今以情商著称的范冰冰，当年情绪失控到曾出过在机场脚踢记者的新闻。

穆晓光就是在这一年认识了范冰冰。他投资的电视剧《封神榜》由范冰冰饰演苏妲己——又一个著名的狐狸精。他的记忆里，范冰冰当时进组较晚，在他能看到她的时候，总在加班加点地拍戏，"认识她的人、合作过的人都知道她好不好。"之后他邀请范冰冰出演他投资的另一部戏，适逢范冰冰将与华谊约满、考虑去向，他建议她成立自己的工作室。

"我们以为她在华谊的经纪人会跟她走，但没有。她问我能不能帮她一段时间。当时正好遇到柏林电影节，她想把全家都带去玩，但他们接触国外事务的经验比较少，都是我张罗的，一直陪同到回国。她妈说，行程当中突然多了个男的，这怎么跟人介绍啊，就说是经纪人吧。其实我是做制作人的，她妈妈一句话，我就稀里糊涂当上了经纪人。"穆晓光对腾讯娱乐回忆。

穆晓光说自己与范冰冰性格投契，都是直来直往的脾气。2006 年针对整容传闻，范冰冰跑到中日友好医院求鉴定。"她就是这样的女孩子。通常不回应，但你写多了，她就做一个证明给你看看，有多少女人敢去啊。"而穆晓光的做法，则是根据 IP 地址和注册信息，找到了在天涯上揭露范冰冰各种黑幕的"二线女艺人"。

他从北京坐飞机到西安，再转车抵达下属的一个小县城，发现那其实是两个初二的女学生。其中一位后来给范冰冰写信道歉，称发帖是受一名在北京的演员姐姐指使。"我一到那儿就后悔了，当时就觉得好无聊，自己怎么会花这么多时间，来到这么边远的地方，做这样一件事？这些小孩甚至连西安都没有去过。"

这个时代的真相已经如此难以寻觅，即便她真找来一些线索，很多人也不屑一顾。在她出具并未整容的医院证明时，人们说她买通了医院；当她在博客公布初中生的道歉信时，人们说她自编自演。2007 年，范冰冰留下一篇《万箭穿心，习惯就好》，就此关闭博客。在她 30 岁被称作"范爷"的时候，回望那段岁月，她认命地说："我们这一代演员都是炮灰，我们这一代承受了老一辈艺术家没法承受的一切。"

一个巨大 IP 的炼成

在经过了被负面驱使东奔西跑来证明清白的阶段之后，范冰冰和她的团队学会了在这个时代当一个明星的核心法则：你是一个怎样的人，远不如你看起来是一个怎样的人来得重要。

2007 年，范冰冰成立了自己的工作室，开始建立自己的品牌。

美是她最核心的资源，沸沸扬扬的整容传闻背后，印证的或许就是这张美丽的脸的影响力或威胁性。当务之急是让这样的优势资源找到更令群众喜闻乐见的盘活方式。在穆晓光的观念里，那就是在电视剧中出演牺牲、隐忍、付出的完美女性，"三从四德，很正面，出淤泥而不染"。他认为电视剧对普通人的影响更大。

当时穆晓光为范冰冰定制了《胭脂雪》与《金大班》两部剧集，前者是于正首次独立担任编剧的作品，后者根据白先勇小说改编，但被原作者多次公开批评。穆晓光解释："白先勇写的金大班是一个舞女，感情经历很丰富。我笔下的金大班是一个从一而终的女性，这是对中国道德价值观的一种扩展。"

"就像韩剧会描写男女主角在结婚之前没有上过床，我们都知道这种现象是假的，但都喜欢看，因为每个人的心目中都有一片净土，是对于自己最美好的愿望。"这个长期一身黑衣，被媒体描述为"兼具海员与江湖老大的气派"的台湾大叔说。

相比电视剧的穆晓光主导气质，电影较为体现范冰冰自己的趣味，"看她的喜好与诉求，我们只是给予建议，还是以她自己的意愿为导向"。

两人曾就《观音山》有分歧。穆晓光介绍，最初剧本是以张艾嘉为主要叙述人，三个年轻人都只是闯入她生命中的配角，他觉得范冰冰的空间不大。加上此前与李玉合作的《苹果》尺度颇大，后来还出现遭禁的风波，他建议不作考虑。

"但她几乎是很本能地觉得能够出彩，坚持要上这个戏。我们也就一起顺着她的意思做了，过程如果有分歧，最后肯定还是听她的。她因此拿到东京电影节最佳女主角，这是她自己争取来的。"穆晓光说。

但并不是所有电影都是《观音山》，为范冰冰在片中追加戏份，并不意味着最后就能得到好评与奖杯。新近上映的《杨贵妃》便是一例，口碑、票房都未达到预期。

不过范冰冰之所以成为范冰冰，从来也不是依赖于这种传统的演员评价体系。在那个体系里，拿不尽的奖项像打不完的怪兽，电视剧演员出身的范冰冰可能才过第三关，那些出道就走在她前面的同行可能已经完成了五刷十刷。另一方面，以一个女演员的标准，范冰冰显然不是祖师爷最赏饭的那个，在塑造人物的角度，美貌不仅不是绝对优势，甚至可能成为负担。

事实上，戛纳红毯之前，范冰冰就已经在尝试新的被观看的方式。2008年，她与成龙一起登上了《时尚芭莎》情人节专刊封面，而后，大刊封面的通关任务成了她的新目标。尽管范冰冰并没有放弃演戏，但相比表演拿奖的时间成本、难度系数与偶然几率，杂志硬照路线是她更能胜任，也更快见效的。

长期合作的摄影师陈漫称赞范冰冰具有强烈的可塑性。2009年，陈漫为她拍摄的《时尚先生》封面，范冰冰表情迷离，微仰的下巴涂满泡沫，手拿一把剃须刀。在其他几组配图里，她穿着塑身内衣，拉链拉到一半，或观看镜中自己。她分明还被当作欲望客体，然而配文的标题却是"我身体里住着一个男人"。

文章如今已经不再有什么人记得，图片在人们的记忆里活得更扎实、更长久。"范爷"这个外号，也差不多从这个时候开始不胫而走。有说是陈漫拍摄刮胡子封面时的一时发挥，被工作室发扬光大；也有说法是论坛网友上对她的尊称，逐渐被粉丝叫开。范冰冰本人坚持后者。"我第一次听到是刚下飞机，做一场活动，忽然听到有人叫范爷，我还问同事这次演出里还有范伟吗。结果小朋友签名的时候跟我说，你有一个新的外号叫范爷。可能起这个外号的人会很自豪吧，叫了这么多年，变成了一个巨大的IP和品牌。"

总之，在那几年里，"范爷"这个绰号如一场大雨，将原来的范冰冰洗刷了一遍。"爷化"了的范冰冰，似乎不再是其他女性在性别关系中的天然且强势竞争者，而是一个励志的偶像，模仿的榜样，甚至幻想的对象。而对于不时需要接受采访的女明星来说，这是一个话题的富矿，那一时期她的很多加分的标题金句都源于这个主题。

然而范冰冰并不喜欢"爷"这个称号——虽然它如此的好用，但离范冰冰对自己的认知相去甚远。几年前，她便在媒体上表示过，自己并不喜欢这个称号。只是这并没有什么用处。

2010 年范冰冰以切·格瓦拉造型再上《时尚先生》封面，配图中更包含她的猫王、李小龙等 cos。2011 年，另一家男刊《GQ》特地派了一男一女两个编辑去采访、观察范冰冰，"因为这个封面人物身上体现出强烈的、让人好奇并困惑的双重性别特质"。《VOGUE》甚至在 2012 年为她做了一个"两性范冰冰"的双封面，称之为强势女性社会的开始。

在被反复冲泡过几年之后，"爷"的戏剧化力量便慢慢弱了——终于开始弱到有人注意到范冰冰对这个词的暧昧态度，她一边使用着它，一边又抗拒着它。只是在这个词很有用的前些年里，这种声音完全未被听到过。

宣传总监黄子樱对此非常委屈："明明我们一直在说，其实不喜欢'爷'这个称呼，怎么现在就成了范冰冰要洗白了？"

如今范冰冰希望大家更多注意到她小女生的一面。她向媒体透露，其实她生活里搜集洋娃娃、热爱粉红色、去影院只看动画片。作为一个明星，她偷偷在月黑风高的晚上跑去蓝色港湾看樱桃小丸子展览，在影院做活动看到大白玩偶的时候，毫无偶像架子跑出安保范围扑上去合影，还要跟穆晓光普及："大白的名字叫 Baymax！"

这是一轮新的与媒体和大众认知之间的拉锯——或者范冰冰赢，人们接受大明星心底的小粉红，并赐予这小粉红更多的意义；或者范冰冰输，人们永远不相信她心里有着如此简单的一角，永远将她置身于自己想象的故事之中，在那里，她眉目张扬，心思深重。

就像没有谁能预测范冰冰下一次将以什么造型出场，同样也没有谁可以预测范冰冰下一个五年的形象。范冰冰尚未完成最终的进化。范冰冰正在进化中。

刘晓庆：我的人生没准还有奇迹

文 / 狠狠红　编辑 / 露冷　摄影 / 薛建宇

诺曼·梅勒这么写女明星这个群体："女明星们都生活在一般人难以想象的另外一个世界，对于外部世界都有着巨大的不信任。每个伟大的女演员都是一段流年，因为她们是被造就出来的，并且很多时候不能控制自己的命运。"这句话最初用来形容玛丽莲·梦露，后来则被反复引用，用在不同的女明星上，比如章子怡和周迅，但刘晓庆并不适用这句评价——她身上丝毫没有那种女明星式的自怜与脆弱，亦不是那种玻璃钟里的明星。

那种自怜也曾出现过一次，在更早一点的时候，在她写第一本自传的时候。她抱着满腔热血，以一种"写完这本书，交代完这一切，就可以清清白白去死"的心态。但世界对她坦诚的回报只是铺天盖地的骂声。她很快就意识到了明星和大众之间那种脆弱的关系，于是再也不打算把自己送上烈火熊熊的祭坛，如今的刘晓庆说："我是绝对不可能自杀的，如果有一天说刘晓庆意外死亡，那么一定是他杀。"

她离死亡最近的一次，是在新加坡的圣淘沙游泳。退潮的时候，她想逆流游到一块礁石上去，结果遍体鳞伤，觉得死亡近在眼前。"时代的大潮。"她心有余悸地说。

刘晓庆自称花了很多时间来思考自己与时代。她形容改革开放时的中国是一条"没有红绿灯，没有交警的高速路"，只要"胆子够大，敢玩命"，就可以在这条路上飞速前进。她称今日之中国与当年她暴富时的中国区别是，"那个时候就是像一个停车场，停车场是空的，像我这种技术不好的，只要能发动汽车，就能够把它停在当中，占据最好的位置。但是现在已经不行了，车位已经满了，对不起"。

"世界上除了生死，没有不能逾越的困难"，现在刘晓庆已经有足够的资历来说这句话，"人生无非两句话，第一句话就是这个"，另外一句是，"只有用自己双手创造的未来，才是唯一可以掌握的命运"。

新裙子与蜜蜡

刘晓庆是在大理亚星大饭店的大堂为腾讯这次采访拍摄照片。

亚星大饭店始建于 1993 年，当时大理的旅游尚未得到任何开发。台湾商人看中了这块距离大理古城最繁华南门一公里靠近国道的荒地，认定它将来会有巨大的商业价值。这份投资眼光在日后得到了回报，在大理旅游刚兴起的时候，作为本地第一家五星级酒店，亚星大饭店独占鳌头了多年。现在，在希尔顿等外资都纷纷进入的时代，亚星已经不如往日那么风光。

刘晓庆穿着一条蓝色的裙子，这是她昨天在大理古城逛街时买的。她买了两套，一套绿色、一套蓝色。小店店主并没有因为她是刘晓庆而给她一个巨大的折扣，反而坐地起价，一套在淘宝价格不过百来块钱的裙子，变成了两百元人民币。但刘晓庆早就习惯自己的名人效应带来的负面影响，当即喜滋滋地换了穿上。另外一套，则是给这次拍摄准备的。鞋子也是昨天买的，一双白底蓝色扎染的布鞋，"是不是很好看""我觉得特别好看"，刘晓庆衷心赞美着这双鞋子，十分钟内共计四次。

对于自己喜欢的东西，刘晓庆从来都是这般，欣赏了又欣赏，赞叹了又赞叹。在大理的这几天，她迷上了一个游戏。"嘿，给你看一个惊喜。"刘晓庆把握拢的手伸到朋友面前，"一、二、三！"她摊开掌心，手中握的是一块棕色带花纹的蜜蜡。

有时候她重复地在同一个人面前表演，会被对方提醒："你昨天已经给我看过了。""哦，是吗？"她虽然略感扫兴，但还是忍不住地想得到一个正面的回馈："你看，这个是不是特别好看？"

这些年，她迷上了蜜蜡，兜兜转转砸了不少钱在上面。凡是她认定的朋友，她都力劝对方应该买几块，可收藏，可转卖——她会和人说自己过去的故事，比如从秦城监狱出来的时候，她靠转卖了几块曾经收藏的翡翠而得到了一定周转。而对于关系更加亲近，又不肯购买的朋友，她恨不得自己跳出来亲自购买送给对方。她团队的所有成员，每个人脖子上全都挂着拳头大小的蜜蜡，标识非常明显。

拍照的时候，刘晓庆也希望照片能够让她胸前的蜜蜡得到充分的展示机会。她的女助理在一旁记录下她的工作瞬间，照片用了美颜软件修片，一些照片会出现在她的微博上。外表始终是她看重之事，在她的第二本自传里，她用了很多笔墨来写自己的容貌，及其带给人们撞击。比如，"我笑眼盈盈、妩媚、迷人，充满了自信，像一朵艳丽的山茶花正在盛开"，这是她形容自己所拍的一张照片，言辞之间，坦坦荡荡，无半分闪躲。

而今虽然已经年近六十，但她平日里的妆并不重，只擦一点 BB 霜。记者称赞她的妆感自然通透，她便高兴了起来："一个美国牌子的，我回去给你看一下牌子。你需要吗？需要的话，我回美国的时候给你带一支。"她热情的一面又跑了出来："我不是空许诺，我说带肯定给你带，你去问问我朋友，我从来都说到做到。"

与前男友们全都成了好友

为了这次采访，她自费请她的化妆师从上海飞来大理。刘晓庆不喜欢厚重的妆感，化完妆，她又拿起润唇膏，在眼下、两颊等地方轻轻抹了点。"放心，我不会破坏底妆的。"她对化妆师说，显得驾轻就熟。这是一个化妆的小技巧，用润唇膏这样的高油脂产品，可以增加底妆的光泽度，但缺点是较易脱妆。最后，化妆师给她上了一点唇蜜。"颜色有点红啊。"她对着镜子说，"会不会太红了，我还是擦掉点吧。"她一边说一边拿过纸巾，但所有人都表示这个程度的红刚刚好，并不算很艳丽，她将信将疑地看了看镜子。"那好吧。"她最终决定相信大家。

她有自己的一套经验，"像我们这样五官比较深邃的人，其实不用多浓的妆，只要稍微加深一下轮廓就好"。她谈起自己和化妆师的合作："毛戈平是我请他化武则天的妆的，从我主演的武则天开始，才开启了港台及全世界对中国包装和化妆技术的认同。"

"你应当去采访一下毛戈平。"她靠在椅背上，化妆师在进行最后的步骤，把她的头发烫卷，"当年还没有人认识他的时候，我就对他说，将来你会功成名就，财源滚滚。"

她觉得这是自己的一种独特能力，她乐观、积极，总能看到事物的优点而不是缺点，"这是一种天才，我特别能看到别人的才华，对于这些有才华的人，我可以毫无保留地做他们的助跑器——叫发射器、发射塔什么的也可以"。

为此佐证的是，刘晓庆至少力助自己的两任男友成为导演。一个是陈国军，她扶持他拍了《无情的情人》与《大清炮队》两部电影。另外一个，则是如今中国的大师级导演姜文。在《我的自白录》里，她写过这段经历。当时，姜文虽然对于当导演这件事非常心动，但临到门前，又十分犹豫，以刘晓庆对他的揣度，认为他是完美主义作祟，"假如一件事刚开始就犹豫不决，那他就永远不能再做那件事了"。最终刘晓庆说服了姜文，他决定放手一试。

题材定下来了，改编自王朔的《动物凶猛》，两人共同确定了电影的名字《阳光灿烂的日子》。电影需要一百万美元的投资，筹资的任务由刘晓庆一力担当，她四处化缘，从四川到香港再到云南，所有可能投资的朋友都被她骚扰个遍，自己也倾尽家底，甚至逼妹妹拿出最后家里买米的一万块钱。在书里，她这么形容："那一万元是我从她紧紧攒着的拳头里抠出来的。"

"每一个跟我分手的男性，我们都是好朋友。"刘晓庆用一种非常笃定的口气说。记者追问："包括陈国军吗？在他写了那本《我和刘晓庆不得不说的故事》之后？那本书可没说你什么好话。"她立刻为陈国军及自己辩解："他那是一时激愤而已，后来他很后悔的。"

说着，刘晓庆拿起手机，在通讯录里寻找陈国军的名字："我让他自己跟你说，现在就说，一定要让他在你们腾讯上承认自己当年错了。"

记者当然点头称好。

刘晓庆一边继续翻动手机，一边对着屏幕，娇嗔地抱怨了一句："坏人。"但或许是觉得直接电话略有不妥，最后她选择用了微信沟通，她对着手机说："陈国军，现在我跟腾讯的记者在一起，她问到我们俩，她说你写了一本书，我说你这本书早就说过是在特别冲动的情况下写的，你现在可以跟这个记者说两句吗？"

她查看手机，发现这段语音并没有录上。"怎么回事？"她嘟囔着，插上耳机，又录了第二遍，言辞稍微有点修改，"你这个坏蛋，现在你可以跟这个记者说，你是出于一时激愤，才写的这本书吗？我等你的答复。"

但遗憾的是，这一遍由于耳机插错了，仍然没有录制成功。"气死我了。"刘晓庆不得不录制了第三遍，这时她显然有点烦躁了，语速加快了很多，但语调倒更加甜美了。这次终于成功了。在采访结束后两个小时，陈国军微信回复了她。刘晓庆把他的回复截屏传给了记者，上面如约写着："我的确只是出于一时激愤！"另外一句，是对未能及时回复的解释："刚才信号不好！"

"他那时靠这本书挣了些钱。"刘晓庆没有提这本书在当时对她造成的名誉损害，似乎那根本不存在。她说："挣到钱就是好的，也值了。"

在秦城，以为自己是要被枪毙的

刘晓庆有过一段"穷怕了"的岁月，这让她对金钱的态度非常务实。穷困曾经给她非常鲜

明、深刻的记忆，也是她人生很多时候的奋斗动力。她第一次走穴是1983年拍摄《火烧圆明园》《垂帘听政》期间，在剧里，她是大权在握的西太后慈禧，但在剧外，大陆演员和香港演员被分别对待，她想吃肉而不得，羞愤地大哭。这时，每场150元报酬的走穴机会，一出现在她面前，她立刻就被打动了。几天后，"身携巨款"的她回到北京，第一件事就是关上房门，从裤腰里掏出那个装满了现金的牛皮纸信封，开始数钱，数了又数，3600元她整整数了一夜，兴奋激动地简直快要瘫倒。赚到了钱的刘晓庆重回片场，状态神勇，所有的戏都一条过，让原本对女主角突然失踪充满愤懑的导演李翰祥无话可说。

在之后的日子里，刘晓庆亲自组织了"穴队"，自己充当"穴头"，因为信誉好，还被队友们取了一个昵称叫作"大猫"。然而"爱财"在彼时的中国是一件可耻的事情。某次在长沙演出的时候，台下观众掷出的硬币如冰雹一样向正在唱《康定情歌》的刘晓庆砸来，伴随着观众的吼声："你不是要钱吗？给你！臭不要脸的！"

作为一个相信自己早已征服了全中国人民的女明星，那是刘晓庆第一次面对来自大众的恶意与驱逐。但对于刘晓庆来说这不是一个问题，她绝不会因为他人而对自己的目标退缩。那段时间，那个目标是要赚5万块钱，然后这个目标越来越大——在1986年《芙蓉镇》开拍之前，刘晓庆去了一趟深圳，开始涉足香港的楼市。她全凭直觉前进，押上自己所有的积蓄，和银行签了贷款。她深信自己拥有绝处逢生的运气，在过往的日子里，她几乎全靠这种"豁出去"的勇气成就——就像1969年，作为一个襄渝铁路上女民兵的她，爬上一辆进城的货车，找到军区政治部首长，在他面前破釜沉舟地表演了一切她所会的东西，从弹琴到跳舞，最后终于如愿成为达县军区宣传部的女兵，从而开始一生的转折。

从计划经济时代走入商品经济，从一个女兵变成一个女明星，刘晓庆从来都知道，要改变人生，能依靠的只有自己。她那种旺盛的生命力支撑着她度过了秦城监狱的422天——她很自然地提到了自己的"秦城岁月"，"我那个时候是亿万富姐，不是假的，那个年代比较好挣钱，我真的挣了那么多，开了很多公司，结果一家小公司出了问题，我是法人代表，就被抓进去了"。

"改革开放以来，《福布斯》杂志公布中国百名富豪榜，出了十期，有十名富豪都去了秦城。"距离她离开秦城已经过去了12年，她早已脱离刚出狱时那种捉襟见肘、一文不名的状态，重新坐上了时代的头等舱。"在里面的时候我决心好好锻炼身体。我们那个房间就两平方米——这个数字可能不准，你回去查查再写啊，相当于就是一个方形，要住四五个人，我每天就在房间里跑斜角，特别像华子良，《红岩》里的那个。我一跑，他们几个都得贴墙站，我每天跑8000步，没有钟表，得自己数着。"

除了跑步，还有洗冷水澡、学英语、看书——包括琼瑶、古龙、卫斯理的全集，她说："想研究一下他们到底为什么能风靡一时，因为我也是做这一行的。"牢狱生活前所未有地激起刘晓庆的斗志，她强制自己每天都要充实地度过，无论是身体还是精神方面。如今她可以承认："原来我以为我是要被枪毙的，结果没有被枪毙，我就觉得我赚了，这是我现在为什么每一天都活得这么开心的原因。"

刘晓庆的秦城岁月从 2002 年 6 月 19 日开始，2003 年 8 月 17 日取保候审，暂时出狱。2004 年 5 月 10 日，检察院下达不起诉通知书，取消了刘晓庆"取保候审"的身份，她终于彻底获得自由身。接下来的问题则是生计问题，"那时真是一分钱都没有，还欠了一千多万的债"，实在过不下去了，她的妹妹说："那我去当临时工吧，反正咱俩吃得也不多，一起生存肯定没问题。"刘晓庆同意了："否则能怎么办？有朋友借了点钱给我，我去菜市场买菜都得砍价，有时候别人看到是我，就把菜送我了。"

在进秦城之前，刘晓庆已经很久不怎么演戏了。整个 90 年代，她只演了一部电影，五部电视剧——做生意比做演员来钱多得多。但转过头来，演戏这个技能，再次拯救了她。"第一部戏是张纪中请我去拍的，只要给钱，什么戏我都拍"，她在横店整整待了一年多，拍了二十多部戏，"有台词的是一天 300 块，要是台词能多一点，价钱就会又高一点"。

"恍若隔世。"她仔细地向记者描述自己当时地位的落差，"在进去之前娱乐圈是我一个人的天下，压根就没有别人，出来之后，我忽然发现，'洞中才数月，世上已千年'，一大批过去没有听说过的演员迅速成长，占领了各个剧组的主演，我给他们当小配角，就是主角在坐着聊天，我扮演的小配角进去说，'小姐，门外有人找你'或者是'小姐，请喝茶'这种。"

她详细描述这落差，对此毫无怨言，就是这类"老妈子"的角色，给了刘晓庆真切的幸福感，"我很多时候就是坐在凳子上等上场，坐在那儿，我就慢慢想，一句'小姐，请喝茶'我可以想十多个方案。我没有被枪毙，还可以再演戏。别人问我难受吗？我说不难受啊，别人给我机会，我还能赚钱，别人这是看得起我"。那段时间，刘晓庆以"价廉物美"在横店走红，被尊称为"横店第一漂"。如此努力地工作，加上变卖了几块早年收藏的翡翠，让她很快还完了钱。"后来他们说刘晓庆就是刘晓庆。现在，在影视圈里，说心里话，我资本积累应该还是很好的"。

只要不是卖国贼和妓女

"凤凰涅槃。"刘晓庆用这个词总结自己的秦城经历，然后她一字一顿地说："说句心里话，在中国乃至全世界，基本上一个人面临破产，就不能东山再起，这是第一；第二，一个人如果有了牢狱之灾，也不能东山再起。"所以，从破产和牢狱之灾中走出来的她，自认是奇迹中的奇迹。

她非常清楚地记得自己所有"第一"与"唯一"的事迹，在聊天过程中信手拈来。比如，1981年，她去香港参加电影《原野》首映礼，成为第一个被海外认识的内地演员；再之后，她作为内地电影代表与林青霞越洋通话，"为冰封多年的大陆台湾关系吹出了第一阵暖风"；1983年，她是第一届春晚的主持人，也是唯一的女明星客串做春晚主持的；谢晋在自己的电影里从来不起用大明星，她是唯一的例外；当年为了支持陈国军拍摄电影《无情的情人》，她成为新中国第一位独立制片人；伊丽莎白·泰勒访华，她是与之密切对谈的唯一的内地电影代表；她还是内地第一个到美国办电影展的女演员……

这些"第一"并不仅仅记录了她过去的辉煌。2013年，她主演的话剧《风华绝代》创下"世界上一年内主演无B角话剧数量最多"的纪录，2014年她在美国演出，在莱斯大学的贝克讲堂演讲，"这是贝克讲堂历史上首次邀请政界外人物演讲"。甚至，下飞机行李"第一个"传送出来，也会让她有种"赢了"的快感，在微博上兴奋地记录了下来，共计两次。

她唯一接受的"第三"，是圈内著名制片人邓涛封给她的："中国翡翠第一人是清朝时期慈禧，第二人是民国时期的宋美龄，第三人则是当代影后刘晓庆！"

她毫不掩饰自己对于这一切成就的津津乐道。然而，她的坦荡不仅于此。在她过去的两本传记里，各种会让当代传媒激动的"猛料"俯拾皆是。比如，她写自己对第一任丈夫的不爱——他们仓促的婚姻，源自她急于从成都来北京拍电影，她因为拒绝夫妻间的亲热而被他打了一耳光；有一次陈国军被误抓，坊间传言，"陈国军和她妹夫都是从刘晓庆的床上被抓起来的"；姜文在上海拍摄法国电影《花轿泪》，她去探班，把正在与女朋友一起准备晚饭的姜文带走；她和妹妹在香港使用多米尼加的护照，导致妹妹被移民局扣留，自己也险些进去……

不为事情矫饰，亦不为自己辩护，这是刘晓庆自传的风格。在她第二本书的结尾，她这么写道："我觉得每一个字都是用自己的鲜血写出的。我的鲜血从血管中奔涌进心脏，从心脏翻滚进脑海里，再通过我的笔尖流到了纸上。我掏空了自己，就像是一只橘子，汁液全都榨干，只剩了橘子皮。"

现在，她正在写自己的第三本传记。她描述这本书的内容又将会是"惊涛骇浪"。

她从未怀疑过，自己是一个会被后世铭记的人。所以，关于她自己的一切，她都愿意以第一手呈堂证供的方式奉献给当下以及未来。她的一生，演过三次武则天，四次慈禧。做一个被历史所铭记的女人，这个诱惑大过于遮遮掩掩但占尽便宜地活着。

"我活着的时候是不会同意拍我的传记片的，我已经拒绝很多了。"但是，她深信，在未来会有这么一部电影出现，"我已经和我家人交代过了，等我死后，他们要怎么写我，你们都不要干涉，只要不是把我写成卖国贼和妓女，都通过。你们就拿版税就行了。"

她看过所有关于武则天和慈禧的书，在不同的书里，她们有着不同的形象，有时候是正面人物，有时候又是反派。"历史是需要隐瞒的，不可能完全真实。"她对于自己未来将会被如何描述全然不好奇，"他们未来要如何写我，我不会给他们任何建议，没有什么，有什么关系，不可能写得跟我本人一样。"

与传奇相处的日子

她的朋友并没有太多和"传奇"相处的自觉——他们觉得她太简单了，丝毫没有难以琢磨之处。曾任盛大文学 CEO 的侯小强这么评价她："很透明。"想要在刘晓庆身边人中找到对她的另类评价，可不是一件容易的事情。没有众说纷纭，所有人都众口一词："她是一个特别好，特别真诚的人。"

饭局到了末尾，大家又聊了一两个小时，时间已经将近十点。"那就这样吧。"刘晓庆拍拍手，示意众人听她说话，"明天你们几个九点就起床，然后吃完早饭，十点钟我找车送你们去严家大院，玩两个小时，然后回来吃午饭。下午两点你先去做按摩，做一个小时，让师傅休息一会儿，然后三点半轮到他做，其他人可以喝喝茶聊聊天。"安排完明天的行程，刘晓庆问："要不我们现在就作鸟兽散了？"

大家并没有作鸟兽散，转移了阵地，继续喝茶聊天谈事儿。刘晓庆跟了过去，又坐了一个多小时，然后又拍拍手，把刚才的话再次重复了一遍："要不我们现在就作鸟兽散？"她的提议这次仍然没有被响应，有几个朋友甚至打算去 KTV 再转一圈。

"哎，你们还要玩啊？"她有点失望，不过也并没有干涉过多，起身准备回房间之前，再次提醒，"别忘了明天起来去严家大院啊。"

严家大院没有太大意思——她的朋友们这么认为。中午回来吃饭的时候，刘晓庆见到这些朋友第一件事就是问："怎么样？觉得严家大院怎么样？"有人委婉地回答："我觉得我还是对自然景观更感兴趣。"这让她感觉略为失望，觉得这属于自己"照顾不周"的范畴。"哦——"刘晓庆拖长声音回答了一句。

这群朋友来大理，是出于刘晓庆的力邀。这些年来，她有一群固定的朋友。在这些人中，她永远都是一个事无巨细的组织者，责无旁贷地张罗着关于机票、吃饭、游玩的一切。

一直到第二天晚上，这群朋友从茶园回来，兴高采烈地向刘晓庆汇报"茶园真不错，坐着喝喝茶聊聊天感觉很好"时，她才真正开心起来，连连说："你这么说我心里就一块石头落了地，总算没让你白来一趟。"

她的朋友们通常并不清楚自己到底是哪一点吸引了她，以至于让她如此倾情相待。比如侯小强聊起刘晓庆，也只是觉得莫名投缘。"她老觉得我帮了她很多忙，可是我根本不知道我帮过她什么，最多就是和她聊聊天。"他语气不太确定地说，"比如我对她说人应该日行一善，佛经里说的布施，哪怕你给别人一个笑脸也是一个布施，给人讲一个道理也是布施。可能她觉得很有道理，就觉得我帮助了她，以后每次见面都谢我。"

像她赞美她的鞋子与她的蜜蜡一样，刘晓庆对于朋友，奉上的更是顶级赞美，她说侯小强则是"圣人"，另外一个女性朋友是和她一样的"传奇"。语气真挚、表情坚定、目光灼热，让人不能生出丝毫质疑。

她对待朋友的方式也是现实主义的——能出钱则出钱，能出力则出力。近些年在电视剧《咱们结婚吧》里饰演果然妈的徐松子，是刘晓庆演《芙蓉镇》时就开始认识的朋友。刘晓庆对待这段友谊的基本原则就是："从那一天起，到今天这一分钟，每一顿饭都是我请她吃。"

虽然她演过诸多悲剧，但现实中她仍然喜欢那种大团圆式的故事，秦琼卖马式的英雄气短每每让她心有不忍。她记得谢晋在六十多岁的时候主持金鸡奖颁奖，一身西装，谈吐潇洒，在她心目中，谢晋一直都如此风度翩翩。直到他儿子突然去世，她去他家中探望，相对无语。后来谢晋送她出来，她在那个破旧的小区里倒车倒不出去，一回头看到谢晋还站在楼下。"晚风中几根花白头发被风吹得这么立着，就在那儿。"多年回忆这一幕仍然让刘晓庆唏嘘，"一个老人，我之前从来没有觉得谢晋老过。"

三个月后，谢晋就去世了。她去参加追悼会，私下找到谢晋遗孀徐大雯，给她塞了一袋子钱，嘱咐她："这钱你拿着，好好过日子，有什么困难就找我。""这么一大袋。"刘晓庆举起手比画示意了一下，"从此以后，徐大雯老师都是有什么事就跟我说。"

"你说，人家都那样了，送点水果送点鲜花能有什么用呢？"她提起过去，感慨万分，"这些一代丰碑，晚景都是凄凉。"除了谢晋外，还有原北京电影厂厂长汪洋，他重病昏迷时，她也曾去探望，也是塞了一摞子钱给他妻子林韦，"她眼泪一下子就出来了，这个太管用了，每个人都是这么来看一下，只有你这么实惠"。

刘晓庆对于友情的回报要求不高。她在秦城监狱的时候，警方找了她很多朋友调查，有些朋友并没有替她辩护。后来她看到了关于此案的一份口供，谁曾说过什么一目了然，她说："如果说的是事实，为了保护自己，我都能原谅，只有编造的，我不原谅。"

"你可以去问问"——她再一次用了这个句式，"只要是认识我的人，绝对不会有人说我背信弃义、尔虞我诈、两面三刀，这些都没有的"，刘晓庆很清楚，"关于我的争议都是谈了几次恋爱啊、离婚啊、骄傲啊、装嫩啊这些"。

应中国观众的要求而结婚

刘晓庆有些时候不愿意谈感情，理由是"只剩爱情这一件事是属于自己的了"。但有些时候，她说起爱情来滔滔不绝，一如她谈起其他事情时的无畏，觉得光天化日之下，无不可对人言之事。

采访过程中，她丈夫打电话过来。"在接受采访呢。"她应了几句，挂了电话，又对记者解释，"他看我挺长时间没发信息了，就打过来问问。"刘晓庆老公王晓玉比刘晓庆大13岁，是刘晓庆唯一一次和年长于自己的男性谈恋爱，但他对她黏得很，"一般都是他老给我发短信，我不怎么发。他很迁就我，我又比较任性，所以就被他惯得更任性了。"

刘晓庆自称"不婚主义者"，虽然她前后共结婚四次。前两次婚姻的破裂，离婚都历经千辛万苦，这也是导致她"恐婚"的一大原因。何况，她觉得自己并不需要婚姻的保障，何不如让爱情自由地来去。

王晓玉认识刘晓庆30多年，30多年前他因为看了刘晓庆的第一本自传《我的路》，而被她的性格所吸引，追到内地来，跟着刘晓庆的摄制组辗转，热烈地追求了刘晓庆30年，在刘晓庆每个月拿50元工资的时候，他试图以一千万打动刘晓庆，但是失败了。

"我那个时候喜欢玩，从一个男人跳到另一个男人。"刘晓庆回忆，但王晓玉从未放弃，"有三次我都答应他了，但结果还是没成。"最接近成功的一次，她已经从北京飞到香港，等他第二天从别处回来香港，然后就去结婚，结果就是这夜长梦多的一个晚上，刘晓庆忽然想到："为什么你向我求婚不给我买机票，还要我自己买机票飞过来？"

王晓玉怎么都想不到，这个曾经拒绝他一千万人民币的独立女性，会在一张机票面前出尔反尔。但刘晓庆已经迅速和伍卫国谈上了恋爱，他回天无力，又等了16年，机会重新出现在他面前。他小心翼翼地问她："你现在这么大了，我们可以在一起了吗？"刘晓庆习惯性地拒绝了这个提议，回家之后才惊觉："咦，似乎好像可以？"

这次，王晓玉没有再犯类似的飞机票错误。他迅速地为这次婚姻买好了房子，连被子和枕头都准备好，钻戒是 14.93 克拉的，刘晓庆对此很满意——刘嘉玲的是 12 克拉。

"其实我比较喜欢花自己的钱，我玩的钱都是自己的。"刘晓庆抛了一个眼神，有点调皮的样子，"其他就刷他的卡。"——虽然刘晓庆有足够的自立精神，但显然，和众多女性一样，是否愿意给老婆花钱，也是她衡量老公的重要标准。

她并不打算因为这段婚姻给了她"泡在蜜糖里"的感觉，而忘了自己的"不婚主义者"的初衷。她半控诉半撒娇地表示，这次结婚是为了"应中国观众的要求"："中国观众经常觉得我很累，一个孤老太太，嫁不出去，要养家糊口，所以才要不停地拍戏挣钱。"

"那么我就结一个给你们看看。"

我和你们拥有同一个时代

已婚的、拥有着多处房产和 14.93 克拉钻戒的刘晓庆还在演戏，在那些戏里，有时候她出演的还是十多岁的少女角色。她并不认为这是"装嫩"："是别人要请我演那些角色，我也并不是单纯演一个 20 岁的姑娘，那些角色都是有年龄跨度的，从少女到老年，我一个人演下来，这是我的骄傲，全世界能做到的女演员都不多。"

和当年拍戏一样，她对自己所有的角色都全情付出——她的经纪人易钢记得，他加入刘晓庆团队没多久，去现场探班，有一场戏是刘晓庆从远处跑近，然后猛地跪下。"她说跪那儿就是真的跪，半天都没站起来"，易钢去扶她，发现她膝盖上的皮已经全部磨破了，他正待发声，刘晓庆就立刻阻止了他："不许说。"

为拍戏受伤这是多么不值一提的事情，刘晓庆认为这是自己职业道德的一部分。"我演戏不会玩假的，每次都掏心掏肺地去体验，我不想，也修改不了这种表演方式。"刘晓庆说。她有点同情新一代的明星们："当年我们除了拍戏，就是钻研表演。现在社会丰富了，明星很难专注地去做一个表演艺术家，需要好多其他的手段，这些手段让他们疲惫不堪。"

很多年前，刘晓庆花了很长时间在研究演技这件事上，她得出结论，成就一个好演员的要素有三点："一、生活经历；二、文化修养；三、模仿能力、理解能力及再现能力。"当时就自认经历坎坷的她，如今在经过秦城之后，更觉得自己"演技大涨"："一个角色，无非也就是喜怒哀乐，也是这几个表情。但这几个表情当中用在什么时候，怎么用，怎么循序渐进，这个是我的理解，是我用我的人生阅历换来的。有的人有人生阅历，但他没有技巧，有的人有了技巧，但他没有这个阅历，就不会明白我为什么要这样演。"

刘晓庆一如既往地，对自己的演技从未有过一丝怀疑。为了最近参演的某部电影，她说自己看了几百部同类题材、有类似角色的作品——为了得出结论，"五百多部，此类角色，国内国外，我比我看到的世界上的这类电影里面这种类型的角色都演得好"。

现在，她在演员这条路上唯一的目标是，"演尽天下名女人"。"你对这些名女人是有一点集邮癖吗？"记者问她。"对，集邮，就是集邮。"她大笑了起来，"这句话你一定要写到稿子里去，就说刘晓庆对名女人有集邮癖。"

"演得好，90岁也能得奥斯卡。"她对未来仍踌躇满志，"不过我的人生本来就是一个奇迹，没准那时又会有新的奇迹，或者我又在做其他的事情。"

在她的自传里，她多次用台球来比喻自己的人生。"我时常感到自己的一生都像是在打台球。本来想打的是这只球、可是却打到了另一只想都没有想过的球，那只球反弹回来将别的那只本来八辈子都打不着的球打进了洞里。"她写道。

那么现在，在大多数人眼里，她已经拿到了所有她可以拿到的分，所有的球都已经落了袋。而她仍然提着球杆，虎视眈眈地盯着球台，在她眼里，台面上至少还有一只7分球，等待着被她一击而中。没什么能让刘晓庆退场，在她过去的人生里，体制不能，爱情不能，牢狱之灾也不能，而现在，年龄不能，冷嘲热讽当然也不能。

"我和你们拥有同一个时代。"刘晓庆说。

陈佩斯：走到今天，是我不幸中的有幸

文 / 叶弥杉　编辑 / 露冷　摄影 / 隋希

记者所见到的陈佩斯是个陌生人。

对陈佩斯的印象，或者说偏见，往往先来自他的小品。1984 年，有一个陈小二在央视春晚吃了四大碗面条，用一只空碗一双长筷，从狼吞虎咽吃到难以下咽，然后被送往医院。

这个陈小二眼睛不大，眼珠子却滴溜溜转得飞快。他的脸皮厚、心思多，头发从稀少变成没有，当着人一本正经，转过头一脸奸笑。但相比浓眉大眼、正气凛然的朱时茂，我们更容易喜欢贼眉鼠眼、小奸小坏的陈小二，他的算计失败令我们发笑，他的捉弄成功更令我们快乐，仿佛与我们身上那些不够高尚、不够优秀的地方心照不宣地打过招呼成了朋友。这个陈小二上了 11 年春晚，我们记住了他的另一个名字——陈佩斯。

但记者见到的陈佩斯，只与印象中的陈佩斯共享同一个名字。他说话的声腔沉郁自信，完全不似小品中拿腔拿调的尖锐；遣词造句多用书面语，显示出良好的文学修养，远非表演中的白字连篇；甚至当他笑起来的时候，眼角拖泥带水地散开扇形纹路，不再是记忆里那张皮肉紧实的脸。

当他开始谈论喜剧的时候，他谈论的是笑行为如何发生和人类如何诞生，如同一个一板一眼的教授介绍学科起源。每当我觉得他的鸿篇大论告一段落想转换话题时，他又马上开启了下一段，如同从第一章翻到第二章。这个陈佩斯远远溢出采访提纲，系统浑成而宏大。

但全程宣传却说，她觉得陈老师像个小孩子，遇到自己喜欢的话题就一直说一直说下去，才不管旁人反应，特别可爱。

排练厅的窗开得高，陈佩斯站起来的时候，飞进来的阳光像是突然撞在那颗标志性的光头上，余光晕染，边界模糊。这张令几代中国人都熟悉喜爱的脸，在那一瞬间，显得恍惚而神奇。

《戏台》的后台

五月中开始，周一到周六，下午一点半到七点，陈佩斯都在世纪剧院排练。他是话剧《戏台》的导演，同时还兼了戏班班主的角色。记者去看了三次彩排，他都是一样的打扮：灰长衫、练功裤、片儿鞋，执一柄折扇。

去的三次里，排练厅的空调只在采访那天开过一次。这个六月北京不算高温，但空间毕竟封闭，表演又极耗体力，主演杨立新已经真真假假对着媒体控诉过这个抠门的班头领袖。而陈佩斯更接近于一个老派、节俭、养生而固执的家长，坚持出汗对身体有好处。宁可有时候脱了长衫，里头穿一件白 T 恤——更确切地说是老头衫——坐在台下摇扇子，仿佛一个寻常的纳凉老头儿。

陈佩斯今年 61 岁了。相比标志性的光头，如今他花白的胡子更引人注目，2011 年开始跟着他的喜剧班学员觉得，陈老师的胡子这几年愈发白了。

早几年的报道就提到过，有一次演出后，陈佩斯晕倒送院，于是身边总备着生理盐水补充体力。腾讯的这次采访原定的日期本该更早一些，但他拍完海报"有点累"，后延了几天。第二天本来应该再排一家媒体采访，但他要求宣传再推迟两天，"连着采访太累"。

甚至连现在的角色——班主侯喜亭，他原本也不想演。侯喜亭身上有自幼坐科的功夫架势，又有当班主的洞明练达，举手投足、言语留白里都是戏，很能过瘾，但陈佩斯觉得"角色太重，没精力"。最后是原定的演员调整，他不得不顶上。

要看过彩排，才知道陈佩斯为什么说没精力。排练中他不时打断表演、解释心理、还原情境、捋顺台词，偶尔还会亲自示范。"这句词还有另一个意思没演出来"，"这里太放了往回收一点"，甚至是"这句节奏没控制好，停顿长了"。

戏园经理得了巧，便摆谱的大嗓儿："给您来壶香片？"这一句话，陈佩斯抠了不下十遍："香片是上等茶，这么问有对一个送包子的反讽。"

但演员用力过猛，他又提醒："你这声里有怨，不应该。从小做这行，戏园子里能做到经理的，什么没见过，什么不能忍。"

反复几次，他也忍不住感慨："也许80后90后也听不出来，但你还得演出来。"

记者所见的第一个下午，他们用六个小时抠了四段戏，总长不会超过半小时。一位朋友看了彩排，回去感慨："抠得这么细，跟陈老师演戏太累了。"

虽然按照抠戏二人组另一位成员杨立新的说法，这戏如果就他跟陈佩斯俩人搭，不出半月就能排完了。

有一幕是大帅来到戏班，旁若无人地哭着上场。给演员说戏时，杨立新将五次大哭逐一剥开，亲自示范了每一哭的心理、节奏和走位。陈佩斯一直本本分分跪在台上，但在"大帅"哭了好几遍后，他悠悠地讲了一个最高统帅的笑话，全场大笑。"所以，手握权力者就是这么无所顾忌。"他最后点了题，脸上有一点微微得意，又始终淡淡的笑。

"陈老师不会轻易示范，他希望你能用自己的方式去表演。只有当他跟你解释而你理解不了的时候，他可能示范一段。你就会发现看起来这么平淡的一段文本都可以有这么丰富的表达，同时又能特别符合这个人物的状态。"第一届喜剧培训班学员陈志对我说。

一次场间休息，陈佩斯看起来有点累，坐在道具戏箱上。年轻演员体恤他，建议就这么演：按规矩戏箱不能随便坐，但班主可以。"但观众不知道啊，我又不能挂个牌：班主可以坐。"他一边说，一边站了起来。

采访结束在化妆间吃盒饭，陈佩斯两旁的位置都空着，仿佛是他的气场的具象化。一个演员告诉记者，有时中午在外面吃饭，陈老师也总是一个人走在前面，"我不知道别人怎么样，但我是躲的"。

这个叫塔兔的演员原来是个夜店DJ。有一次录节目遇到陈佩斯，他说自己想演戏，陈佩斯真的给他打电话，请他来排话剧。来了之后他才发现自己不会表演，第二年报了陈佩斯的喜剧表演班。排练的角色需要做蹲、起、看三个动作，陈佩斯让他练了两个小时，他觉得人生崩溃了。

"这是你人生最失败的事情吗？"记者问。

"不，这只是失败的开始。后来还有，接一个电话接了一个上午。"他说。从发现自己的不够时，他便开始躲陈佩斯。找补自信的方法是上外面试戏，"好几个戏，都试成了"。试成就算，继续跟陈佩斯修行。

这张不好看的脸

在陈佩斯与朱时茂出现在春晚的第二个小品《拍电影》中，借导演身份说戏的机会，朱时茂描述过这张脸："说句心里话，这个演员的形象不是太好看，焦点要注意啊，不要对着鼻子上。对着鼻子眼睛可就看不清楚了，因为他的眼睛和鼻子的距离比较远。"

这组搭档里，朱时茂"浓眉大眼"，可谓共和国审美的典型，初出道就能在谢晋电影里演男主角。而陈佩斯的长相，除了被朱时茂鉴定为"鼻子比较大""眼睛比较小""不好看"，也曾被北京军区文工团、总政歌舞团鉴定为"普通"。19岁的他报考这两个单位都被拒，因为这张脸在河北、河南之类的地方，"一拉一大把"。

考到第三家，陈佩斯终于被八一电影制片厂演员剧团录取。不仅因为他的表演才华，或当时八一厂招生负责人是他父亲看着长大的"小田华"，更重要的也是他的脸——那时演员剧团需要一些出演反派的演员，陈佩斯那张"长得比他爸爸还难看"的脸，适逢其会。

这张脸第一次出现在公众视线中，是在话剧《万水千山》。这是新中国历史上首部反映红军长征的话剧，随1975年邓小平复出而复排复演，连演三年，在当时极受关注，不仅邓小平曾亲自提出修改意见，总政也调集直属各演出单位的人员集中排练。

但对于这张不属于主角的脸，所能得到的仍不过是一个跑场的匪兵。陈佩斯那时就会给自己加戏：他和搭戏的演员合计，跑路时一人回头放枪，一人配合把帽子扔天上，以增加戏剧性。因为这种琢磨劲儿，后来他被"提拔"去演一个俘虏兵。当时在总政话剧团、也参与了《万水千山》演出的编剧毓钺记得，俘虏兵不过几分钟的戏，但被陈佩斯演得活灵活现，"那时候我就觉得他与众不同，他很有天赋。大伙儿一块说笑话，他在语言上、动作上就是比别人可乐，他有把人弄笑的天资"。

毓钺承认，陈佩斯的形象特点会限制他的演出："比如司令员、政委，他肯定是演不了的。他走喜剧（路线），也是因为外形的原因。"

这个方向也是他父亲所希望的。因为自己的经历，陈强一直不主张陈佩斯从事表演。在强调文艺教化功能的时代下，他们这张家传的脸，似乎只能出演反派，而这可能伴生无数风险。即便是众口皆碑的好人，但因为塑造了社会主义文艺的两大顶级反派黄世仁与南霸天，从反右到"文革"的各种政治运动，陈强都没有避过，理由是："如果不是隐藏在革命队伍中的坏人，你演的坏人怎么那么坏？！"

只是因为在内蒙古兵团的四年里一直挨饿，1973年，陈佩斯向家里提出，希望借由考文工团的机会返城。到这时，陈强终于开始为零基础的儿子辅导声台形表。

"完全是生活所迫。"陈佩斯解释自己的入行原因。

陈强给了儿子一个建议：搞喜剧。陈佩斯回忆父亲的理由是："中国老百姓太苦了，要给老百姓带来欢乐。"但在另一个层面上，或许对这张脸来说，喜剧将是比较安全的领域。至少，"文革"之后，陈强再也没有演过反派。

喜剧的艰辛之道

所有与自己的喜剧实践相关者，陈佩斯都名之为"大道"：大道文化公司、大道喜剧院，乃至大道喜剧表演培训中心。"我希望这是一条走得通、说得清、道得明，可以坦坦荡荡地走下去的路。"他解释。

在他最初开始喜剧表演的时候，"让人自由地笑"还是一个需要遮遮掩掩的主题。1979年，陈氏父子主演的《瞧这一家子》被称为"文革"后第一部喜剧电影，但事实上，更接近一部轻喜剧："笑"是"教"的手段，影片的重点，或者说合法性，还在于寓教于乐的教育意义。陈强扮演顽固保守的老胡，在女儿女婿的帮助下积极探索技术革新，甚至学起了外语。一张口便白字连篇的"嘉奇"陈佩斯因女友的正面感召开始发奋学习，"把四人帮浪费的时间夺回来"！乃至刘晓庆扮演的"后进青年"张岚，对男友的交往要求也从物质大件、四季衣裳，变成了共同学习进步。

陈佩斯回忆，当时陈强是北影厂的党委成员，"有一定的小权力，力主做喜剧，抓了《瞧这一家子》的剧本"。影片用"新环境下人人争取进步"的故事，曲折地表达了"新环境下人人有笑的自由"的诉求。开头老胡家拍全家福，摄影师马季连怎么笑都替他们设计好了，老胡脸一绷："不笑了，就这模样。"但到了结尾，家里人人长进，拍照的人又多了女婿与儿媳，不需马季演示，老胡自己就笑开了。

但与那一时期许许多多的改革一样，人们可以拥有的笑的边界也在各种你进我退的试探中，时而打开时而收缩。哪怕《瞧这一家子》获得了文化部优秀影片奖，五年后，《吃面条》也差点儿没法表演。这个小品节选自陈佩斯与朱时茂走穴时的"演员艺考"小品，1983年这两名八一厂的青年演员曾因此轰动哈尔滨，春晚导演黄一鹤由此慕名邀请。但过审时，这个虽然能使看过的人都笑趴下，但全无教育意义的节目令审片领导犯了难：我们的观众是否可以只为笑而笑？

陈佩斯说，当天《新闻联播》都已经播了，黄一鹤急急忙忙把他们叫到工作间外头，"堆着各种资料、磁带，一个特别窄的过道里头"。

他转述黄一鹤的话："没有领导点头，但也没有领导摇头，因此现在我决定你们俩上。但是你们俩上来，一个字都不能错。说错了字，那都是重大的政治事故。要出了事，你们可就害了老哥我了。你们说错了，你们担着；没有错，我担着。"

"那一瞬间我挺感动的。"陈佩斯说,"那时候连我们自己都没底,我们知道这么个节目是谁看了谁乐的,但它能不能出现?它出现了以后有什么影响?万一是不好的影响呢?社会是很复杂的,大部分人都喜欢,可能也会有少部分人不喜欢,但就是那部分人有力量、有话语权,好东西也变成不好了,在七八十年代有很多这样的事。在这种情况下,黄一鹤先生拍胸脯担了这个事情,现在想起来我都觉得悲壮。"

1984年起,小品从过去艺考的面试内容变成了独立的表演形式,并在春晚节目中固定下来。但1987年,陈佩斯的小品第一次缺席春晚。在这一年他收到许多非议,如风云变幻的大环境在这个小人物身上的折射:这是中国电影开始转型的一年,市场的重要性被强调,娱乐片被正名并大量出现;同时也是中央下发通知反对资产阶级自由化的一年,"突出主旋律"的口号首次在电影界提出。

体现在陈佩斯身上,最典型的案例便是他主演的《少爷的磨难》:这部喜剧片在商业上取得了成功,全国共卖出1000多个拷贝——1988年的《红高粱》卖出206个;但在舆论界,连总导演吴贻弓也难逃"堕落"的批评,而陈佩斯的演出则被认为"装出来的,纯为搞笑而搞笑,很低俗"——他在片中男扮女装及赤身裸体的桥段,确实吸引了最多的笑声。

所以当导演谢洪邀请他出演《京都球侠》时,陈佩斯开始是拒绝的:"实在演累了。"按照谢洪的构想,这又是一部"把历史剧、喜剧、闹剧、功夫、戏曲、杂耍融合一起做大杂烩""让大家彻底痛快地大笑一场"的影片,很容易又遭到《少爷的磨难》式的批评。

被说服的原因,一是"观众需要看",二是"保证你演的'赵狐狸'能拿奖"。

1988年,陈佩斯果因赵狐狸一角获"百花奖"最佳男配角。1962年第一届百花奖,陈强得票第一,应获最佳男演员奖,但因其出演反面人物,故临时加设"最佳男配角"的奖项安置。26年后,在这个演艺家族里,父亲以"反派"达到的表演成就,儿子终以喜剧达成。

与春晚漫长的拉锯

很长一段时间里,陈佩斯的时间分为上半年与下半年:上半年做电影,下半年排小品。中间如果有空下来的时间,他飞来飞去跑穴,以贴补拍电影的欠账。

20世纪90年代后期他告别了这种生活,用一句时髦的话说,大约是为人生做减法。1998年他和朱时茂留下《王爷与邮差》,从此告别春晚。而在几个月前,大道影业公司制作了最后一部电影《好汉三条半》,就此封箱。

除了 1999 年跟央视为侵权光碟打官司，那几年里陈佩斯似乎凭空消失，在各种"纪实文学"的口口相传中，出现了一个宁折不弯，被央视封杀，没有任何演出机会，穷困潦倒乃至付不出孩子的学费，只能去延庆承包荒山种石榴谋生的陈佩斯。

"你帮我解释一下。"陈佩斯说，"北京长不了石榴，气候不行，冷。那时候我在广播艺术团有工资，还能跑穴，能挣钱。我在山上是为了在山林的环境里使自己安定下来。网上（那些说法）那是展开了自己的想象空间。"

一切都是他的主动选择。在腾挪得开的范围内，他按自己的准则行事，与世无争与人无尤；但一旦潜规则有变成明标准的倾向时，他立即洁癖似的退出这个领域，哪怕有些是他自己过于敏感自尊。

如 1986 年，他从八一厂转业，"名满天下，身无片瓦"。记者在"公务员是个好饭碗"的时代里成长，于是问他，当时的小品声名不足以令他留在八一厂吗？他认真解释："军队的工作目的和我不一样，军队的要求和我的作品可能会有相悖的东西，虽然还没有产生矛盾，但我觉得还是在矛盾之前离开对大家都好。"

顺着聊下去，他又多说了几句："马上要定衔了，我怕授衔之后就不好走了。八一厂没有喜剧，而我选择了这条喜剧的路，就不能占人家的名额。"

1973 年陈强为了儿子能进八一厂，还没平反的他偷偷去找田华，托了生平第一次关系。十多年后陈佩斯准备离开，陈强没说什么，"我父亲对我们的教育比较宽，不是什么都管"。倒是当年力荐他的田华来劝了好几次，被顽石似的他几次气哭。又找陈佩斯的太太王燕玲做工作，俩人一起哭，也没有哭动陈佩斯。

那些艰难的处境几乎都是他的主动选择。因为状告央视侵权出版小品光盘，外界风传陈佩斯和朱时茂被央视封杀多年，但按陈佩斯的说法，2004 年春晚节目组邀请过他们，陈佩斯直接以没有时间拒绝了。"很多年都不想去，但是真是被观众'绑架'，也是被人情'绑架'，一次一次很勉强地去。所以一离开就没想再回去。"

事实上，《吃面条》还被领导拿捏，没给出个意见时，陈佩斯就打算走，"太受罪了，我有点烦了"。这对搭档之所以能上场，用陈佩斯的说法，要多亏"朱时茂脸皮厚"："过了几天老茂儿来找我，说导演要我们回去。"一回去他就知道，压根儿没有导演的事，朱时茂自己想上节目。没有饭票，朱时茂舰着脸去制片部门要；没有房间，朱时茂看哪个屋空了就拉他进去排练讨论；乃至演出当晚统一发车去台里，都没有他们的位置，最后朱时茂拽着他随便上了辆车。"老茂儿脸皮特别厚。"陈佩斯又强调一遍，"我和他不一样，我脸皮薄。"

那十多年和春晚的合作并不愉快，十五分钟的节目背后是演员半年的焦虑：创作、打磨、送审、修改，还有各种原因不明的突发性撤节目。另一方面，对这两名电影出身的演员来说，小品毕竟是小技。陈佩斯热衷探索舞台形式的突破，他多次提出根据不同小品内容，运用视频手段等试验，无一被春晚采纳——2008年他在北京卫视春晚小品《陈小二乘以二》中得偿所愿，但平心而论，效果并不出彩。

1998年他和朱时茂的最后一个春晚小品《王爷与邮差》，工作人员把麦克风随便挂在戏服外，朱时茂刚上场麦就掉了，邮差不得不趋近王爷好让他蹭麦说话，而到最后陈佩斯一圈一圈跑起来时，朱时茂几乎是直着嗓子把台词喊出来的。而原来准备的声效光碟，现场压根儿没给他们放。下台之后，陈佩斯哭了。

甚至央视的侵权，也不仅是1999年那一次。1994年，央视独资的中国国际电视总公司出版了朱时茂、陈佩斯小品专辑的录像带。两人当时也打算起诉，央视找人出面说情、道歉，最后两人撤诉。只是换了领导之后，曾经的承诺就一笔勾销，改成光碟又出了。陈佩斯这次决定不让了："他们有他们的说法，我们有我们的说法，他们依据规矩——他们的规矩，我们依据法律，所以觉得还是用法律来决定吧，看你们的规矩对，还是全社会、全世界的知识产权对。"

2001年年底，陈、朱胜诉。"我们不是什么斗士，千万别有这么高的说法。我们只是对错误的事情说个'不'字，对自己被侵权表示愤慨和不允许，仅此而已。"陈佩斯解释。

他们的处理其实比大众的想象更有弹性。朱时茂曾回忆，官司结束后，两人与央视领导吃了个饭，双方表示就此翻篇，春晚又开始问他们要节目。2002年2月7日，二人还参加了春晚彩排，表演了小品《江湖医生》，但这个节目没有出现在最终节目单中。"离春晚还有三天，剧组打电话来问我们能不能换个节目。我们想三天换肯定来不及了，可能还有别的原因。"朱时茂当时回忆。

据当时的媒体报道，原因是中国农业大学动物医学院院长在了解到小品内容后，给央视发去传真，认为小品有辱兽医，"将会造成恶劣的社会影响"。但该小品编剧王宝社曾透露，内容跟兽医无关，只有一句"看牲口"的包袱，拿掉亦无伤大雅。"节目最后为什么没上，春晚剧组没有说清，陈佩斯和朱时茂为此都很伤心。"王宝社曾对媒体说。

陈佩斯说，他决定到此为止。

离开电影之路

离开电影是个同样漫长而悲伤的故事。陈强为儿子铺垫的喜剧之路其实通往电影，《瞧这一家子》里手把手教陈佩斯演戏，而后开发的"二子系列"亦甘以一身老戏骨为陪衬。事实上，陈强的目标本是将"二子系列"做成中国的《寅次郎的故事》。这部喜剧系列电影长达48集，是日本最重要的贺岁片，从20世纪60年代拍到了20世纪90年代，主演渥美清也由籍籍无名，到获得"东方卓别林"之誉。

但国情不同。当陈氏父子开始这个想法时，中国电影仍是计划经济体制：电影厂接受国家任务，或提出计划由国家批准，然后组织职工——编剧、导演、摄制组——进行生产。影片完成后接受电影局审查，再由政府管辖的发行放映公司收购，向全国发行放映。

陈氏父子的尝试不仅大胆超前、反客为主，并且他们所要尝试的"娱乐片"，在当时地位远低于"艺术片"——甚至"娱乐片"这个概念，都要直到1986年年底才正式被提出。陈佩斯曾特地坐火车带着剧本到西影厂求一个拍摄的"名分"，因支持艺术片而一直为第五代导演感念的厂长吴天明甚至都没出来见他，一个副厂长看了剧本，回绝了他："这类电影我们不做。"

第一部《父与子》他们自己做完剧本、拉来投资、开拍过半，电影局要求必须挂靠电影厂才能拍，看在陈强是个老同志份上最后不作追究。但发行仍是问题，老同志跑去电影局拍了桌子，电影局才出面，让中影公司收购了这没娘的孩子。"这是中国有史以来唯一一部没有厂标的电影。"陈佩斯回忆。

目前的"二子系列"有五部，但事实上，还有一个二子的"兄弟"《嘿！哥们儿》。它基于"二子"第二部的剧本，编剧带着本子找到长影，长影愿意拍，但大刀阔斧地改了主题。"不能以喜剧人物为主角，必须是正面人物，高大全形象，一下就改成政宣剧了。我们是为我们父子写的剧本，到影片开拍的时候，根本就没有我们什么事了，但在影片中能看到许多和我们父子相似的喜剧风格，其中也有个类似'二子'的人物。"陈佩斯曾回忆。

对体制的压力，陈佩斯的处理方式直截了当，如他所扮演的二子：国营厂不给干的，那就由个体户来解决。1991年，他在海南成立了"海南影视有限公司"，因为当时民营企业尚不能涉足电影、文化产业，只有在海南能够注册。两年之后，他在天津开发区注册了"大道影业有限公司"。"天津市不能注册，只能在天津开发区。"他解释。直到最近，他才在北京注册成了公司，但不能用"影业"二字，最后以"文化节目制作有限公司"替代。

公司成立后投拍的第一部电影是《爷俩开歌厅》，二子从深圳淘金回北京开歌厅，仿佛印证了陈佩斯从海南创业回北京拍电影的经历。当时体制渐松，陈佩斯向辽宁电影制片厂买拍摄指标，请长影厂摄制组，因为便宜。"我们不过账，不经手财务。我父亲是一个很正直的人，他绝对不会想承包一个剧组，然后我在里面点黑钱，他也不会和投资方说用100万，结果花50万，他不愿意担这种恶名。我们也尽量把剧组人员的待遇做得好一点，做到投资该是多少就是多少，所以愿意和我们合作的人比较多。"陈佩斯曾对媒体说。

《爷俩开歌厅》是"二子系列"的最后一部，陈强因身体原因，之后不再担任主演。尔后的几年里，制片人陈佩斯经历了中国电影体制改革的全过程：从拷贝统购统销，到各省分账，再到分票房。令陈佩斯骄傲的是，不管什么形式，他的影片都没有亏损：1991年《爷俩开歌厅》参加第一届长春电影节和全国电影交易会，虽与《新龙门客栈》狭路相逢，但卖出拷贝数仍在全国第三；到1993年《编外丈夫》开始各省分账，他调侃"一个爷爷变成30个爷爷"，但拷贝数还是排在前五；第一部分票房的影片是1995年的《太后吉祥》，投资400万，据陈佩斯计算，票房达到1300万。

但他没有拿到这个数字。"当时偷瞒漏报票房的情况非常严重，甚至到了报小头瞒大头的地步，我们当年派出五个组到河北去监票，有的地方演七场却只报三场，有的地方80%—100%的上座率，但上报他们却只报40%的上座率，非常混乱。"陈佩斯曾回忆。

而大道公司所付出的努力，是在电影工业尚未成型的环境下，调查全国发行情况，开市场策划会，做全套宣传策划案、观众调查问卷。在《太后吉祥》的电影策划书上，陈佩斯已经印上"中国第一部贺岁片"的口号。

三年后，"中国第一部贺岁片"《甲方乙方》与陈佩斯的《好汉三条半》同时上映。陈佩斯回忆，当时《好汉三条半》的票房每日在20万元左右，但五天之后，影片被全线撤出，只能在郊区院线看到，"而《甲方乙方》却能从圣诞前一直演到春节前，因为出品方、发行方都是他们自己"。

由此，他不再投身电影制作。

一个喜剧人的怅恨

编剧史航第一次去大道公司，见到会客厅里挂着陈佩斯的书法，字形莫辨。他隐约识出几个，前后一勾连，猜出是郑板桥的《沁园春·恨》。他跟陈佩斯说："我明白了。"陈佩斯奇道："你能认出来？""我说，太好认了。因为我中学背过，就装作在念的样子背了一遍。"史航回忆说，"陈佩斯特别惊喜。"

词里有一个失志、佯狂但不得解脱的文人，到最后丘壑难平，难免问天："难道天公，还箝恨口，不许长吁一两声？"

很难测量一个喜剧人心里的怅恨有多深。至少在 1986 年，陈佩斯已经怀疑喜剧的本质。《少爷的磨难》有一段在河南农村拍摄：少爷路遇打劫，浑身上下被扒光，看到保镖的汽车驶过，一路狂追。秋天成熟的蒺藜落在土路上浑然一体，光着脚丫奔跑的陈佩斯疼得龇牙咧嘴，导演一喊停，赶紧"吧唧"摔在地上，一步也不想跑了。

当时陈佩斯已经上过三次春晚，十里八乡的农民听说陈佩斯来了，看庙会一般，赶着牲口坐着驴车前来围观。不明所以，看他龇牙咧嘴高兴，摔倒在地高兴，对着脚丫拔蒺藜一股血滋出来更高兴了："你个城里人也有今天啊！"

"这对我是一次打击。我当时就不接受：喜剧怎么能这么残酷、这么残忍？我痛苦了很久，那几年强撑着演戏，但心里的坎就是过不去。"陈佩斯回忆。

借用再多自己的符号，他所扮演的小人物也不是他。陈佩斯的人生最接近底层的时候是在内蒙古兵团，却也想了办法，没过多久就回京了——而多数知青还需要等回城政策等恢复高考，乃至就地扎根。人生中各种自寻难路，所恃当然是心中律令，但深究起来，最核心的一点，或许还是他之所以为他的骄傲。

蛰居的那几年，他读很多书，想明白很多事，把心中原本许多彼此对立、相互拉扯的关系理顺。比如要做喜剧人，首先就需要放下自己："喜剧是用自己的低姿态赢得别人的优越感，用自我折磨赢得他人的笑。"

对人性的理解，也不再那么非此即彼："如果你对人类的想象过于理想化、过于美好，当然会失望。但你如果把人类想得普通一点，他们身上既有善的一面，也有恶的一面，是由很多方方面面组成，你就没什么好失望的了。而喜剧，就是让人把一些不痛快的部分，有益无害地在笑声中宣泄一下。"

甚至，原本他想要登台便无法绕过的体制，他也找出了突围方法。2001 年，陈佩斯开始演出话剧。相对依靠大众媒介传播，这种古老的演出方式有点类似于旧式艺人的撂地：放下架子，直接面对观众表演，即时接受他们的反应。"撂地能成就一个艺人，能得到很多舞台上得不到的经验。"陈佩斯说，"我们所做的比撂地略高一点，因为有场地，但原理是一样的：我们都有服务大众的心，与观众面对面，一场一场地演出，一分一分地挣钱。"

在编剧史航看来，陈佩斯是建立中国话剧市场，尤其是二三线城市，苦劳最大的一个人。说到这，陈佩斯嘿嘿一乐："史航后来也做话剧，等他开始做了，才知道里头多不容易。"

2001 年，陈佩斯带着喜剧《托儿》行走全国。那是中国话剧的低谷期，体制转型、人才断档，话剧演员纷纷在外演出电视剧。剧院往往是 20 世纪五六十年代建制，外表恢宏，但进门之后，剧组往往需要从厕所开始打扫。"省一级的话剧院，建得跟人民大会堂一样，但一进后台一股尿骚味：厕所的水阀已经锈住了，不知多少年没有打开过，一点一点给它弄开。先打扫厕所，再打扫舞台，然后才能演出。"陈佩斯说。

更困难的是市场。"买票看戏这个事从一解放就没有了。当一个社会吃惯供给制的时候，你突然提出'买'的概念，双方都被难倒了。"

那时候连陈佩斯都不会为自己定价，每场演出，他定出一个能够保本略有盈余的数字。在"陈佩斯"的名头下，这个价格对地方的演出商相当具有吸引力——毕竟在此前，他走穴演一场20分钟的小品也能进账十万八万，而一场话剧的时间是两个小时。并且，这位大明星也前所未有地配合宣传：每到一地，都上电台直播，告诉大家他马上要在当地表演话剧。

然而观众还是奔着小品来："哎呀，这个好，这么大个的小品，真好看！"陈佩斯模拟观众，这是他采访里为数不多用了他小品式声腔的时候。"文化的断脉多可怕，中国原本是个戏剧大国，但停了十几年，他们突然连戏剧的概念都没有了。这是特别悲哀的事情。"他恢复了自己的声音。

史航非常庆幸那几年是陈佩斯在做这些基础性工作，他曾对媒体表示："试想，如果观众最先接受到的是哑剧，就可能毁掉一个城市的话剧氛围。"在陈佩斯的名气和喜剧的吸引力之下，《托儿》在第一轮演出33场后，收回投资，在大道公司官网上，显示该剧在全国巡演中"创造了上千万元的票房神话"。至今大道公司先后出品了六部舞台喜剧和一部音乐剧，累计巡演超过500场次，吸引了70万观众进入剧场。"做的时候挺苦，但是事后觉得，也算是为社会做了点有意义的事。"陈佩斯说。

代价是我们见到的陈佩斯越发消瘦，容易忘词，这几年他在各卫视春晚不时还和朱时茂合作小品，他通常剃了胡子，但反应与台词显然不如当年。采访中他说自己并不是那种强健的体质，自己人生最大的遗憾就是身体不好、精力不够。

饶是如此，他还像一个劳模一样，出现在话剧舞台。朱时茂曾参与《托儿》第一轮演出，之后就退出了：一个电视剧一晚上有几亿观众，何苦每天让自己在台上东奔西跑，费力劳心。毓钺说他看陈佩斯一场戏下来，"人跟水耗子似的，受这罪干吗啊"！

"你去搭一个剧组，30集电视剧，四五个月也就出来了。你自己再租个大房车，弄俩助理，小火锅一点，慢悠悠吃上。佩斯这样的腕儿到哪儿还能让他吃这样的苦啊！但他不干。"毓钺说。

让他坚持到这程度的，不仅是人人都以为的"对喜剧的爱"，还有他的意难平。他再次说起《沁园春·恨》："人都会对逆境有恨。但我们之间的不同是，郑板桥的恨通往他的'难得糊涂'，而我变成动力，逆水行舟，走到今天，这是我不幸中的有幸。"

开门十步是红尘

1995 年，陈佩斯承包了延庆的一座山——后来被叙述成他自谋出路种树栽果的那座山，而在此之前，他已经在当地有了一个院子。转业时他没有房子，与父母同住，便去农村买了个房。"我会盖房。"陈佩斯说，"齐不齐，一把泥。"这是他在兵团的收获之一。

农民帮他一起盖房子，他说："旧房子一拆，大石块儿一冲一洗，拿水泥沙子一垒，起来了。"

"农民认出您了吗？"

"我们在那儿已经生活一段时间了，村里人早就认识了。"他回答，不卑不亢。

在今天似乎已经很难想象，一个明星，不是真人秀而是生活在农村。但陈佩斯说，他第一次去看房子的时候，就特别喜欢农村的质朴："一个小院子，院门锁着，但钥匙挂在上面；家里没人，但你要有事就自己开门进去。家家是这样子。你说那个社会有多安宁、多惬意，特别让人感动。"

那是他在红尘之外的领地。每次需要创作或思考的时候，他就去那里闭关。2002 年节目临时被拿下春晚，他也跑去了那里，乃至编剧跟他提出一个想法，他的反应是："你去我山里的家住一段，马上给我写出来。"

史航说，陈佩斯"开门十步是红尘"，对世俗世界保持着可以观察、可以融入，但并没有太投入的距离。进退之间，全系一心。

曾经他也是个潮人。80 年代的老照片里他还不是光头，衬衫解两个扣束在牛仔裤里，当时顶时髦的打扮。小品《胡椒面》里，硬能把一件老棉袄穿成走秀款。可以进入中国 cult 片榜的短片《96 摇滚指南》里，他给自己弄了个彩虹色莫西干头造型。

但年纪越大，他越退回到一个长衫布鞋的旧时中国。有次他和朱时茂上节目，朱时茂讲起他的抠门段子滔滔不绝。陈佩斯讷讷地听着，仿佛武功被废，浑不见小品里的急智灵巧。直到朱时茂说起陈佩斯每逢买单必弯腰系鞋带，他才恢复了一种我们熟悉的得意神情："你又编！我哪有穿过系鞋带的鞋！"

那天朱时茂送了一套高尔夫装备给他，叮嘱他锻炼身体。在生活里，朱时茂不像他小品中的高大全到不近人情，他喜欢打高尔夫，热情豪爽，朋友众多。陈强生病住院时他去探望忘带礼物，直接拿车里备着的一万块应急钱给了老爷子。对于把陈佩斯拉回红尘，他也尽了一个朋友的努力。为了让陈佩斯记住锻炼身体的承诺，他在台上干了一杯红酒，"让你印象深刻"。

或许古人离现在的他更近。他在山里的家中有一块青石板，刻着苏轼的《定风波·莫听穿林打叶声》。除了郑板桥，苏东坡也被他引为至交。"困境带给他的并不是灾难，而是自信与豁达。在那儿看这首词的时候，我觉得尽管我们相隔一千多年，但是我们都是一样的，他理解我，我理解他。那种感觉特别舒服。"

《戏台》剧组的午饭是外卖的炒饭，一人一盒。陈佩斯吃饭很快，但仔细，或者说，吃得很准确，完全不是小品中的呼哧相。中途有人递辣椒酱给他，他没要，排练需要保护嗓子。他把盖子盖回盒上，把饭盒轻放进垃圾桶，漱了漱口，带着茶杯回了排练厅。

王学圻：谁说我戏不好，我真往心里去

文／喻德术、狠狠红　编辑／露冷　摄影／薛建宇

在《道士下山》里，如松长老是一条暗线。他是灵隐寺的主持方丈，每每在小道士何安下人生转折处出现，寥寥几句，却总能为他打开另外一扇门，见识另外一层天地。这个角色在全片中戏份寥寥，但却穿针引线。

陈凯歌选择让王学圻来演这个角色，对于陈凯歌来说，王学圻是安心之选。而对王学圻来说，陈凯歌是"看我可能比我自己看得都清楚"的人，是"叫了就得去"的导演，无论戏份多寡。两个人的关系从 1984 年《黄土地》开始，那是王学圻主演的第一部电影，同样，也是陈凯歌的处女作。之后，两人的合作一直不断，但一直到 2008 年，王学圻出演了《梅兰芳》里的十三燕，才始被大众知晓。

那年王学圻 62 岁。对于绝大多数人来说，这已经是退休在家含饴弄孙的年龄，但对于王学圻来说，无限风光此时才徐徐开始。在那之后，他出演了《十月围城》《赵氏孤儿》《搜索》等电影，拿了很多奖，登上了很多时尚杂志的封面。

2012 年 4 月，王学圻离开了待了半辈子的军队，成为一名"三证齐全"的普通中国公民。5月，他马不停蹄地去了好莱坞，参演《钢铁侠3》，实现了一个演员所能追求的一切。这几年，王学圻更是没有闲着，戏一部接一部的，有不少角色是以前从未尝试过的类型。

在某种程度上这是一个励志故事——人生在任何时候都有可能性，无论从哪个年龄开始真正做自己，都为时不晚。

记者在昆仑饭店见到了王学圻，他穿着牛仔裤，戴着鸭舌帽和墨镜，斜挎着一个休闲包，大步走来，其身形，一看就知道是长期健身的结果。他保持着某种程度上的"孤洁"——记者询问服务员，能不能借用旁边此刻无人的雪茄吧做这次采访，服务员稍露难色，还未拒绝，他便立刻敏感地说不用。摄影师希望把他身后的窗帘拉起一些，他怕影响大厅内光线，也拒绝了。

"就是一个采访嘛，随便一点就行。"他说。这个"随便一点"的采访做了三个小时。王学圻在和记者的对话中展现出惊人的记忆力，几十年前的事情他如数家珍。聊起往事，他声情并茂——四十年前他从部队到地方，三十年前拍《黄土地》，十多年前拍《天地英雄》……所有这些，在他那里，鲜活得犹若昨日。所以我们改用自述的方式来记录这次采访，尽可能还原这场对话的真实和生动。

即将 70 岁的王学圻，丝毫没有停下的意思。2015 年初，他已经正式脱离范冰冰工作室，为年底自己执导的电影开机做准备。也因为这段时间忙于创作，所以没法接受关于《道士下山》的更多采访。他和陈凯歌的第七次合作如前六次一样，发生得自然而然。

如果人生分四季的话，现在是王学圻的春天，有无数个不可预期的未来，从此刻的泥土里生长出来。

第一次与陈凯歌合作

我第一次主演电影就是《黄土地》。回过头看，我人生几十年当中，最精彩的应该是拍《黄土地》那会儿。

和陈凯歌认识是在广西南宁。我那个时候在南宁厂，就知道隔壁住了一个大高个，很绅士、很贵族的样子。那是 10 月份，我有个电炉子，每天都烧开水。他就每天上午出来十分钟，来我这里坐坐，喝点开水，抽根烟，闲聊几句，就十分钟，完了就回去继续写本子。他们那时也在找演员，中午的时候，有时候艺谋他们都过来，吃饭的时候碰碰头，看看什么情况。

《黄土地》最后能拍成电影，说实在的，郭宝昌导演出了很大力气。郭导原来就是南宁厂的，也是电影学院的师哥，觉得自己有义务帮帮这些师弟。当时厂里安排他去出外景，他不去，和厂里说，什么时候你们定了拍《黄土地》我再出外景去，态度非常坚决。所以后来郭宝昌导演

《大宅门》时，他们几个全去帮忙，就是因为有这个情分在。

那个时候真的很难。我记得陈凯歌花了一个礼拜写完了本子，说写完了我们吃顿饭。大家在一起吃了一顿饺子，自己做的。吃完以后，我们睡觉了，他们三个没睡。那时没有复印机，他们就手抄了五本，一夜抄完。五本写完以后，张艺谋（担任《黄土地》摄影师）还做了一个书皮，原来不叫《黄土地》，叫《古原无声》。早上，他们三个人就拿着本子在那儿等上班，五个副厂长，一人一本。

看完以后，厂里面不打算拍。凯歌他们说："都已经采风两三个月了，让我们汇报一下我们干什么了吧。"这是理所应当的，好，副厂长就开始找了一些人演。这次凯歌他们做了充分的准备，艺谋做了开场白，凯歌说完，两个副厂长就掉眼泪。所以这个事儿当天晚上就差不多了，大家都非常高兴，很不容易。

等我们开拍的时候，就已经4月份了。艺谋他们很认真地琢磨，走了几十年的小路是什么样的？又雇了十个人天天踩路，踩了一个礼拜之后，艺谋说还新，不够旧。又踩了半个月。艺谋又琢磨，说这常走的小路应该中间发白，两边发深，于是又在中间洒上干土，这才拍出来像。

他们那种状态的导演，我这一辈子就碰见过两次。第二次是周杰伦，我没想到周杰伦那么认真，和陈凯歌他们状态是一样的。那个时候我也刚接触电影，不懂电影怎么拍。但是看现在的电影，一个景可以拍十个戏。所以你要说《黄土地》怎么能成为经典，我觉得应该。

我记得《黄土地》拍大远景，一望无际的土，山山峁峁的，一头牛在那个画面边上，悠闲地晃着尾巴，吃着草。老汉在镜头前，端着大碗，喝着小米粥，凯歌就会掉眼泪。他说农民一天最痛快的时候，就是这个时候。这个画面，现在的年轻人显然掉不了眼泪。你想想，那大碗有什么好的？小米都是前年的小米，吃点咸菜喝这个，喝得那个痛快，都喝出了声。

拍陈凯歌的本子，有些台词老也忘不了。《黄土地》里，我问这个老汉："大叔你这么多歌，怎么能把歌词都记下来呢？"他说："日子艰难了，就记下来了。"凯歌写的台词，你说多好？这里面有陈凯歌导演他对生活的感悟，不像现在年轻人太平静，没有大起大伏的政治运动和历史背景。现在人都是消遣来着，谁还能为这场面感动？

《道士下山》里我演一个高僧，他有一句台词也让我很有感触：要是能悟到生死轮回，无非花开花落。当时拍完这个，大伙都很安静肃穆地品味这句话，人生，就是花开花落，多简单的事儿啊。

在美国逛红灯区

拍完《黄土地》，政府让我出国。我和孙道临两个人，叫作中国电影代表团，就我们俩。出国那会儿是大事，可以登《人民日报》新闻的。国家给了我500块钱，让我做一套西装。谁做？红都做。红都那是给中央领导人做衣服的啊。我做了一套黑西装，老师傅做的，货真价实的纯毛B级，特别沉，换你们肯定都不爱穿。这套衣服我至今都还留着，在蒙特利尔领奖的时候，我穿的就是这个。

出国的手续办了三个月，得一步一步地批。团里（王学圻曾考入空政话剧团）人人都听说了，跟过年似的，到处都在说，"王学圻要出国了""王学圻到美国去了"。我和孙道临两个人，到了美国，下了飞机，看到大厅里有哥们儿牵着狗，我说："这是电影啊。"孙道临是电影皇帝，他也没见过。我们看见玻璃墙里有喷泉，但没听见哗哗水声，都惊呆了，我问孙道临："这喷泉没有声是怎么回事？"他也说："这太奇怪了啊，小王。"车绕了半天，到了中国领馆。一进领馆，就看见了黑板报——"好事赞"，表扬好人好事的，就感觉回国了，中国。

使馆的人对我们说："你们转转去吧，可以到红灯区去看看。"我说我是军人，不能去红灯区，他们就乐了，说你现在就住在红灯区，44街。我蒙了："啊，中国大使馆在红灯区？"

第一天我们没去，第二天他们又说："去看看吧，红灯区挺有意思的。"孙道临对我说："小王，我们去一趟。"我就跟他去了。坐了一个大凯迪拉克，那司机比我还体面，大高个儿，嚼着口香糖，带着蛤蟆镜，特帅。车开到时代广场停车，我们下来走过去，孙道临对我说："小王，咱俩拉紧点，省得把咱们分开。"他想象里，红灯区肯定有很多女人强拉男人。我们就手牵手走着，满大街都在看我们，看同性恋的眼神。

我们在百老汇看了《猫》，看完整个人又都蒙了，没想到能这么演。那个地板要滑能滑，但是人走上去又不摔倒，那是什么地板？翻译在我们旁边打瞌睡，演大黑猫那个就过来逗他，一下子就坐他腿上，开始唱。怎么还带这样的？我就很担心，"小母猫"千万别来坐我身上啊，那就麻烦了，我是当兵的。一直到现在我心里还有这么一根弦，我是一个军人，我是一个党员，时不时老提醒自己。

这一次出国政治没出问题，第二年又让我代表中国电影圈去了日本，去了五个城市，也是跟做梦似的。当时觉得大阪真好啊，去年拍《赤道》又到了大阪，觉得大阪真破啊。

在空政话剧团的日子

说真的，我们团的人都很感谢我，因为我接戏比较多，导致底下的人也不好控制。所以我们团出的名人特别多，叫作明星团。其实你出不出名，部队根本不需要，你拿了个什么奖和政治部能有什么关系吗？但你要是出事就麻烦了，文工团一出事，影响特别大，比摔飞机影响都大，一个演员出事马上全国都知道，政治部主任的检讨一个接一个写。

以前我们是有任务下部队的，排话剧，每年起码半年，一场戏演三四个月。最早我也不是什么主演，就是跑群众，一年能上很多话剧，不闲着。飞机早上来，晚上就走了。我们是空军队伍，都是专机。两架飞机，一架装人，一架装道具。那个时候都盼着下地方，吃得好。第一次下去，是晚上 11 点到的，师傅说，太晚了，吃点消夜吧。我们还客气，说吃过了。师傅说，那吃点面条吧，方便吗？方便方便，大盆汤面端过来了，我们把干的都捞了。人家一看，这不像吃过东西的啊。得了，煮饺子吧。哎哟，饺子啊，哗哗又吃。那把剩下来的也煎了吧？油煎的饺子又上来了，吃到半夜，肉也上来了。这时就真想抽自己嘴巴，面条吃饱了，后面吃不了了。

我讲的不是瞎话，是真的。空军灶，第一流的，相当于潜艇灶。

戏都是自己排的，讲部队生活的戏。这个太难编了，话剧里要有矛盾，但我们编的剧里，最大的矛盾无非就是要推一个厕所，推了我们盖幼儿园，推还是不推？其他的不敢写，戏里不能有坏人，政治部不能写，也不能写摔飞机吧？就像我们当年拍《大阅兵》的时候，本子写完后，空军就说这个本子不行，因为剧本里写了几个身体不好的，我就是。军队说，来参加阅兵的这些都是万里挑一，拿尺子量的，怎么可能身体不好？那思想有问题行不行？也不可能，我们都是尖子，都是模范党员。什么都不行，总参不通过，把艺谋（在《大阅兵》中担任摄影师）他们给郁闷坏了。

我在部队的时候编过一个戏，其实当时初衷是希望这个戏拿上去就被毙了，毙了我就可以不演话剧，演电影去了。我编了一个参谋长，快退休了，但一心一意还扑在党的工作岗位上，对退休迷惘得很。退了能干什么呢？钓鱼不爱，抽烟不会，他还愿意继续做军人，但是做不了。结果戏送上去，碰上一个刚好要退休的政治部副主任审，正中下怀，觉得这个戏太好了。那就只能演了。

这部戏下部队演了半年。地方上都说，这个戏太厉害了，能写这个，能写自己"弄虚作假"。部队演完之后，全军汇演都没敢演，总政看完以后没表态。

这是我们演过最激烈的一部戏。文工团的作用是什么？鼓鼓士气，宣传党中央的精神。你说你演一些矛盾，看完大伙儿画问号行不行？得是演完热血沸腾这才行，这是部队。你要是演个《雷雨》，战士们看完之后回去睡不着觉，确实不合适。

演反派，感觉像打鸡血

我在部队演的这些话剧，和电视电影是两个系统。我在这两个系统里进进出出，转换不好的话，给人感觉就太明显了。我觉得自己能完全掌握好这个，是从《天地英雄》开始。

何平特别奇怪，他第一次找我，演的是一部叫作《日光峡谷》的电影，我演的是一个爱上客栈女老板的马贩子。马贩子很潇洒的，整天就是骑着马。要去卖马的时候，"我走了，放个屁的工夫就回来了"，一开春回来了。后来有个刀客来了，和老板娘好上了。马贩子唱着歌儿赶着马儿就走了。我没演过这样的角色，问何平："你们让我演这个？"他说："我觉得你合适。"太奇怪了，不知道他怎么看出我能演的。

后来他又找我，说有个本子你看看，就是《天地英雄》。我一看，肯定姜文是演里面那个老大（《天地英雄》当时定下的演员有姜文、王学圻，"老大"指里面的反派角色安大人），那么肯定是让我演日本人（片中角色，后由日本演员中井贵一出演）。结果我一去，不是，他说你演这个（老大），我说真的假的，他说真的。我就回去看本子，戏写得真好，考虑了好几天，接了。

在部队里，最早演反派当然是有点限制的。你要上什么戏，政治部、团领导得看看，如果是反派什么的他就会劝你，你是一个军人。那个时候我们推头都得受限制，不让你留头发，后来这方面限制就少了些。《天地英雄》是我第一次演反派，那个角色阴阳怪气的，我做一个动作，问何平能这样吗？行啊。那么能这样吗？可以。我能吐他吗？能啊。表演的一切跟原来都不一样，想法也越来越多。每次拍戏我都很兴奋，但我从来没有这么兴奋过，一天到晚跟打了鸡血似的。

这个片子之后，各种角色也开始找我了。不像以前，找我的不是政委就是市长。我记得以前有个电视剧找我，让我演一个市委书记，剧本从第一篇开始就是在开会，不是在家开会，就是在单位开会，在车上也开会。我问能不能自己设计一下这个角色，比如说话有点口吃行吗？不行，市委书记哪能这样。真是没法弄，没法演。

我最初犹豫要不要接拍《天地英雄》是为家人考虑。我没有什么负担，但我演这个角色，人家会怎么看我媳妇，怎么看我儿子？肯定有人说，你丈夫演神不神鬼不鬼的坏蛋，我儿子上学也怕人家说你父亲是个坏蛋。那个时候我最担心的是这个。

早年我演过一部戏叫作《让世界充满爱》，滕文骥导演的。里面有一场吻戏，配的是"轻轻地捧着你的脸"那首歌。演完之后，我们全军汇演，颁奖礼上放电影，一出来，《让世界充满爱》，我站起来就走。第二天我进我们团食堂，都疯了，都不吃饭了，我说怎么了怎么了，我们那儿一个搞舞美的女儿说："妈妈，王叔叔跟那个女的都那样了。"你说，连孩子们都兴奋了。我存车回家，一路都是人，在我后面戳着我脊梁骨说："就是他，就是他，跟人家在冰上亲嘴儿。"

那个时候是真的痛苦。但到了《天地英雄》，我发现人们不这样了。要知道前一年丁关根还表扬过我，说我是路子正的演员。我以为我演完《天地英雄》，人们肯定会说，你怎么演这个神不神鬼不鬼的去了。结果电影局赵部长碰到我，她对我说："小王，真好，我看了两遍，真好，又上了一个台阶。"当时听了很受鼓舞。

演角色要考虑政治性

我现在接拍戏还是一个标准，首先我有冲动，看完很兴奋，哪怕是我演过的角色我还有创作冲动，这是最重要的。然后既然接了，我就想方设法把他演好了。总想让人说好，谁说不好真往心里去，晚上睡不着觉，这个没弄好，怎么没弄好啊，觉得非常对不起人家。

《赤道》里我演的是一个国安局的少将，军人，但他在香港又是一个大老板，呼风唤雨。两位香港导演非常认真，很有想法，但他们不可能真正理解这样一个角色，不知道怎么写内地的官员，一些观念他们很淡漠。不像咱们内地，有些东西根深蒂固。我记得"文革"后期，在部队的时候，我们有三个人在一起绣标语，一个我，一个哈尔滨的，一个上海的。其中上海的那个小子自言自语："这个有什么用？"说了一句这个，我当时愣了一下，没说话，继续绣。第二天政委就来找我了，说王学圻昨天你和谁谁在那绣这个呢？我说是啊，他说当时谁谁说了一句绣这个有什么用啊，你听见了吗？我一听，就知道够呛了，说我系鞋带呢，忘了，真不知道。

二三十年后，我又碰到哈尔滨那人，我们一起吃饭，突然间他说，王学圻，我问你一件事，你记不记得有一年我们在一起绣标语，上海那个人说绣这个有什么用？我说听见了。他说听见了你为什么不跟政委实话实说呢？

你看，这些东西根深蒂固到什么份儿上了。都这年头了，他还耿耿于怀着呢。

香港导演不懂这些，所以台词我自己修改了很多。比如有一场戏是在火车上，我说："怎么着，你脱了马甲我就不认识你了？"张学友拍完之后，实在憋不住了，对我说："王老师，我实在不知道你说这句话有什么用，是什么意思？"我说到了内地一放你就明白了，绝对有效果。

表演上我尽可能地让角色多一点喜感成分，这样的人能在香港打成一片，肯定是各行各业都能信任你，都能说得上话，你才能进行工作，才能宣传。

多谢范冰冰，开始懂得做宣传

以前我是最不愿意宣传的，那个时候觉得宣传就是表扬。我们习惯不能表扬自己的优点，没事要夹着尾巴做人。就算有成绩，也不能宣传。

记得当时拍完《黄土地》，陈凯歌说："王学圻我写写你吧，你这种低调表演方法别人不知道，我知道。"我说："陈凯歌，别，咱俩都认识，你写我干吗，多难堪啊？"结果人家写了一个《秦国人》，写张艺谋的，那篇文章到现在还是经典。要问我现在后悔吗？我说后悔，本来要写我的。

我开始知道宣传是遇上了范冰冰。我原来根本就不知道她，就听说她把记者打了，踢人家，那个时候觉得她跟我没关系，没关心。最后人家当我老板，让我穿这个，弄这个，拍这个。我们在一起拍《麦田》，我真没想到她能吃苦到那个份上。什么份上？她穿着很单的衣服，有一场戏我抱着她，扔在床上，床就是一块板，绷了一块布，再轻也听见"咕咚"一声。等后来才知道，人家摔得青一块紫一块的，但从来不说。就觉得她不一样，跟看照片不一样，比我们团里有些女演员还能吃苦。

那时正好赶上《梅兰芳》上映，她问我："王老师你怎么宣传啊？"我说："没什么宣传，部队哪有宣传。"她说："你演得那么好，不做（宣传）可惜了，我们替你做吧。"我说："什么叫宣传？"她说："您甭管了。"结果，没签约，她就是帮我做了。做完之后就知道，知道我的人多了。

范冰冰很敏感，她知道怎么宣传。有些活动，我也不好意思去，年轻人多我去干吗呢？她不太敢管我，就这么和我说："老前辈，这个你去很好。"怎么怎么地。我说："我去合适吗？"她说："你去就知道了。"她会说服我，以前我说不去就不去。所以，我真的挺感谢她。

现在我知道了，宣传这个东西，一个是让商业上知道自己，但更多还是让别人了解你，了解你才能创作更多的机会。有更多的片子，原来可能不知道，我还能演这个。《天地英雄》没做宣传就可惜了，本来有一个公司要拍那个戏的续集，重点在我演的那个角色，没做成。

我觉得拍时尚大片也是一种创作。我拍《时尚芭莎》的时候，去了土耳其。一开始还说景不好，但当我们进到酒店的时候，摄影师兴奋了，我也觉得好。你想想，我们坐在五星级豪华酒店里，白桌布，服务员都笔挺的，还拿着红酒。但窗外是一片荒地。就跟梦一样。我住的卧室里面就有游泳池，灯打得绿绿的，真是梦境。自己就身不由己地进到那个环境里，当你再回头看的时候，完全不一样。

生活中不是只有绿色

从感情来说，我不想离开部队。以前那个年代，陈凯歌也好，姜文也好，都劝过我离开部队。不说别的，军人这个身份，光艺术上都有点限制。那我还是舍不得离开部队，最后走，确实还是因为影响我事业了。台湾金马奖，我得过两次提名，都不能去。别人说："你这个级别的，新中国成立以来从来没有人去过台湾"，你说你能破坏这个吗？我觉得我不一定想得奖，但那是一个演员的盛会，我也想正儿八经看看台湾的金马奖是怎么回事。一生能有几个这样的机会？不是年年都有的。

合拍片也是，只要有境外的戏，都不可能去演。我们是和野战部队军人一个待遇，没办法，系统就是这样。影响到我事业了，只能走。

2012年4月，我拿到三证，回到团里，开玩笑说："政委，我现在是三证齐全的中国公民了。"身份证、护照、港澳通行证，三证齐全。结果特别巧，4月份拿到三证，5月份我就到好莱坞去拍《钢铁侠》了。是在洛杉矶附近威明顿拍的，那是个海边城市，干净极了，静悄悄的。《钢铁侠》十个棚都在那儿。当时我就觉得，中国演话剧的如果没在人艺演过是遗憾，因为人艺是最高殿堂。唯独人艺在台上说话不用麦克风，观众也能听得清清楚楚，其他舞台都不行。而作为一个电影演员，我是到了好莱坞才知道，这才是做演员的最高享受，十个棚，就拍一个电影。所以我去那里收获真的很大，如果不离开部队，这些我都不会知道。

最早让我拍时尚大片的时候，他们还担心过我不能接受。我原来在部队，牛仔裤都没穿过。部队冬天发棉服，夏天发短袖。换衣服也是听指令，黑板上写着，明天穿短袖，后天穿长服。黑板上写了，就换吧。

现在我衣服都是自己买，自己搭配的。还行吧？我觉得品牌的衣服不仅是一个牌子，是一个人意识的东西，你很珍惜它，穿上一天都感觉不一样，那这件衣服的价值就在这里。不是说多有钱，而是一个人很尊重自己的时间，尊重自己的生命，尊重自己的形象。

在部队这么多年来习惯了，尤其颜色上，买衣服无形当中就奔绿的走，打心眼里觉得绿的就好看，其他颜色都不看。那几年刚回来，总是这样，一看见绿的就要买。他们说你怎么又买绿的，还没穿够啊？后来慢慢才把绿的淡掉了，也开始看别的颜色了。

采访手记

演员常会被问到"如果有假期怎么过",王学圻的答案是：上午起来以后首先洗衣服，每天都得洗衣服，没洗的话就觉得这一天白过了，4 点半后开始锻炼——每天锻炼一个半小时，是王学圻坚持了几十年的习惯。

这个早已过耳顺之年的男演员，有着近乎严苛的自我管理系统，他几乎不吃甜食，喜欢吃的东西一定让自己少吃，体重一超过 145 斤就会拉响警报。

李雪健曾爆料，王学圻在文工团时外号叫"阿齐"，这个名字的来历是日本电影《望乡》里的角色"阿齐婆"，那是一个戏很少但是很出彩的龙套。王学圻演戏，从 31 岁起，至 61 岁出演《梅兰芳》里的"十三燕"大火，中间待过文工团，演过话剧，和陈凯歌拍了《黄土地》，当过导演，拿了华表奖，整整三十年。他早已在这个过程中有了一套自己的处世哲学，它的形成与他当兵、跑龙套、成名经历乃至成长的时代背景都密不可分。

在他的法则里，对自己定义里的"装"有着强烈的排斥。拍《十月围城》时，王学圻很喜欢饰演自己儿子的台湾演员王柏杰，因为对方"纯朴，不嘚瑟，不装"。

人们喜欢用"大器晚成"来形容王学圻这样的演员，但对于当事人来说，演戏是他最热爱的事，是从小的一个梦，有好戏就行，什么时候"成"都好。

他在《天地英雄》《梅兰芳》和《十月围城》中的表演给我极大的震动，但只有当他坐在我面前，用演戏的方式，眉飞色舞地接受了近三个小时的采访后，我才明白，王学圻之所以能成为王学圻，是因为他有表演的天分，沉醉其中。不是无法自拔，而是无法分离。

这样的演员，是幸福的。

宁静：我不想使劲把自己洗白，你们看到什么就是什么

文 / 秦筱　编辑 / 露冷

宁静裹着白色的大浴袍窝在酒店沙发上，手机举在眼前，一根手指竖着，不时戳一下屏幕。

"哎呀，这个新闻太可怕了，你们看到了吗？"她突然跳起来，"有人会趁你睡觉的时候偷你的微信账号，看到你所有的信息。太可怕了！"她强调，大眼睛瞪得滚圆，又长又密的假睫毛翘上天，像两把小扇子。

化妆师"哦"了一声，继续摆弄自己的行李，正在聊天的经纪人和助理则只瞄了宁静一眼，并未停下对话。"网上很多事情都让她觉得惊奇，我们都习惯了。"经纪人程滢对记者说。

距离宁静学会用手机上网没多久。她一年中的大部分时间都泡在剧组，但凡有一点空闲时间在家待着，就真的"待着"，床上或沙发上，坐着或躺着，什么都不干，什么都不想。待无聊了，就做个饭、织个毛衣、绣个花。"我特别宅"，宁静说——"宅"这个字也是最近才学会的，此前她用一个更旧派的词形容自己：家庭妇女。

当《花儿与少年》第二季（以下简称《花少2》）的嘉宾名单送到宁静手上时，她也是这样瞪着眼睛问程滢："毛阿敏和许晴我知道，郑爽、井柏然、陈意涵、杨洋都是谁？"类似的事情在剧组也时常发生，她正跟年轻演员搭着戏，那边一车粉丝呼啦啦就来了，"我就想他这

么红呢，这么红的演员我不知道，我怎么这么土鳖呢？"

她也曾经是自己口中所说的"这么红"的演员，不过距离她最辉煌的时候已经有些久远。

20 世纪整个 90 年代，内地电影产量稀少，活跃在银幕上的大陆女星无非寥寥数人。拥有一双大眼睛和倔强少女气质的宁静就在这样的环境下崭露头角。从《阳光灿烂的日子》成名开始，在她最红的那些年——也就是 21 岁到 27 岁那些年里，宁静拿遍了中国电影界重磅奖项的最佳女主角：金鸡奖、百花奖、金马奖、上海影评人奖。

但这些荣誉和欢呼并不能让一个明星永久保鲜。《花少 2》总导演廖珂说，宁静对真人秀"似懂非懂"。23 天的录制过程中，前 15 天她都"没搞清楚状况，很容易慌张"。出发前听说这是一次"疯狂的旅行"，宁静如临大敌——划船前怕落水，枕头大战怕羽毛，跳伞怕高，登山又为没有专业设备而忧心忡忡。"其实我们做节目，肯定会保证艺人人身安全的。"廖珂说。

对于这些令她慌张的事，宁静统统一瞪眼一挥手：不去！摄像机忠实记录下了这些场景，"不去"二字被制作成颜色鲜艳的字幕，频繁闪动在节目画面上。自私、"作"、耍大牌、不合群……负面评价铺天盖地。作为一个"红过，但没火爆过，从来没有花边新闻"的演员，多年后以这样的方式火爆起来，宁静还是觉得"有一点心理障碍"。

一场事先张扬的"难搞"

临行前接到《花少 2》节目组电话时，宁静"炸毛"了："不是吃吃喝喝玩玩吗？怎么变成'疯狂的旅行'了？"她瞪着程滢，对方回以一个同样困惑的表情。

23 天，辗转英国、土耳其、迪拜的多个城市，途中还要完成赛艇、登山、跳伞等任务，并不是一场轻松的旅行。为了保证嘉宾在节目中的真实表现，节目组并未事先透露旅程的细节。宁静问要不要看下第一季，廖珂告诉她"不用，做你自己就行"，她就真没去看——反正家里也收不到湖南卫视。"你相信吗？我连上网都不会，更加调不出来它（湖南卫视）了，正好有个借口。"

4 月 25 日晚，《花少 2》首播，宁静对着镜头一脸张皇，收到"导游"郑爽来信说"旅途中自备毛巾、洗澡拖鞋，住宿不提供"时，她彻底爆发，"不提供住宿？不！去！"工作人员在一旁解释，是酒店不提供毛巾和拖鞋，没说不提供住宿，你看错了。她转转眼珠为自己找台阶下："所以我说她（郑爽）文化不高呢。"——这就是宁静的真人秀首秀。当晚，微博、贴吧里恶评如潮。接下来，"不去"事件频频发生，三期节目后，宁静获赠"不去姐"称号，"导游"郑爽在媒体采访中直言："她真的是最难搞的一个。"

某种程度上，这是一场事先张扬的"难搞"。宁静早年撂挑子的事迹，比缺席划船、跳伞、登山要劲爆得多。那是她声名最盛的时候，一位唱片公司老板兼粉丝找上来要签她做歌手。彼时，"演而优则唱"还不是通行规则，宁静觉得新鲜，也自信自己是演艺圈中最能唱的一个，于是想都没想，签！

签完之后开始录专辑，她傻眼了。做一首歌的原唱和在歌舞厅唱别人的歌完全不是一回事。"他们说宁静给你听一个音乐，我一听好听，好，就这首歌。填完词把小样拿过来，再一听，还是那首歌吗？他们说是，因为你还没唱。好，我去唱——太难听了，原来我不会唱歌。"

等到歌曲录完，要拍封面照片了，宁静开始玩消失——连声"不去"都没说。"我知道我拍了照片，他就一定要发（专辑）了，但我是一个对自己要求非常苛刻的人，我不想发这么烂的一张专辑。"100万的制作费打了水漂，连同当年最好的编曲、作曲、作词人的作品。封面设计师倒是见过一次，细节都谈妥了，却再没见第二面，后来宁静才知道，对方就是任达华的太太琦琦。

用现在的流行语说，那位老板算是"真爱粉"，居然没有追究她的责任，"他要是追究的话，我赔不起"。宁静始终感念这位老板的情谊，"后来他找到我，只要能帮上的忙我都会帮"。

拍《阳光灿烂的日子》时，宁静为场面调度的事当场呛声导演姜文，一向霸道的姜文硬是没吭声，把她拉到一边："以后有脾气你单独跟我说，在片场可不可以不要发火？给我留点面子。"他对这个在他眼里像"一颗定时炸弹"的女演员相当宽容。《阳光灿烂》上映后，宁静这颗炸弹果然摧毁了无数文艺青年，她饰演的"米兰"在他们心中等于青春，阳光下波光激滟的游泳池和蠢蠢欲动的荷尔蒙。

在过去的十几年里，宁静不厌其烦地在各种采访中讲述性格形成的原因：从小在打骂中长大，"父母打我，我就去打别人，家里比我小的我都打过"。长大后觉得这样不行，"好像有点暴力倾向"，于是想靠学佛来管住自己，却只管住了手，嘴上仍然是"有屁一定要放的那一个"。可以把"屁"字挂在嘴边的她，自然也不避讳在媒体面前提起那段失败的跨国婚姻。1996年，宁静拍摄《红河谷》时与片中演员保罗·克塞相恋完婚，生下儿子雷纳后，两人又再度合作《黄河绝恋》，这部电影是两人最后一次合作。"聊不到一块儿。很让着你了，但是还是文化背景不一样，很难。"冲突激烈的时候，两人一语不合就要拍桌子。宁静形容那段日子，"经常会变成飞一板凳，飞一杯子，乱来"。退回朋友位置的两人反倒能和平相处，并共同抚养儿子。

她的真人秀表现与十几年来向外传达的形象无缝榫接。在节目中，宁静几乎是唯一一个敢于直接表达自己的不满、甚至因飙脏字而被频频消音的人。面对媒体隐隐带刺的提问，宁静说，尽管被网上汹涌的负面评价气得胃疼，仍然庆幸自己没有试图去演一个完美的人，"摄像机一天24

小时对着你，总有演漏的时候，到时候被大家发现前后不统一，我会哭出来的。现在虽然有点胃疼，但至少没有想哭的感觉"。

我不需要洗白，我本来就是白的

在宁静最红的年代，她并不像今天一样，是因为在电视上"难搞"而引起观众注意。

1995 年，《阳光灿烂的日子》被美国《时代》周刊评为当年的"国际十大佳片"第一名，在其中饰演米兰的宁静一炮而红。王朔在原书中这么描述米兰：各个关节的扭摆十分富有韵律，走动生风，起伏飘飘扬的裙裾似在有意撩拨，给人以多情的暗示。她的确天生具有一种妖娆的气质。专栏作家黄佟佟写道：刚刚二十出头的宁静完美地解释了米兰这个"从头往下看，风流往下落"的性感形象。作为女演员，她极富天赋，这天赋就是她那极具个人化的美，自然野性还极具侵略性。

次年，宁静凭《红河谷》中的少女丹珠一角登上百花奖影后宝座后，得到香港导演潘文杰的邀约，出演《新上海滩》的女主角冯程程，成为内地最早参与港片拍摄的女星之一。在那个港片当道的年代，这无疑是巨大的荣誉，与她搭戏的是张国荣和刘德华。这两位男星之前共同出演的电影是王家卫的《阿飞正传》，片中女主角是刘嘉玲和张曼玉。

到二十四五岁，宁静已经成为内地身价最高的演员之一，排在前面的只有巩俐。少年得志，一时风头无两，熏得她勃勃生长，鲜艳而热烈。

"虎"，宁静用这句东北话形容初出茅庐的自己。她不怵姜文，也不怵这两位"天皇巨星"。拍片间隙，刘德华给剧组的人展示身上的肌肉，"上健身课"，24 岁的宁静则与 40 岁的张国荣躲在角落里抽烟，"他抽白万宝路，我抽红万宝路，你说我口味多重？"张国荣哄她，咱俩先抽白万宝路，然后一起戒烟好不好？她真的戒了，结果两年后再碰到，发现张国荣还在抽。

张国荣欣赏宁静，赞她"人长得漂亮，戏又好"。在香港拍片期间，他常常邀请宁静去自己家，问她："会不会打麻将？"她说："不会。"张国荣说："那我就做饭给你吃吧。""像兄妹一样。"为了表示对这个妹妹的亲近，张国荣还常用蹩脚的普通话讲脏话，宁静飙脏字的习惯也是在那时培养起来的。回到内地拍哭戏，好不容易憋出点眼泪，导演却为等夕照的光连叫三次"咔"，最后说收工，明天再拍，她一下子崩溃，抹着眼泪大喊"我不干了"！

"人家也没计较，还跑过来安慰我，在他们眼里我就是个没心眼的小孩。"所以宁静很困惑，为什么她只是在节目里表达自己的想法，观众却说她欺负人，"熟悉我的没人会这样说"。

但观众远比她身边的人挑剔，当 43 岁的宁静在 2015 年的电视屏幕上频繁地说出"不去"二字时，观众并不打算把她当成"没心眼的小孩"。

在剑桥划船的前一天，宁静以怕落水为由宣布自己不参加第二天的比赛。当她踩着高跟鞋只想去看看热闹时，英国教练安娜走过来说："静，你真的不愿意参与进来吗？我可以给你补课，保证你的安全。"宁静连连摆手："安娜，你不要这么 nice，这样的话我真的不好意思拒绝你。"最终，她还是没能拗过热情的女教练，脱下高跟鞋上了船。但这段对话没有出现在电视屏幕上。观众看到的是一个"前一秒还假装矜持叫嚷着不去，后一秒又改变主意拖累团队进度"的宁静。

"真人秀是'真人'，但也是'秀'。而且我们一天 24 小时七台机器在拍，好几天的素材浓缩成一个两小时的节目，不可能客观呈现每个人的状态，肯定会有一些个性被放大。"廖珂直言不讳，"'综艺效果'在这个年代已经不是禁忌词。"

上一季有一位年长的女嘉宾在看完第一集后意识到这个问题，急急给导演打电话，回想旅途中自己说过哪些话会引起误会，一一嘱咐不要这么剪。宁静称，她从没动过这个念头。她的想法与廖珂如出一辙："24 小时被人家拍，总有飙脏字的时候，你 24 小时内说三次脏话没什么，但浓缩到一个小时之内，就有什么了——但你能说这个脏话不是你说的吗？不能，那就认了吧。"

所以，在委屈和"胃疼"了几天之后，宁静骨子里的"虎"气又冒了出来："是，我脾气大，我神经大条，但我蛮聪明的，否则怎么可能在这个圈子里混了 20 年，还混得不错？你们自己往后看吧，就会发现我是怎样的人，我不需要洗白，我本来就是白的。"

她没有花太多时间就找到了和观众的相处之道——到了剑桥后，她猛烈地咳嗽过两天，却刻意没在镜头前谈论这件事："因为我不晓得会不会剪我真的病了，如果没有，只是在抱怨生病，大家又要说我矫情了，那我可能真的会胃痛——没办法，这个变化来势汹汹，娱乐无极限啊"。

《花少》两季总监制夏青总结："后来你会发现，宁静不去的理由都是很充分的，并不是瞎胡闹。"这甚至成为她眼里宁静"最可爱的地方"，那些"不去"一次都没有兑现，宁静总是抑制不住好奇心，嘟着嘴上船、上山、跳伞，然后立马开心地投入其中。最初，监制组在对讲机里听到前方编导说"静姐不去"还会慌一下，后来这样的消息已经变成了习以为常的乐事，"说不去的是她，玩得最 high 的也是她"。

观众对于她也渐趋于好评。她在节目两次讨伐了中国人的"和稀泥"精神，第一次是在旅途第二天，暴走十公里，游过鹿园、完成街头寻找肖恩羊的任务后，感到身体吃不消的宁静提议放弃下一个景点，大家纷纷喊累响应。但就在决定租车回酒店的当口，两位同伴提出这次不去就没机会去了，"坚持一下吧"，其他人又立刻改变了主意。"中国人就是和稀泥，你懂吗？一个人说坚持一下，大家就说那我们就克服一下吧，我不喜欢这种劝"。宁静很不满——这一次发作，网络上对她的评价是"自私、作、耍大牌"。

第二次，则是在土耳其露营时。但随着节目进展，很多人开始赞赏这种有话直说的态度。夏青视宁静为"真性情"的代表，而这恰是真人秀选择嘉宾的第一准则。

在即将举行《花少》上海站宣传活动的酒店大堂，宁静碰到了刚从湖南飞过来的夏青，她又一次瞪着招牌式的大眼睛："你们当官儿的怎么也要亲自来？"

大她三岁的夏青笑笑，捏着嗓子，哄孩子似的说："在我们这儿啊，官儿越大干的活儿越多。"

慢一拍的娱乐精神

廖珂第一次见到宁静是在 2014 年 11 月，一部抗战剧的片场。宁静一身男装马褂出现在他面前，又帅又酷，完全符合他印象中那个"真实、大条、率性的女演员"形象。谁知聊到在剧组的生活，宁静"哗啦啦"从旁边的行李箱里掏出一堆五颜六色的玩具，"而且是低龄幼儿的玩具"：塑料球、飞镖、毽子……让小她十来岁的廖珂大跌眼镜。

每次进剧组，宁静第一件事就是去驻地附近买这样的"低幼玩具"，邀请年轻人来玩——作为老牌一线女星，通常，她拥有全组最好的住宿条件。宁静用这种方式来应对年龄带来的惶惑：这些年来，剧组里越来越多陌生的年轻面孔，她常常觉得自己"找不着北了"，"我们 70 后的想法，50 后、60 后不会有，但是我很想知道现在的 80 后、90 后在想什么，想和他们玩到一起"。她也大方承认现男友就是 80 后，但更多的感情细节不愿向外人道。

以"低幼玩具"和冬天的暖气、夏天的空调为诱饵，宁静成功向年轻人们学会了"猜猜猜"游戏，学会了"真心话大冒险"，学会了"两只小蜜蜂飞在花丛中"。唯一没学会的是微信加好友，"人家教了十遍，我都记不住我的二维码在哪儿，我在科技上面就是很拒绝去思考的人"，现在她终于掌握了诀窍：麻利地点右上角的加号，打开"扫一扫"，等着扫描别人的二维码名片。

见廖珂之前，宁静对《花少》的唯一印象是在朋友家看了 20 分钟第一季的画面，"一个演员在镜头里坐了 20 分钟没有动"，她当即换台，对朋友说"这是一个傻子节目"。跟廖珂聊完天，她改变了想法，"我喜欢他的脑袋，他脑袋里装的思路不一样，太有意思了。因为我是一个没意思的人，所以我就喜欢用有意思的人的思想来武装自己"。

廖珂认为，宁静在旅途刚开始时表现出的强硬态度，是内心慌乱时的一种防御姿态。"她对这个节目似懂非懂，所以我们说什么她都很紧张，想太多了"。

在英国旅程的第一天，众人被要求重演莎士比亚的经典话剧片段，这是一个游戏，大家背下自己的台词，一字不落地念出来就算完成任务。其他人都嘻嘻哈哈，只有宁静心事重重，"我觉得我会特别二，真的，我不是一个很擅长舞台剧、小品的（演员）"。她问摄制组自己可不可以不参加，对方采取激励法，说如果你参加就会有丰盛的晚餐。"你知道我有多傻吗？我想，哦，原来我们每天都要为他们做事，才能吃到晚餐，不然就要挨饿。"最终，她完成了表演任务，但会挨饿的恐惧贴在了脑袋里，"什么时候都觉得饿，一看到饭就会吃很多"。旅途结束一称，胖了十斤。

"钝感"是宁静和世界的一种相处方式。

2003 年，她曾经突发奇想，去剃了一个光头，一时间，舆论喧嚣，"因感情失败而剃光头"的传闻不胫而走。多年后，她才哈哈大笑着对这件事解释，"我跟你说，根本没有感情失败那回事，我还不是一个那么不讨人喜欢的女的"。

剃光头的真实原因有两个：第一，小时候顽皮被钉子磕过脑袋，她突发奇想，想看看头皮上有没有留下疤痕；第二，凉快！舒服！那两年在横店，她的头发"就像长在那边的葱，不断地剪完又长，长完又剪"。实际上拍古装片天天带着头套，根本用不着头发，还特别热。她问梳妆师："如果我剃一个光头还能戴头套吗？"对方随口一答："那当然，还更方便。"她就跑出去"刷"给剃了。回来之后梳妆师傻了："你全剃掉，鬓角怎么办？"

剃完头，宁静半个月没敢照镜子。怕自己一个人太扎眼，她就逼着两个男助理也去剃了光头，三颗光溜溜的脑袋天天在横店的街上游荡，大家都是同行，没人大惊小怪，出门在外则用头巾或帽子遮住。这样，被媒体拍到的时候，光头已经剃了大半年，"我没想过要拿这个来宣传，我们那个年代的人没这种搞新闻的心态"。

宁静觉得，这种"不搞新闻的心态"可能让她错失过一些机会。比如当年一些国际电影节发来邀请函，请她的作品去参展，请她去走红毯，"那个时候的人有多憨，我在拍电影，剧组就没一个人想到说宁静去一下（影展），国际上我这个电影就有噱头了。他们不放人，我就说好啊，不去就不去呗，反正我也不想跑"。

不过如今想来，她也并不后悔。"在很年轻的时候，我就把一个演员想做的事都做完了、想拿的奖都拿完了，所以后来就没有拼搏精神了，我不知道我再去演电影是为了什么。你看，我就是一个很不求上进的人。"宁静对记者摊摊手，"而且，电影你演完就完了，没有弥补的空间，电视剧还能一集一集不断调整状态。"

说完，她垂下小扇子一样的睫毛，沉吟片刻，终于又抬起头，下定决心似的再次开口："实际上我是有一点点害怕，有一点点怂了。毕竟电影上的成就是演电视剧没法追上的，我不太愿意去触碰那个曾经辉煌的东西。"这是整个采访中，这位说话像竹筒倒豆子的女演员，唯一一次郑重其事。

对话宁静：不想借着《花少》重启事业，我又不是没红过

腾讯娱乐：廖珂导演评价你"嘴比脑子快"。

宁静：（一拍大腿）说得太准了，女人像呆瓜一样不是很好吗？干吗要那么聪明，很累的，只要身边的男人比我们聪明就行了——我指的是男性朋友，不要误解。

腾讯娱乐：关于你性格的争议很大，你会在网络上做一些回应吗？

宁静：不会。我不想使劲把自己洗白，你看到什么就是什么，我不会希望表现得有多好，来纠正你对我的看法。我不是对观众自信，是对我自己自信，我没有做错什么。

腾讯娱乐：所以你在节目里的那些不同意见，都是建立在你认为自己正确的基础上？

宁静：对，你精准地用了一个词是"我认为的正确"。在这种我认为正确的情况下，我需要对方是一个能捏得住我的智者。

比如说我对这场戏有异议，我演的是大玉儿，但你让我演成了小玉儿，我就要为这个角色去力争，除非他能说服我，这样演是对的。

腾讯娱乐：能说服你的人多吗？

宁静：太多了，导演嘛，没两把刷子当什么导演。我一直认为导演的能力一定要在演员之上，上上上，因为你要把控所有的局面包括演员。当然也有无能的导演，很少，如果你不在我之上，你和我一样，或者比我还要（差），那我们只能僵在那边。

腾讯娱乐：你从小就是一个对自己做的事很自信的人吗？

宁静：不是，我对未来很恐慌，总是在想我以后长大了怎么办，要是挣不到钱就会很丢脸。

其实我的家庭条件很好，吃的喝的都不缺。好多孩子想上兴趣班但是家里拿不出钱，我是想一出是一出，舞蹈啊画画啊，连篮球都学过，我爸妈很支持我。但我就是会想很多，很没有安全感，可能是天生性格决定的吧。所以我一直都很努力，在学校的时候很努力地上课，工作的时候努力地工作。你要说我运气好，我不否认，但我真的是特别特别努力的一个孩子。

腾讯娱乐：会不会觉得借着这次《花少》的热度，可以重新开启事业？

宁静：不会，我没那么摁不住自己，又不是没红过。

腾讯娱乐：这次的旅伴中有很多年轻的偶像派演员，会感受到压力吗？

宁静：人都会有心理落差的，你不要吹牛说你没有，有的，一定有，但是我会把这种落差自己平衡掉。这个行业里总有一个先来后到，但是范围就这么大，所有的后来者都会变成先来者，所有的年轻人都会随着年龄老去。可能白种人会比较偏爱30到60岁这个阶段，因为那个时候人成年了，整个人很立体、很饱满、很丰富，他们愿意写这个年龄段的人。可是我们黄种人就是喜欢青春的、阳光的，你生长在这种环境里面，你就要随着这个潮流，不要太纠结，不然会得神经病，会抑郁的。所以你要用很多武器来支撑你的行动，比如说我很喜欢美，我就在画画的作品里画一些很美的小女生。我不想演奶奶，势必就要减少拍戏的数量，可能将来会去做幕后、化妆啊，或者制片人、导演，办个画展也有可能，有很多工作可以做，我不会纠结在演员这一个职业上。

韩红：我能从照顾别人中找到存在感

文 / 秦筱 编辑 / 露冷

  韩红刚刚度过了 44 岁的生日，在自己全国巡演的首场演唱会上。这个有着双重意义的场合，没有圈内好友来"惊喜现身"，也没有喜气洋洋的祝福 VCR。她的演唱会也几乎不邀请嘉宾来热场——即便是有陈奕迅这样的歌神朋友，因为"我难得开一次演唱会，自己还没唱够呢，凭什么半小时让给别人唱"。

  这个"难得开一次的演唱会"几乎没见到什么宣传。在启动发布会上，除了主持人华少，并无其他演艺界名人出席，台下只坐了为数不多的媒体记者和工作人员，三分之一的座位尴尬地空着，甚至没有类似活动惯常会邀请的粉丝团——他们的尖叫声最能带动现场气氛。近几年，除了参加《我是歌手》，韩红在音乐上的动作比以往少得多。熟悉韩红的记者都知道，她喜欢热闹。她有着与庞大体格相匹配的大嗓门和气场，人越多，她越兴奋。

  如今，韩红眼里的"热闹"，早不是她的演唱会，而是她的慈善。她希望人们未来在提到韩红的时候，将"慈善家"的名头放在"歌唱家"之前——前者意味着更大范围的影响力。而她也确确实实，把自己名下的这个基金会做到远超出一个普通明星所能达到的高度，无论是从规模还是从其背后的意义来说。

  这正是韩红名望最盛之时，也是她踌躇满志之刻。在一个多月前的"百人援贵"启动仪式上，星光何其熠熠，崔永元担纲主持，到场嘉宾有歌手谭维维、金池，演员王丽坤，以及刚因

《捉妖记》大卖而晋升"20亿帝"的井柏然；赵薇、黄晓明、陈奕迅、范冰冰、汪涵以及当红"小鲜肉"吴亦凡、鹿晗等几十位明星发来祝福视频，VCR播了足足十几分钟，声援阵容堪比时尚颁奖礼。

这才是"韩红发布会"的典型场面。

想成为中国的阿甘

老舍在小说《离婚》的开头这样介绍主人公："张大哥是一切人的大哥。你总以为他的父亲也得管他叫大哥；他的'大哥'味儿就这么足。"把"大哥"换成"大姐"，说的就是韩红。长久以来，她以"大姐"的特质为人们所熟知。朋友们都称她"老韩"，无论年龄比她大，还是比她小，就像称呼隔壁家热心的王大哥、马大姐——弟子除外，师门有师门的规矩，她要求他们毕恭毕敬地喊自己"师父"。

什么时候开始成为"老韩"？韩红自己也记不清了，"好像小时候大家就这么叫"。她喜欢那种照顾别人的感觉，"当我自己强大以后，我有能力照顾别人，我能够从这个事情当中感受到自己的存在感和快乐"。

2011年，韩红和她的基金会扩大了这种照顾，筹建了一个名为"百人援助"公益项目，每年领着一批从大都市大医院要来的医生，带着药品，去医疗资源匮乏的偏远地区义诊送药，譬如西藏、青海、新疆，团队把今年的援助地定为了贵州。

220人组成的慈善队伍从北京出发前往贵州。半个月里，队伍沿着贵州边境走，一天换一个县城，上午给人们义诊，下午赶路，路程短则三四个小时，长则七八个小时。56辆车在山路上蜿蜒三千多米，浩浩荡荡。韩红所坐的一号车在最前面。作为一个开过F1的女明星，她习惯抓起车钥匙走向驾驶座，"不是我喜欢飙车，我是队伍的总指挥，我不往前冲谁往前冲？"她特意针对车这个敏感词做出了补充——两年前，她曾因开车违章被骂"滚出部队"。

贵州海拔高，日头晒，下午两三点最是让人昏昏欲睡，每辆车配备的对讲机里便会响起韩红中气十足的声音："今天的义诊非常成功，我感谢大家，给大家唱首歌吧，《天路》。咳，咳咳。——咦？怎么没有掌声？"另一台对讲机及时切进来，"啪啪啪"一阵鼓掌和欢呼。她哈哈大笑，清了清嗓子唱了起来。

到了义诊地，医疗队在当地政府的协助下搭建起大棚子，作为临时医院，棚子上写着医生们所属的医院，还有接诊的科目。当地政府早已提前通知群众这支医疗队的到来，所有愿意前来的病人都能领号排队就诊。医疗队诊治的病症多以白血病、白内障手术和新生儿疾病为主，也有例外——当医疗队发现当地某种病症特别多时，他们会成立专门的项目组。

这些年的义诊活动让韩红掌握了新的才能。她自称拜了队伍中的三位名医为师，并乐于在义诊现场亲自为病人诊断，一旦得到医生们的认可，便喜滋滋地环顾人群。"我都快成半个医疗专家了，"她掰着指头数，"眼科、神经内科、神经外科、心内科、儿科都有了一些常识吧，外科差点意思，包括耳鼻喉科，应该基本上都可以。"

但在老友崔永元看来，韩红"不像一个做基金会的人"，因为"做基金会的人都是有规则，有专注的方向，做得很有秩序、有条不紊，但韩红是冲动型的、脑袋发热型的，路上碰到什么就说这个要管、那个要管，让基金会的秘书长很头疼"。

在义诊现场看到重病的小孩子，她立刻红了眼圈，紧走几步搂到怀里，轻声细语地抚慰，然后许诺："娃娃不怕，我们带你去北京治病，到时候韩老师陪你去做手术，好不好？"这样的事情几乎每天都会发生，基金会的工作人员紧随身后，记下她许的每一个承诺，以确保她最终不会言而无信。

"我就想成为中国的阿甘，我就什么都不想，我就去做，某一天回头去看，哇，两百多人、蜿蜒的车队——你们一直跟着我的老记者知道的，我们（医疗队）一开始才几十人。"韩红说。

这位早年成名的女歌手正将越来越多的精力放在慈善事业上，"至少60%吧"。人们恍然意识到，除了会唱歌之外，韩红还是全国政协委员、空政文工团副团长，她的朋友遍布演艺圈、政坛、商界、军队：每年都有不少明星面孔出现在她的慈善队伍中；项目的赞助商是在"两会"上结识的企业家。

韩红擅长资源整合，也享受这种运筹帷幄的感觉。十年前，她的好友赵薇也曾想过做类似的事情，但最终只在自己的家乡安徽芜湖设了一个小小的奖学助学基金。她清楚："这种事单靠我自己的力量是不够的，要不断往里投钱，最好是得到政府的支持，我没有那个能力，也没有那个资格……"

"困难肯定是有的，"韩红基金会理事长李健承认，"但你要说困难呢，我们每次都能解决——主要解决的途径还是靠韩老师。"她是基金会的绝对核心。企业的赞助都是她一个个电话，跟老朋友争取来的，医疗专家队伍则讨各大医院的院长办公室——她一家家去敲门"刷脸"，"院长，您就给个话吧"。这些方法通常都能奏效。

她有一种解决此类问题的核心能力，那就是"敢"。援贵途中，她有一次半撒娇式地说："我介绍一下，X总是我哥们儿，我们就像一家人一样的，他这个人也从来不张扬，好，我就敢这样了，X 总，你给我 10 万块。"

话音落下，对讲机里半晌没有动静。又有人开始捐款，不是 X 总。过了许久，X 总终于出声，没提 10 万块的事儿，而是建议基金会多做宣传和社会募捐。韩红情绪不似之前高涨，简单对他的提议表示感谢，便换了话题。

然而，出现在晚餐上的韩红又高兴起来。她宣布，下午这场无心的"动员"，一共筹得善款 101 万 5000 元，其中包括 X 总的 10 万。在大声念过所有捐款人的名字和捐款额——几乎每个人都捐了——之后，她再次感谢了"我的哥们儿 X 总"的仗义之举，并带头报以热烈的掌声。

一些用钱搞不定的事

对娱乐记者来说，大多数时候，报道韩红的活动意味着要离开他们所熟悉的东三环沿线。韩红为自己选择的那些场地，往往是建于 20 世纪 80 年代的五星级酒店，离天安门或钓鱼台不远，墙壁、地毯的颜色以暗红或土黄为主，给人一种沉甸甸的富贵感，与东三环那些装潢现代的威斯汀、希尔顿们截然不同。

郭敬明曾敏锐地察觉出韩红不同于其他明星之处。2009 年他受邀参加韩红的新专辑发布会，到场的不仅有演艺明星，还有众多"政界领导"，地点在天安门后门的太庙，明清两代皇帝祭奠祖先的家庙。"当时我问公司的人，我说这个是用钱搞不定的吧？公司的人说，当然。"郭敬明在博客中写道。而两年后，韩红"百人援藏"发布会在人民大会堂举行，穿着军装的她两旁分别站着姚明和章子怡。

用钱搞不定但韩红能搞定的事情还有很多。

"百人援贵"的半个月里，韩红在哪里都是焦点。人们挤在警戒线外、周围楼房的阳台上，甚至蹲在不远处的半山腰，带着兴奋和好奇的神情打探这位著名的歌唱家——在偏远山区，这可能是他们一辈子唯一亲眼见到大明星的机会。

心情好的时候，韩红会微笑着对围观群众招手，引来一阵欢呼。但更多时候，她戴着墨镜，在身高 1 米 9 的保镖的护卫下匆匆挤出人群，并叮嘱弟子们维持秩序。

援贵队伍中唯一的外国人，法国医生 Niels 将人群站在路边等待车队的照片发到朋友圈，起名为 "waiting for the queen to appear（等待女王出现）"。这是他第二年参加韩红的爱心行动。在此之前，他没有听过韩红唱歌，也不清楚这位女歌手在中国的声望，但对他们的第一次见面印象深刻：那是在一场正式的会议上，韩红穿着一身军装，"充满了军人式的激情和力量"。

但在义诊现场，韩红还是发了飙。她发现很多政府工作人员挂着蓝色证件，冒充志愿者进场拍照。

"来来来，X县长，咱们说两句话。"她笑着向其招手，语气温和，"你们这次筹备工作做得非常好，我跟你说啊，很少看到你这样的官员，心里只有公没有私的。你们这叫什么县来着？下回见到敏尔书记（注：贵州省委书记陈敏尔），我一定把你的表现都汇报上去。"然后她猛然从座位上站起，指着身材高大的保镖："把这些挂蓝色牌子的人都给我赶出去！"

在空政文工团，她也以雷厉风行著称，经常不声不响搬个小凳子坐在舞台侧面看演员表演，直到对方下台看到她，"都吓死了"。她还一度试图改革艺术团的体制，实行"末位淘汰"，后来宋祖英打电话来问："韩团，淘汰推行得怎么样？"她说："没戏。"被淘汰的人最后总能回来，虽然她是副团长，享受副军级待遇，但对此也无能为力。

部队的气息

16岁当兵，31岁转业，七年后又被特招入伍成为空政文工团副团长，你很难不从韩红身上嗅到部队的气息。

按照惯例，来到援助地的第二天晚上要召开"动员大会"。很多年轻志愿者第一次听到这个词，是在大学军训中。这是韩红搞团队建设的方式："不管怎么说，我们来自四面八方不同的地方，在开始工作之前，我们应该有一次交心的……用中国人的方式说就是统一思想，这是非常有必要的。"

今年，韩红将"动员大会"改成了"战前大会"，她把即将到来的义诊比喻为一场战斗，队伍中的每一位成员都是她的战友。会议现场的氛围并不如名称这么激烈。她先是饱含深情地讲述了韩红基金会成立的始末，接着一一介绍各位"老战友"和他们的英雄事迹，最后表达了对"新战友"们的欢迎和期望。老战友要对新战友起表率作用，表率之一，就是"走到任何地方，都不拿老百姓一针一线"。

她是天生的演讲者：聪明，逻辑清晰，声音和肢体语言都充满号召力，还能在恰当的时候添上恰当的幽默。这种演讲才能与仗义、豪爽叠加在一起，构成了韩红的领袖气质。这令她在部队如鱼得水：16岁刚入军营时，韩红就因"极强的集体荣誉感"而令指导员印象深刻，"谁说连队不好，她就挺身而出维护团队荣誉"。她对国家也抱有最忠诚的爱，在一家捐赠的小学被要求给孩子们上一会儿课时，她拿起粉笔，不假思索地在黑板上写下了五个字："我爱你中国。"

战前大会第二天，义诊因为一些团队成员未能准时集合而推迟，晚饭时，韩红临时加开了一场"纪律动员会"。她再次声明："我们是一支部队，一支军事化的部队！我们必须是非常有组织的，有纪律的，不能像一支突围部队！"声音洪亮，眼神凌厉，语气笃定。正围着桌子吃饭的200多人屏息凝神，不敢动筷子。

"什么是突围部队？"有人悄声问邻座。韩红的眼神立刻追过来："吃饭就是吃饭，吃完了咱们就坐这儿把要求都听完，不然的话，明年就可以不来了！"

"有时候让人觉得很陈腐，但又很敬佩。"一位第二年参加"百人援助"行动的志愿者这么描述自己在这个团队里的感受。

不仅是以自身为表率，韩红还希望这个队伍里的每个人都能如她一样，充分感受到荣誉感与自豪感。每天的晚饭时间，都是"表扬和自我表扬"的时间——你也可以理解为每天的例行"动员"。有时候，这种表扬以团队的形式进行，韩红则是当仁不让的主持人：

"我们的医疗专家在哪里，请集体起立！大家一起喊，医生！牛逼！

企业！牛逼！

车手！牛逼！

艺人！牛逼！

媒体！牛逼！

我们基金会的工作人员，牛！逼！"

——一个都不会落下。

她自己也被这种热烈的氛围打动，开始与众人推杯换盏。穿梭在酒席间，她记忆力惊人，几乎能叫出每一个人的名字、在队伍中担任的职务，这一天做了几台手术、分别是哪些医生做的、哪一位志愿者在当天的工作中表现突出，并坚持要求他们站起身，接受自己热情洋溢的赞美。甚至她会在寒暄中巧妙地提及你在生活、工作中的一些小细节，以展示她对你的了解和关注，有时候，这种寒暄让人感觉"受宠若惊"。

"我其实是一个挺紧张的人，脑子总在转，"她曾在访谈中大方透露，"我头发都白了，我是染的。"作为跟随师父最久的大弟子，马海生了解她："你别看她站在那儿，戴着眼镜，实际上她在观察所有的人，她对每个人都有个基本的印象。"

她喜欢当一个掌控者，而掌控者通常不掩饰对自己才华的自信。

在第三季《我是歌手》的比赛中，韩红几乎每次都在观众投票环节获得第一、第二的票数，仅有的两次位列倒数第二让她在后台几乎发飙。"谁也不喜欢输，"她说，"我来就是玩得起的，我是觉得我不该输，我清楚我自己唱歌是个什么水平。"在一档访谈节目中，她称对自己的歌声"非常满意"："因为它真的是该娇柔的时候娇柔，该充满力量的时候充满力量。"人们质疑她在节目中拉票、挑战总导演洪涛的权威，她并不认可，气愤辩驳后又转头自我开解："我拿的钱里头就有当炮灰的钱。"

她也有一个"韩家班"，目前的成员是五名弟子，除了马海生是因为中青赛而结缘之外，剩余几位都是在担任中国梦之声评委期间收的。尽管韩红曾在自己的演唱会上用长得让观众不耐烦的时间介绍每一位弟子、带领他们合唱，也常跟他们说"有什么困难就找师父"，但弟子们从未对她提过要求，"不想坏掉这层关系，不想让师傅觉得你目的性太强"。

李祥祥曾有过一段"特别急于求成"的时期，"就是想忙起来、想工作、想出作品，师父觉得我变了"。在某次两人共同出席的采访中，韩红当着一众记者的面把他骂得狗血淋头，骂完了又来一句："要不是看你唱得好，我才不管你。"

弟子们也知道如何回报这种来自于师傅的"管"——她有时候也乐意被弟子们所管控，任他们以"为身体好"为由夺走自己手中的辣椒酱罐，再可怜兮兮地求告："中午就啃了两个馒头，让我吃点辣的吧。"这或许让她看上去，在亲密关系里并非完全是一个掌控者。

"大人物"的内心怀疑

韩红有一套自己关于亲密关系的表述方式。李健是她"生死之交的战友"，"天底下最牛的孝子"；车队队长白文杰是"我的老大哥，我们队的英雄"；参加爱心活动的明星都是"兄弟"和"妹妹"，弟子们全是"儿子"和"闺女"，随队拍摄的记者们则是"与狗仔不同的，有血有肉有良知的媒体"。

其中有一些友谊的确来之不易。李健的母亲、陈奕迅的父亲患病，都是她帮忙联系医院，由此结下了深厚友谊。

"她就是希望别人喜欢她。"韩红的好朋友、中央电视台编导喻江曾对媒体说。

韩红6岁丧父，9岁母亲再婚，将她送到北京与卖冰棍的奶奶和叔叔相依为命。她称这段路为"投奔"，"我必须得看人脸色，我知道我未来要在别人家生活，那不是我的爸爸妈妈，只是我的奶奶和叔叔。"

绿皮火车从拉萨到北京开了三天三夜，经过无数漆黑的山洞，让年幼的韩红惊惧不已。这种恐惧始终伴随着她，如今四十多岁的人了，坐火车过山洞的时候仍然要把眼睛蒙上。半夜十一点到了奶奶家，她做的第一件事是拿起扫把扫地，奶奶问："大晚上你扫什么地？"她说："我能干活，我会干活。""而且我说我不喜欢吃肉，奶奶。其实就是讨好了。"奶奶和叔叔抱着她哭，说我们不会让你干活的，只要家里有钱，肯定把所有的肉都给你吃。

2005年奶奶去世，韩红患上了抑郁症。她几乎三年没出门，饭也不吃，每天在家抽烟，琢磨活下去的意义。结论是："已经没有人爱我了，那我就爱别人好了。"于是她去汶川救灾，随后又成立了基金会，每年带队到贫困地区做义诊。在义诊现场，她最见不得孩子和老人受苦，总是想尽一切办法帮他们，因为"孩子是我，老人是奶奶"。

喻江觉得，这么些年来，韩红始终是个小孩子，需要依靠身边人的支持才能活下去。老志愿者们还记得，在2011年援藏活动的告别餐会上，喝多了的她搂着一位志愿者的脖子，突然就哭了起来："不要离开我，我们要一直在一起，好吗？"

尽管韩红没有承认，但酒后的这场哭泣似乎透露了她内心的某种怀疑——或者说，是所有"大人物"内心的怀疑：人们对她的拥簇，究竟是出于喜爱和忠诚，还是因为她是他们的老板、合作伙伴、顶头上司的好朋友、一句话能决定事情成败的社会活动家？

"一直""永远""一辈子"，这种在大多数人看来太过沉重的字眼，频繁而自然地从韩红口中说出来。但凡给予过她点滴支持的人，都被她终身铭记。她至今仍常常提起，9岁那年在火车上给她买过一个盒饭的阿姨是在郑州下的车，"我感激她一辈子"。每年慈善活动的动员大会上，她都会回忆第一年援藏时孙楠从新加坡转四次飞机到西藏昌都的事，"真的仗义，真的一辈子不能忘"。而马海生觉得，师父最初对他青眼相看，就是因为他是潮汕人，"师父一直说，她之所以能有今天，是因为一位潮汕的大姐出钱给她发了第一张唱片"。

援贵途中的一天下午，韩红在车上讲起了小时候奶奶教她施舍乞丐的往事，认为那是自己做慈善的初心。这个故事打动了一位车手，对方主动提出给基金会捐款5000元。其他人纷纷响应，一路上，对讲机里不断传来"某某捐款多少元"的消息。韩红大为动容，她当即宣布自己捐款20万元，"回头从我的私人账户里扣"，然后抒情般地对着对讲机说："我告诉你们，你们跟韩红跟对了，记住，我韩红这一辈子都不会负你们，你们相信吗？"

韩红认为，自己之所以"能服人"，是因为"我一直是个好人"。"大家在这个圈里泡了这么多年，谁都知道谁是吧？我韩红没做过坏事吧？我不去做任何小动作，我不在背后捅咕任何人，我干干净净，我很正直你知道吧。"

挣了大人物的钱，就付出大人物的代价

入行这么多年，韩红没有拍过广告，没接过代言，一是因为部队的纪律，二是"有一些食品的我不敢做，怕出事"。她自认是演艺圈的"乖孩子"，从不参加派对，晚上十点后几乎不出门，所谓的"夜生活"往往就是去路边吃烤串。"上个月去西藏，一下飞机韩红就问我，健哥你现在在拉萨吗？我说在，她说太好了，晚上咱们KTV耍去。到了晚上我说去吗，她说别逗了，哪能去啊。"李健对记者说。

"我的门下，哼，规矩大了。"韩红轻哼一声。弟子们穿什么衣服、开什么车也得向她报备，不能太奢华，"我希望他们出污泥而不染"。

"污泥是指演艺圈吗？"记者问。

"是啊，难道它还不是污泥吗？污泥不是别人说的，是他们自己做的。"近两年来，她对演艺圈尤其失望，"不好的事情，被曝出来的事情，太多了。"

"比如说吸毒？您觉得是不可原谅的吗？"

短暂的沉默。她稍稍坐直了身体，换上一种更郑重的语气："这个事情本身来说是不应该的，但是就年轻人的年纪和未来来说，是可以得到原谅的——注意，我没有按照你说的觉得不可原谅，我是说事情本身不应该发生，但是年轻人还是可以被原谅的。"

援贵第二天，姚笛要来的消息在队伍中盛传。然而，在遵义人民广场举行的发车仪式上，一字排开接受韩红感谢的明星中并没有见到她的身影。直到仪式接近尾声，她才在助理的护送下悄无声息地登上舞台，插进一个不起眼的角落——自与文章的婚外情曝光之后，她已许久没有出现在公众面前。

当晚的动员大会上，韩红发表了一番热情的陈词："谁能说这一辈子你不犯错误？如果一个孩子犯了错误，我们却把她拒之门外，那个孩子的自尊心永远都会受到损伤。我选择的是，我去拥抱她，我去爱她，我希望你们跟我一起，爱到底！"姚笛上台，抱着她哭得泣不成声。

韩红说，本来今年她还喊了柯震东，因对方在拍戏而作罢，"明年吧，明年我争取叫他过来"。

她觉得，自己真的是年龄大了，"以前我是非黑即白的，但是面对这些孩子的时候，我狠不下心再去骂他们。你得给他们重生的机会——都是一些孩子，别往死里弄，干嘛呀"。

她并没有主动提及自己曾经的遭遇，但事实上，"这事儿一辈子都忘不了，太冤枉了"。

2013年8月，韩红先是在长安街走公交车道时与一辆小轿车发生事故，随后被人拍下边开

法拉利边打电话的照片，紧接着又因名下一辆路虎挪用牌照被罚了 5000 块。尽管已经流着泪道歉"我确实错了"，仍有人在网上让她去死。

那段时间，韩红觉得心灰意冷。她不明白，为什么在她当了那么多年"乖孩子"、做了那么多好事之后，人们还会因为一些无心之失而对她恶语相向。但她后来又想通了："因为你的确开车打电话了。是的，所有的司机都不敢说他从来没有打过电话，但是你是韩红。""你挣的钱是大人物的钱，所以你付出的代价就一定是大人物的代价。"她决定承担一个"大人物"所该承担的代价，"撑不住滚蛋就可以了"。

不仅如此，她还越战越勇："谁来拉这些孩子一把？你告诉我，演艺圈哪个人这么做了？也就我老韩一拍胸脯就站出来了。"她流露出一种恨铁不成钢的神气，"我们演艺圈缺乏敢担当的人啊。我做这么多是为了什么？就是希望我们所有的演艺圈人士，抱点团，一起把输掉的面子都赢回来。"

韩红的偶像是任志强，一个在地产界以敢说话被赋予"大炮"名号的人。

她从没怀疑过自己可以实现这些抱负，恰如这么多年，她一直没怀疑过自己会成为一个"大人物"。早在当文艺兵时，她就在送给友人的照片上写道："我永远是我，一个不愿做凡人的我。这辈子，命不可贵，事业为血，看着我，准能登上歌坛的首位。"落款是"北京青年歌手韩红"。

而关于她最近的新闻是，"韩红艺术学院"将于 2016 年 9 月正式开学，这是少数以个人名字命名的教育部下属正规院校，届时，她又将增加一个自己向往已久的新头衔：教育家。

李冰冰：不打算继续当女神了

文 / 喻德术　编辑 / 露冷　摄影 / 薛建宇

李冰冰对于这个行业的记者们来说，通常是一个难题。

作为娱乐圈的顶级女明星，李冰冰几乎每天都在接受大大小小的采访，但她极少跟媒体推心置腹，永远都是就事论事，绝不会附赠任何私人情绪和秘辛。时间久了，媒体也渐渐地习惯了，将她划分到"难做"的那一类。曾供职于北京某知名都市报的老记者宁女士说起李冰冰："她呀，属于那种你看一百遍采访实录，也找不出一句话来当标题的人。"这是很多娱记共同的观点。无趣其实是高冷的副产品，对于普通大众来说，李冰冰生得美、形象好，零绯闻戏认真，高冷而有着距离感，使人不得亲近。

但最近几年，有了两次"例外"。一次是两年前，作家孔二狗客串记者采访李冰冰。"当时孔二狗是喝了酒来的，喝到半醉了，根本都不谈工作，直接问爱情和性这方面的问题，大家都疯了。"据李冰冰身边的一名工作人员回忆，当时是在从河北回北京的汽车上，孔二狗的问题非常八卦，也非常直接，李冰冰刚开始有些抗拒，但由于遇上了大堵车，路上实在闲得太无聊了，于是开始有一搭没一搭地扯，李冰冰放松警惕之后终于说了个八卦：22 岁读大学才开始初恋，喜欢上剧组的一个男生，第一次表白，谈了一个月纯纯的恋爱后，仍然是处女。

另外一次是出差，《南都娱乐周刊》的主编谢晓到李冰冰下榻的宾馆，由于是老相识了，两人倒了点酒，边喝边聊，状态非常放松，聊了很多"闺蜜级"的话题，包括愿不愿意姐弟恋，能不能接受捐精之类。

然后，就到了腾讯娱乐对李冰冰的专访。一共采了两次，一次是 2014 年 7 月，另一次是 2015 年 3 月。采访之前，李冰冰工作团队给出的方向是"可以敞开心扉聊，什么都可以问"。两次采访，李冰冰确实没有在问题上做任何删减或反抗，几乎什么都愿意聊，而且一说起来就关不住闸，往往滔滔不绝之后就开始跑题，跑得快迷路了再绕回来。兴致高昂的时候她甚至撒娇，当场表演《撒娇女人最好命》中的"怎么可以吃兔兔"，逗得一旁的工作人员脊背发麻："哎呀！不要啦冰姐！你平时不是这样子的！"

不仅敢于在采访时"敞开心扉"，李冰冰在公众面前也开始变得大方甚至是"大胆"起来：《钟馗伏魔》的首映礼上，一向拘谨的她当众亲吻了男主角陈坤，博得各大媒体的头版头条。被问及为何有这么大的变化，是不是有团队给她做了大量的思想工作，目的是为了更好地推广影片？李冰冰盘腿坐在椅子上，哈哈直乐："没人做思想工作，我出门时忘吃药了。"

你得给传媒他们想要的东西

"忘了吃药"自然是一句玩笑话；李冰冰愿意"敞开心扉"，最重要的一个原因是时代变了。她的严肃和正经，在这个娱乐时代是这么格格不入。如今她终于理解"明星"与"演员"相比，是另外一个职业，需要向公众分享一切。

"以前她觉得作为一个演员，可能和记者聊戏、聊电影就够了，可现在你聊这些谁听啊？"李冰冰的妹妹李雪告诉记者。李雪早已是这个圈子最有名的经纪人之一，也是姐姐最强有力的后盾。她毕业于浙江传媒学院的新闻专业，曾经的理想是去《东方时空》《焦点访谈》工作，大学毕业后，在浙江省交通厅下面的《浙江交通报》工作过几年。进娱乐圈当姐姐的经纪人，对她来说也是一个意外。这位和李冰冰一样，接受着刻板教育长大的女生，对于娱乐新闻的理解，和李冰冰过去别无二致，"我们比较习惯于党报、央视台那种报道方式"。

李冰冰的宣传总监游爱莲曾经是 CCTV6《中国电影报道》记者，过去也曾多次采访过李冰冰，但身为央视记者，她对李冰冰的采访中从未涉及过任何电影之外的话题——而这正是李冰冰信赖她的原因，觉得是自己这路人。

李雪比姐姐更早地嗅到了四周的变化，她没有从经纪人角度刻意要求李冰冰改变。她告诉姐姐，时代不同了，传播方式变了，大众感兴趣的东西不一样了："如果你想达到好的传播效果，就得给媒体他们想要的东西。"按照李冰冰自己的话说是："原来你在家是怎么把饭炒好的，跟大家分享一下，都算娱乐新闻。"你需要把更多的自己放出来。

Lancyi 或许对于"更多的李冰冰"有更深的了解，作为李冰冰工作室成员，她至今仍然记得两年多前第一次见到李冰冰，她没忍住问了一句："冰姐，我可以摸一下你的下巴吗？"李冰冰带点惊喜地说："可以啊可以啊。你来摸吧，我这真不是假的。"合作伙伴唐雪薇吐槽李冰冰爱给大家讲段子，但每次大家还没笑她自己就笑翻了。李冰冰说，以前她可能给大家的感觉"太高冷"，那是一种错觉。

"无论今天发展到什么阶段，她没有活在自己的世界里故步自封，而是在与时俱进。"李雪说。她并不担心这种转变会有损李冰冰的商业价值——虽然，在过去，很多人相信，李冰冰能获得这么多国际大品牌代言，正是因为她形象绝对正面，绝缘绯闻，给众多国际品牌以安全感，"没有人会因为李冰冰在发布会上主动亲吻陈坤，就会觉得他们之间有什么，是吧？她在人们心目中有足够的积累，让人们相信她不是那种女孩。"

李冰冰自己则相信："我内心的底线没有改变，但我和媒体沟通的方式内心开放的程度可以改变。"

李冰冰一直保持着正能量的社会形象。

钱曾是影响挑选工作的最大因素

采访那天，摄影棚里灯光和暖气烤得屋子有些发烫。工作了一天李冰冰脱了鞋，想把脚架在凳子上放松放松，可脚放上来之后，才发现有两个脚趾头露了出来。"呀！袜子有洞！"她闪电般地把脚缩了回去，屋子里一片笑声。

"舍不得扔。"李冰冰解释。"传说中你们这样的大明星，鞋和袜子不是穿一次就扔吗？"记者逗她。她急了："谁给你这样传说的，你给我找一个这样的人。"随后她开始较劲："别说穿一次就扔，我的袜子就算穿破了，我也得拿针把它缝起来。"

缝袜子未必真有其事，但李冰冰不爱扔东西是真的，因为打小是苦日子过来的。那些故事你可能已经听过：黑龙江小城里的一个普通家庭，母亲突然患病，一家人举步维艰，姐妹俩有一个人是上大学的苗子，这个人不是姐姐李冰冰。李冰冰至今仍然记得上中专时每个月有 34 元的补助，每年 30 块钱的奖学金是她努力学习的直接动力。

毕业后当了一年音乐老师的李冰冰，受演员高强的建议报考上海戏剧学院。1994 年她进校学习，上大学不足一个月就接到了一个广告，酬劳 800 元。"我当时一听就傻了，800 元！有没有搞错，怎么会给这么多？我父亲一个月的工资才 400 元。"

李冰冰绘声绘色地讲述当时的情形，那种对于金钱的渴望与忐忑。她并不忌讳谈钱，年轻的时候，钱是影响她挑选工作的最大因素。

1996 年，李冰冰为六万块钱接拍了莫少聪主演的电视剧《战国传奇》，推掉了《红河谷》。彼时她一直活在对家人疾病的恐惧中，"太恐怖了，那个时候我赚钱的第一目的就是赶紧把钱存起来给我妈治病。我妈妈做手术，哪一次不得好几十万？没有我这样一个挣钱的主儿，这个家庭还真扛不住"。

她的小镇成长经历，年少负担家庭生计对她影响至深。她经常自我剖析，绝大多数时候，她都发现很多习性的根源在于自己的童年。

比如说——驼背。李冰冰小时候极为自卑，因为长得漂亮但成绩差，这像一块沉重的石头压得她喘不过气来。

"小时候，我听得最多的话，就是老师说'你大眼珠子咣当咣当的，想什么呢？'东北老师说话多逗啊。'大眼珠子咣当咣当'，我的大眼珠子怎么了？我的眼睛怎么了？我就真的很紧张。"这直接导致了她小时候走路习惯低着，"我到现在都有一点驼背，就是吓的，被老师吓的。"

回到家里，妹妹李雪成绩非常好，被认为"将来会有出息"，李冰冰成绩不好，加上又是老大，这就更不受宠了。李冰冰至今仍然记得，妹妹有一次数学考了 98 分，回到家哇哇大哭，把她都哭蒙了："我就想啊，98 你还不满足啊？我平时都只能考 70、80 分。"她甚至因为成绩不好，连家人给她买的新裤子也不敢穿，觉得自己没有资格，后来那条裤子被妹妹穿了，"她穿我就觉得这是对的，我穿成这样是很丢脸的"。

她非常渴望获得来自家人的肯定——像他们对妹妹李雪那样。快高考的时候，她夜以继日地背书，每次不小心睡着了醒来都很后悔。父亲看到了说："小冰，你这样才对得起'人'这两撇。"后来母亲重病，李冰冰一边上学，一边照顾妹妹。父亲对她说："小冰你撑起了这个家。"李冰冰听后号啕大哭——至今，她都把这当作终于得到父母认可的标志性事件。

做了明星，她也还常常处于"睡着了"的焦虑中。42 岁那天，李冰冰晒了一张劈叉照，她写下的愿望是"八十岁的时候还能劈个一字"。"包括练功、压腿、健身什么的，其实没有想过要干吗，但是我怕别人找我的时候我不行，现学来不及，所以我提前练练。"

"李冰冰式思维"

作为现下圈子里广告最多的女星之一，李冰冰已经不记得什么时候摆脱了接戏是为了挣钱的心态。现在她的选择方式是，"每次多问自己几个问题，这戏喜欢不喜欢，说不喜欢，那这戏你图什么，是图钱？图名？图点什么？如果你什么都没有，什么都不对，什么都不是，那就算了。如果你有所图，觉得这戏有意思，我拍了我过瘾，也行，少拿点钱我也愿意"。

接拍《功夫之王》《生化危机》也是"有图的"，"找个外力，来逼迫我能把英语学学，进步一下，因为实在是基础太差了"。

这位女明星对于英语有特别的情结。她读书时没正经学过英语，少女时期，她想象自己喜欢的男性类型，应该是除了有钱之外，还得有知识有文化，"要是会英文，我会更高看他一等"。如今，她把这视为"虚荣"的一种表现，"我出生在小镇，没有高等学府，觉得那样的人是异类。"

成长和成名经历，让李冰冰唯一笃定的就是天道酬勤，在过去的这些年里，她把工作看得高于一切。"我真的觉得我这么多年来，十几年来都被工作洗脑，任何跟工作无关的事情我认为都是在浪费时间，哪怕你跟我说享受生活，我都觉得是在浪费时间"。

冯小刚在给李冰冰的自传上这么写道："女人长得漂亮，一般都伴随两个毛病：一是不努力，二是不仗义。冰冰却不然，对工作一刻也不敢怠慢。她最常挂在嘴边的一句话就是，'哥，我太笨，就笨鸟先飞吧。'"

几年前，李冰冰发现她的一个员工在工作时间买咖啡，她觉得这极其不可思议。"天啊！工作的时间怎么可以去买咖啡！"当事人如今还能模仿出李冰冰当时脸上的表情。

她并不是一个苛刻的雇主，采访中，她的员工可以随意插话，开一些玩笑。只是，这就是典型的"李冰冰式思维"。就像这次采访，被安排在了在某时尚杂志封面拍摄结束后——上一次也是。她工作室的员工说，他们习惯给她做这样的安排，一个工作，接着一个工作，再接着一个工作——否则她会觉得，未能把"带妆日"物尽其用。"你当我'千颂伊'啊？每天在家都要化妆。"

这可能是李冰冰最有画面感的一次对话

勤奋、认真和直率、爽朗从来就不是对立词。聊初夜，当众亲吻陈坤这样的"开窍"，也并不代表李冰冰就是一个和过往形象完全相悖的人，她仍然把"坚持、顺其自然"这样的词挂在嘴边，只是更愿意用没有修饰过的语句来回答问题了——带着强烈的东北语言风格。

你也不看看我这两把刷子，我凭什么去好莱坞发展

腾讯娱乐：是不是 2000 年后就过了为了赚钱的阶段？

李冰冰：不不不不，2000 年我还在挣钱。因为还没有房，买不起房子。

腾讯娱乐：啊？那时候房子好便宜。

李冰冰：但我们片酬也很低，我 2000 年拍《少年包青天》的时候很便宜的，三四千块钱最多了，要不四五千块钱。那时候你想我上大学都挣四五千块钱，拍《包青天》那么少。

腾讯娱乐：那时候有没有所谓的职业规划，可能现在的演员职业规划比较多，经纪人有没有给你定方向？

李冰冰：那时候戏也少，哪像现在戏这么多，还有各种微电影、微电视。那时候没有那么大的戏量。有戏拍就算厉害的，先别想成名，有戏拍就证明你有钱赚，要不然一年一年的没钱赚。我从来没有过目标。

腾讯娱乐：刚才还说为了考试背书几天几夜不睡都能办到。

李冰冰：这是短期目标，那种长期的，规划什么的目标我真没有。现在动不动就是去好莱坞发展这事，以后别说我去好莱坞发展。你也不看看我这两把刷子，我凭什么去好莱坞发展？英文又不会，交际又不行，我上好莱坞发展什么啊。

你说你上那儿发展行吗？这不扯的嘛。其实大家（媒体）就是例行公事问一问，对我来说也真没有要去那儿发展，我的人生就是顺其自然，走一步算一步，摸石头过河，一路探索走到今天。

我要是有那本事，说我将来一定得去好莱坞发展，那我还不如早点学英语，早点请个老师来教。

腾讯娱乐：你英语不是很好吗？

李冰冰：我这不都得现上轿现扎耳朵眼啊，我都学一句卖一句，今儿背一句明儿演一句。你光看贼吃肉没看贼挨打呢，你懂我说的这意思吗？所以像去好莱坞发展这种问题，有些人问我，我的思路也被带着走了。是啊，好像去拍了，就要去好莱坞发展。并不是，不是因为你拍了好莱坞的戏就要去好莱坞发展，这个随缘，有发展我就去，没发展可能也是各个方面条件的限制。对吧？

我老说特难听的话，这绝对是一种病

腾讯娱乐：你好像一直都在做正确的事，有没有做过错事？

李冰冰：什么样的事情叫做错事？杀人放火这种事咱不敢，坑蒙拐骗咱也不敢。我觉得最坏的事情就是伤害个小动物什么的，踩死个蚂蚁。小的时候捉蜻蜓整死了，喂鸡喂鸭什么的。我杀了好多生，所以孽障。

腾讯娱乐：有没有做过伤害别人的事？

李冰冰：没有。

腾讯娱乐：从来没有？

李冰冰：好像目前没有。我觉得我最大的伤害就是对人语言的伤害，我说话太直了，我老说特难听的话，特别刻薄和直接，语言暴力。（指指围坐在身边的人）对他们都是。

腾讯娱乐：他们觉得被伤害了吗？

李冰冰：他们觉得被伤害了，但是他们坚强地挺了过来。我说话很直，而且我只要那股劲上来根本不控制。我这是一种病，绝对是一种病，情绪病。

腾讯娱乐：对任何人？

李冰冰：对。包括对我的父母，有的时候我都觉得太过分了。

腾讯娱乐：对父母说过最过分的话是什么？

李冰冰：什么过分的话都说过，比如说你永远别回来，永远都不要回来，永远不要见到你们什么的，生气的时候这种话都说过，事情已经想不起来了。

腾讯娱乐：是挺有情绪的。

李冰冰：对，我脾气不好。其实发脾气的同时我也在告诉自己：别这样，别这样，这样不好。但有的时候我就任性了，我真的不控制了。

腾讯娱乐：说完以后后悔吗？

李冰冰：后悔啊！就觉得自己怎么不换一个角度去考虑事情，或者怎么不能够去控制情绪。但世界上没什么后悔不后悔的，你自己做的事，你以为你伤害别人了吗，你到头来伤害的只有自己。

腾讯娱乐：在娱乐圈摸爬滚打这么多年，没有磨合一点吗？

李冰冰：没有，我觉得我越来越严重。

助手：腕儿越来越大了。

朋友们都不愿意跟我来往，都嫌我闷

腾讯娱乐：作为大明星，怎么做到和负面新闻绝缘的？

李冰冰：因为我不出门。没有工作我就回家了，不怎么出门，也不见人，不交往。我也不跟人掺和什么事。

腾讯娱乐：就是不混圈子了？

李冰冰：我也没圈子。

腾讯娱乐：怎么会呢？

李冰冰：我的圈子就任泉、黄晓明了。我会跟让我觉得比较信任、安全的人在一起，花多长时间我都愿意，不熟的人我不愿意。但凡说混，大家混着混着就熟了，这事我干不了，因为我不知道该干吗，就在那儿待着、整夜整夜地喝酒聊天？

我觉得到酒吧或者夜场喊一晚上好累，这个我也享受不了。到安静的场合聊天，如果聊一下午没有营养的话，我会觉得很浪费时间，所以这个也是我个性的问题，不好。

腾讯娱乐：那比如吃饭，没有太多熟人的话也不去？

李冰冰：是啊，你说你去吃饭干什么？我不爱吃东西，我吃的东西很简单，我不会因为吃饭而感到特别享受。你说要让我花半小时以上的车程到一地吃饭，这局我一定不去。

我在家里吃点清粥小菜我也愿意，我很能接受这样的饮食。

腾讯娱乐：那你觉得自己是一个合格的朋友吗？

李冰冰：我估计朋友找我挺辛苦的，一个老不出门的朋友，他们都不愿意跟我来往，都嫌我闷。朋友一般都是来我家，然后他们就说"老上你家有什么意思啊"。当然不是每个人都可以上我家的，所以我都用这样的招数来诱惑他们。

腾讯娱乐：那任泉、黄晓明都是闺蜜了，男闺蜜多还是女闺蜜多？

李冰冰：男闺蜜多，女闺蜜也有。

腾讯娱乐：为什么男闺蜜比女闺蜜多呢？

李冰冰：这哪有为什么呀。

腾讯娱乐：就好这口是吗？

李冰冰：对啊，我就好这口了。

助手：她那个性格就比较适合跟男生玩。说话比较直接，大大咧咧，人很直爽。

懂揉腰，捏脚，暖男，是我的菜

腾讯娱乐：长得好看，应该从小就会有一堆男生围着你。

李冰冰：从小到大一直有人追我。我记得初中那时候学校很穷，没有电灯，到晚上补习课就用蜡烛，一个男孩晚上就把他的蜡烛给了我，还给我写了一个纸条，纸条上写喜欢我什么来着，把我吓得五雷轰顶，一下子觉得自己不纯，然后回家紧张得木讷了，哭得呀，现在想想都觉得太二了。

腾讯娱乐：长大了追的人应该更多，都怎么对付？

李冰冰：精力都是放在学习上面，真的不会谈恋爱的。

腾讯娱乐：这么官方的回答。

李冰冰：是的，我现在都觉得我这种回答挺逗的，多么喜剧。

但当时就是这么想的，父母也是这样说的。那时给我介绍对象的人可多了，我那时候当老师的时候也是，天天给我介绍对象，把我整得发烧了，最后打吊针了，病了，压力太大。

腾讯娱乐：为什么有那么大压力？

李冰冰：不喜欢，就觉得丢人。我父母就是非常保守的人，用我妈的话说你可千万不要看人家，人家对你有意思，这样惹人家不好，然后会一直跟着你的，把我吓得我谁都不敢看，天天低头走路，永远低头，跟小偷似的，特别紧张。

腾讯娱乐：你曾经遇到过那种会一直跟着你的男生？

李冰冰：现在也有，一直跟着你。

腾讯娱乐：这种状况是心里有恐惧感还是有满足感？

李冰冰：无感。

腾讯娱乐：有没有可能遇到一个喜欢你，感觉还对的人，你去主动？

李冰冰：还没这么干过，我不知道，估计难，可能不会那样。

腾讯娱乐：哪种类型的男士比较容易入你的法眼？

李冰冰：不说了嘛，懂揉腰，捏脚，暖男。

助手：上次他们有人说的是男仆，你的标准就是男仆的标准。

李冰冰：我觉得男人对女人，就是你越能对一个女人好、软，我觉得这是男人最大的魅力。男人的温柔足以杀死任何一个女人，女人的温柔未必杀死所有的男人，不是所有的男人都喜欢温柔的女人。但是也不能像我这样，实在是太硬了。我们现在就要改变（捏起嗓子）。

助手：受不了你这个戏路。

腾讯娱乐：行了，行了，知道你将来要找男仆了。

李冰冰：我没有说要找男仆，请你说话尊重一点。（继续捏着嗓子）

腾讯娱乐：当然这个男仆是打引号的。

李冰冰：跑题了，下一题。

腾讯娱乐：现在找个男朋友得先送蓝翔技校训练两年。总之就是想找一个居家的男人？

李冰冰：我就是看我妈对我爸，这一辈子，干什么都是"老李快过来"。我妈这人也是说话倍儿硬，我们家人就没有温柔的，没见过我妈我爸拥抱。中国人都是这样的，特别不好。

我妈永远就是，穿鞋，"老李把鞋给我拿来"，有阿姨她都懒得支，使唤我爸使唤惯了。我觉得这个叫什么？这叫甜蜜。这是我妈在跟我爸撒娇，只不过她撒娇的方式不是"怎么可以吃兔兔"。

到底是谁洗脑说幸福就是结婚生子！

腾讯娱乐：有个问题向你求证一下，好多人说其实你已经结婚了只是瞒着，你到底结了没有？

李冰冰：瞎说！中国还有什么事情是可以不透明的，你告诉我。出门有护照填，已婚未婚都得填，你看哪一个海关的人爆料一下我是已婚，我连自己结婚都还不敢承认，我还活着干吗！

腾讯娱乐：你现在对婚姻是什么态度，恐惧、渴望还是无所谓？

李冰冰：无所谓，顺其自然了，这有什么恐惧。

你说我这一辈子都走到现在，42了，我还有什么大风大浪没见过，还有什么恐惧的？过去女人结婚为了吃穿住行，你说现在结婚为了什么？

我前一段时间不是说了吗，到底是谁把"幸福"（的定义）洗脑成了"你结了婚、生了孩子才叫幸福"。你看多少结了婚生了孩子的都不幸福。

腾讯娱乐：结婚生孩子需要牺牲很多。

李冰冰：所以你说离婚率高为什么？还不是因为在一起时太年轻，你还根本不了解生活到底会给你怎样的考验，你有没有真的做好准备去面对这个考验，或者你还不知道是否可以胜任这个考验！

其实也不能怪他们有什么做得不好，人生就是这样子，经历之后你才知道曾经做的是对或者错，或者相对来说是对还是错。

腾讯娱乐：那你有没有做好这个准备，为了婚姻牺牲一些东西？

李冰冰：这个东西不是婚姻的问题，还是看那个人，你是否愿意为这个人放下一切。当你遇上真爱的时候，为他做什么你都愿意。这个时候你应该能体会那句话，叫有钱难买你愿意。

腾讯娱乐：如果一直碰不到对的人，一直自己过其实也挺好的？

李冰冰：我觉得我现在这个年纪，我的经历，我目前的所有状况，让我觉得可以接受和面对我的人生。不是说所有的人生都得是一个模式下来的，我不知道我的人生会是什么模式。生活嘛，人生嘛，就是慢慢品。

腾讯娱乐：有太多太多的可能。

李冰冰：也有太多太多的意想不到。

腾讯娱乐：最后一个问题，有人说生命就应该浪费在美好的事情上，你同意这种说法吗？

李冰冰：工作不就是挺美好的事吗？你是有多不爱你的工作，今天这么美好，一屋子女的围着你一个男的你还觉得这么不美好，你对生活这么不满吗？

腾讯娱乐：今天是我人生当中唯一美好的一次。

李冰冰：你也有病，赶紧治去吧。（笑）

赵雅芝：女神六十，用钝感对抗流年

文 / 楚飞　编辑 / 露冷　摄影 / 薛建宇

　　离采访还有一小时，赵雅芝的内地助理小丹在酒店会议室门口开始有点焦虑。

　　"她现在在化妆，昨晚睡得很晚，今天看上去情绪不高，我怕等会儿采访她说得不够好。"小丹很忙，要跟会议室前台沟通，跟摄影师敲定拍图的位置，以及盯好镜头的采光度。

　　前一晚赵雅芝没睡好的原因，是为了给这次采访做准备，大约二十个问题的采访提纲，让她一直准备到凌晨三点。小丹随后从包里拿出一沓厚厚的 A4 纸，上面是赵雅芝已经想好并打印出来的答案。

　　对一个身经百战的老牌艺人来说，这一点看上去不可思议。

　　"她很紧张，怕自己说得不好，所以很认真地连夜看你们的提纲，然后记在心里。"小丹说。之后双方就采访"要不要照着提纲来采"纠结了一阵子，最后达成一致，"先按提纲来，然后看她情绪怎么样、回答得怎么样，再自由发挥"。

　　翻看赵雅芝为数不多的几个内地访谈节目，一个是东方卫视的某访谈，那是一期 30 分钟的节目，赵雅芝回答的所有问题大部分都是"是或不是、对或不对"。但之后赵雅芝上朱军的《艺术人生》，她却可以做到妙语连珠，反应灵敏，和粉丝轻松互动。

　　看来，"提前做好准备"，对于赵雅芝来说，的确是一件非常重要的事情。

　　"我只是喜欢做那些自己能掌握得比较好的事情，不喜欢在一个我完全不知道的环境里。"面对腾讯记者，赵雅芝这样说。

参选港姐后又回去做了空姐

"你心中国产电视剧及电影中无法逾越的经典形象有哪些？"

知乎上这个问题得票最高的答案里，提到了赵雅芝饰演的白娘子。是啊，这是必选答案。赵雅芝的美貌和她的角色似乎被那个时代熏化成一味仙气，钻入一代人鼻孔里，一丁点怀旧的气味就可以触发记忆点。但在很长一段时间里，赵雅芝似乎都没有意识到美的多种功能性。那个开启她电视生涯的选美比赛，把她熏化的开始，不过是听话地遵从母亲的建议而已。

1973 年，赵雅芝从香港天主教崇德英文学院毕业才两年——这是香港最早的英语中学之一——开明的母亲就怂恿女儿去参加第一届"香港小姐"选美，把这当成是"多学习一点东西"的机会。那一年，赵雅芝 19 岁。

20 世纪 70 年代的香港虽然已经风气渐开，但选美对于大众来说，仍然属于超前的新生事物，尤其是主办方无线电视为了收视率，还特意设置了"泳装秀"环节，这更是引发了巨大的争议。穿着泳装在台上接受男性评委和集体港男的审视，这对 19 岁羞涩的赵雅芝来说，是一个极大的挑战。在赛前，她因为清丽的外表，是公认的冠军大热人选，但最后却只屈居第四名。赵雅芝在回忆这段历史的时候提到自己的失分项在于"穿泳衣回答司仪问题时，我感到好紧张，司仪问了一个我不大熟悉的时装问题，因过度紧张，一时间回答得不大理想"。

参选港姐之后，赵雅芝却选择回去做空姐——虽然当时的无线已经开始垂青她。在旁人眼里，赵雅芝错过了一次入行的最佳机会。不过这样的选择并不难理解——比起穿泳衣，进娱乐圈，被众人讨论，甚至因为泳装环节"激凸"而引争议这些事来说，显然，空姐是一份"安全区域"内的工作。这和人们记忆中温婉传统、做事永不出格的赵雅芝也是高度吻合的。

但命运却跟她开了另一个玩笑。从小梦想做空姐的她，居然有一种像病一样的时差症。选美回去之后，她的飞行路线改成国际长途，但时差症完全把她困住了。"很严重，医生试过开药给我，也没办法解决，不是睡不着而是睡得太多，一直会睡，去到那边也是睡得很昏，人会很昏迷。"这个问题因为年龄增长而变得日渐严重，如今的赵雅芝，除非遇到婆婆 80 大寿这样的大事，大部分时候是不会再飞国际长途。

辞去空姐的工作之后，赵雅芝回到了 TVB，从幕后开始做起，追随谭家明，直到大半年后才开始走到幕前主持一档叫《心大心细》的竞猜游戏节目。这是 TVB 对她刻意的栽培，主持人有手稿，"因为这是一个长期的游戏节目，所以台词都是差不多的，规定在那个范围之内"，但一个合格的综艺主持人，需要学会在恰当时机抢话，和嘉宾调笑，这些"综艺感"并非赵雅芝的强项，这份工作虽然不算挑战，但也不能让赵雅芝得到自由的舒展。

没多久，赵雅芝转去戏剧组，接拍了一系列电视剧。那是 TVB 的黄金时代，也是赵雅芝的快速上升期。虽然身为女主角，大部分戏却是跟着跑进跑出，但她没有怨言。已故导演王天林曾回忆说："拍戏忙，很多演员都有几天不能回家的情形发生，赵雅芝自然不例外，最高纪录是三天三夜没有回过家，连负责演员联络部门的人都忍不住出声了，怎么可以让一位女演员三天三夜连回家洗澡的时间都没有呢？太不像话了。"

当时的赵雅芝坐拥天时地利人和，给她配戏的女二号，都是大配角，而跟她配戏的男演员名单则有周润发、吕良伟、郑少秋、刘松仁——都是后来的风云人物。1978 年，无线投拍《倚天屠龙记》，郑少秋演男主角张无忌，当家花旦汪明荃饰演赵敏，赵雅芝饰演周芷若。这部戏让她首次在观众面前展示了自己"古装造型"这个大杀器，受欢迎程度直逼汪明荃。从此，TVB 的花旦竞争格局，从汪明荃、李司棋、黄淑仪三旦，变成了四旦。

彼时 TVB 的花旦之争，虽尚未演化至 90 年代时那么白热化，但也总归暗涌不断。1979 年，郑少秋、汪明荃、赵雅芝再次同台合演《楚留香》——汪明荃仍是女一号沈慧珊，赵雅芝则是女二号苏蓉蓉。但因为汪明荃临时另有工作，只演了 18 集，剩下 40 多集的篇幅里，赵雅芝成了事实上的女主角。这引来香港观众的不满——在这之前，郑少秋和汪明荃一直是香港人眼中的经典荧幕情侣，"楚珊恋"的粉丝集体投诉 TVB，编剧不得已把苏蓉蓉的角色写死。

这之后，在 1985 年赵雅芝与无线的合约约满之前，无线再没安排两人同台斗戏。

以上一切看似很 TVB 式的发展，不过源于一个来自母亲的怂恿和一场无法克服的病症。所以若真有平行时空，你现在所拥有的关于赵雅芝的记忆或许是不存在的。在那个时空里，没有"港姐"赵雅芝，没有"白娘子"赵雅芝，我们或许会在某个题为《XX 惊现最美空姐》的网贴上遇到她。

不喜欢电影的没剧本和不连贯

在 TVB，汪明荃与赵雅芝一个像夏天一个像秋天。汪明荃的人生是每分钟都在进取的人生，她在 TVB 崭露头角的第一部剧《家变》就出演女强人，而后大多数角色也是此类"大女人"。甚至她"阿姐"的称号也来自于此——因为强势而又挑剔。如今早已过了 60 岁的她也依然活跃，至今不言退出，仍然对每一个奖项都全力以赴。她的一生几乎都被事业填满，甚至未曾有空停下来生儿育女。

赵雅芝则完完全全是另外一种情形。她的世界里，爱情和家庭优先，事业排在第二。20世纪80年代，她的片酬达到了25万港币，当时香港一栋豪宅才50万港币——但因为要照顾孩子，赵雅芝推掉不计其数的邀约。所谓"四大花旦"之争，赵雅芝自己感受并不强烈，她从不主动争戏争角色，而是服从公司安排，并且相信"大家都是同一家公司嘛，公司分派下来的工作我想也是挺公平的，我是新人，她们是大师姐"。

在TVB花旦竞争愈加激烈的80年代中后期，赵雅芝远离了战场。她将事业重心转移到台湾，《新白娘子传奇》《京华烟云》和《戏说乾隆》都不是在TVB时期拍的，而是她在台湾的战绩。这个时候多少有点"醉后不知天在水，满船清梦压星河"之感。

林奕华曾在《缱绻星河》一书的连载里，对香港80年代无线几位花旦——汪明荃、李司棋、黄淑仪大篇幅地感怀，但对赵雅芝却吝啬笔墨。在他看来，与汪明荃相比，赵雅芝无论是个性还是经历，都不是那么的"香港"，无法让大量香港女观众在她身上找到投射。而另一方面，争胜好强的汪明荃迄今都是TVB的大阿姐，而赵雅芝却以她楚楚动人的温婉形象，摧枯拉朽式地征服了香港以外的市场，成为台湾和内地无数70后80后心中的女神。

但对于大多数她的观众来说，有一个巨大的遗憾，那就是赵雅芝并没有把自己电视上的巨大影响力，如她的同龄女星林青霞一样，延展到电影里。

在职业生涯早期，赵雅芝也拍过一些电影。邵氏电影曾在最辉煌的时候以高片酬请她出山，签长约，"大概起码都是5年起，我觉得太绑住了，我是一个喜欢自由的人"。最主要的是，赵雅芝觉得拍电影的模式并不适合她，便没再继续谈下去，"我喜欢电视剧那个模式，电视剧都有剧本的嘛，你可以看剧本，做功课。但电影就完全不一样了，演员可能只是你接戏时才告诉你，我找你演一个什么样的角色，剧本则一定没有的，到了现场导演才可能跟你讲，今天你要怎么样，而且镜头都是分开拍的，演员感觉好像很模糊，去到片场都不知道在做什么"。而电视剧则有大量时间让她揣摩角色。

吕良伟曾在自传里回忆和赵雅芝合作《上海滩》时的情形，"每次开拍前，演对手戏的演员会在一起相互讨论一下，应该如何承接上一部的剧情去发展，你该如何演，我该如何演。大家讨论结束后，ok，开始拍戏"。

所以完全可以理解，一个接受采访也需要花整个晚上来预备好答案的赵雅芝，对于电影这种完全依赖即兴发挥的拍摄模式有多么排斥。

赵雅芝坦诚，在自己内心里，的确存在着一个这样的"安全区域"，"我可能是一个比较理性的人，或者说是我在做一件事情之前，希望自己的东西掌握得比较全"。

只做"安全区域"内的事不是没有遇到过质疑，但赵雅芝并非没试过偶尔改换戏路，包括1979 年拍摄许鞍华电影《疯劫》，这部电影被视为香港电影新浪潮经典作品，但赵雅芝的表演却多被粉丝忽视——她一反常态演了命案凶手。她到底还是折回到了她最擅长的温婉女郎队伍中。

徐克曾对有着同样困扰的林青霞有过这样的论述："就连玛丽莲·梦露也曾试图证明自己是优秀的演员，演过一些乏味的电影，正因为她尝试去演一些并不接近她本人的角色，反倒使自己黯然失色。为何非得把林青霞改变成不是林青霞的人呢？"娱评人长凤新觉得这同样适用于赵雅芝。从苏蓉蓉、冯程程、姚木兰到白娘子，与她形象熨帖的电视剧集一部接一部。这些荧屏角色，都是赵雅芝的无数分身，她专注造美数十年，将温婉进行到底，至白娘子形象登峰造极，所以通杀四方，尽得人心。

2013 年汪明荃主演无线大制作《风云天地》，去找赵雅芝客串，但没明说，"她没有说出口，但是我感觉到了"。在这部剧里，汪明荃仍然是一手打造出一个商业帝国的女强人，而赵雅芝也难得挑战了一次果敢自信的律政俏佳人。她承认，接这个角色的原因是这属于"过去从未挑战过的类型"。

选丈夫要选温馨日常款

一个美到成为以后时代记忆的明星，身上自然不会没有感情故事。日后成为华语影坛巨星的周润发，将自己的"小鲜肉"时期，奉献给了赵雅芝——两人合作过的作品可不仅仅只有一部《上海滩》，还有《大江南北》《江湖小子》《奋斗》《1+1=1》《播音人》等多部作品。当年的周润发很多情，和郑裕玲、缪骞人、陈玉莲和余安安等人都传出绯闻。

记者好奇地问赵雅芝，对周润发有过那么"一刹那心动"吗？她笑了起来。"戏里边那一刹那，一定会有的，因为你必须要真的有点感觉，真的要当成他是那个人物，自己也是当时那个人物嘛。"但是，她又强调，"下戏了以后就不会再有来电的感觉，因为我心目中理想的对象不是那种。"

那女神理想的对象是哪种？她为自己选择的"理想对象"是黄锦燊，这也许是她合作过的男演员里知名度最低的一个，也不是最帅的一个。放到现在，黄锦燊更像是娱乐圈的"经济适用男"。

赵雅芝 1975 年便与前夫黄汉伟结婚，生了两个儿子。但这段感情并不幸福，多年之后她曾回忆说："两个人的性格相差很大。我那时就发觉，事业再怎么样也没有用，生活要是不幸福，什么都没有心思做的。整个人很辛苦，心也苦。"

一场更大的婚姻风暴来了，1981 年，赵雅芝与黄锦燊在拍摄《女黑侠花木兰》时因戏生情，被港媒踢爆婚外情，成为当年最劲爆的八卦新闻，值得一提的是，当年这部剧的导演是现在的大师杜琪峰。

她只低眉，她不流泪。第二年，赵雅芝和前夫离婚，1985 年，赵雅芝和黄锦燊结婚。

这段婚姻满城风雨，外界都不看好，在某种程度上，事业如日中天、片酬已经位居香港一线的赵雅芝是"下嫁"黄锦燊，八卦小报抓住"女强男弱"，香港风水师唱衰他们。赵雅芝全力以赴保卫这段婚姻，后来更是为了照顾孩子逐渐隐退，"至少推掉二十部戏"。这二十部戏里，有没有哪些角色是别人演红了的？赵雅芝轻轻地摇摇头，淡淡回答："不记得了。"

关于前夫那一段，在采访提纲里早已过滤掉。但她的婚姻观或许可以从她所喜欢的角色里窥见一斑。拍《戏说乾隆》时，她主动要求一人分饰三角，"要么三个都演，要么都不演"。这三个角色性格迥异，而她自己最喜欢的是金无箴，"她没那么多烦心思，专心自己的刺绣，忠于爱情就选择了自己的爱情。其他两个，有太多无奈了"。

作为大明星，要做到忠于自己和忠于爱情，自然不是件容易的事。她自有自己的处理方式。

也不是没有过绯闻，和"霍元甲"黄元申、"乾隆"郑少秋。作为女明星，赵雅芝厌恶八卦，"我不喜欢绯闻，当然我也不会惧怕绯闻，因为做演员也没办法控制。只要我觉得事实是这样子，我就不会惧怕了"。

所有的绯闻，在嫁给黄锦燊之后都终结了。黄锦燊某种程度上也可以说是一张"安全牌"，他在两人婚后淡出娱乐圈，并转行成为一名律师。在这 30 年的时间里，黄锦燊给赵雅芝提供了无微不至的陪伴，"我有工作出来的时候，两三天这样子，他也尽量抽时间陪我，挺辛苦的。他的付出可以说是为了家庭，也为了爱"。有一次，黄先生陪赵雅芝到内地做代言，但突然接到客户电话，黄先生只好无奈地看了一眼赵雅芝，马上订机票赶回去。那次，是某一年的中秋节，所以赵雅芝印象格外深刻。

不管是在儿子眼里，还是粉丝眼里，赵雅芝对老公都很依赖，她自己也承认，"我想也是可能精神上有点。"如今，赵雅芝最小的儿子黄恺杰已正式出道。但他早在北影念研究生的时候就已公开女友。这对于一个以后要走青春偶像派路线的演员来说，并不是一件好事。但赵雅芝不这样认为，"我觉得没有什么需要隐瞒的，艺人应该是很坦诚地去做人，他也像我，很忠于爱情。"

拍戏不看片酬看假期

《新白娘子传奇》是合资片，在内地拍摄。赵雅芝当时已经稳坐台湾电视剧一姐宝座，她不计片酬，提出的唯一条件是：要定时给假，回家看孩子。她甚至不惜跟导演"存假"，也要按时返家看孩子。这在当年的娱乐圈，实属少见。

"是一定要回去看么？"

"一定。"

"多久回去一次？"

"拍十天就让我回家，这是必须的，小孩毕竟还在念书，我要回去检查他们功课啊。"

为了能有足够时间回去照顾三个孩子，赵雅芝采取不休工的方式连轴拍戏，"反正就是十来天我不放假不休息，把假都存在那儿，回去四天，他们也非常迁就我，所以其他（片酬）就不用讲了"。

虽说是一位不折不扣的慈母，但赵雅芝与孩子们相处的方式是朋友式的。2015年的浙江卫视跨年晚会，赵雅芝带着最小的儿子黄恺杰登台表演，儿子先上台，唱的正是《戏说乾隆》的主题曲《问情》，因为是现场直播，又因为主持人临时改为台上采访问题，黄恺杰觉得自己的表演远不够好。那个时候，赵雅芝就在后台看着儿子唱歌，等他唱完了，她再上台。但母子并没有合唱的表演。

下台后，黄恺杰问母亲自己的表演如何，赵雅芝很客气地说："不错，第一次还不错。"

"她就是这样，对我们也很客气的。"

黄恺杰第一次和母亲一起出现，是在2008年上海的某次盛典。当时，赵雅芝的老公因为临时要开庭不能陪同，她见儿子正好放假在家，就说："那你陪我吧，去学习学习。"黄恺杰当时是以"妈妈助理"的身份去的，没想到一到上海，一个女演员的红毯男伴来不了了，就跟赵雅芝"借"了黄恺杰去走红毯。走完红毯后，黄恺杰又陪着女演员去接受采访，他很囧，只好什么都不说，帮着举麦牌，神情很紧张。

"他们都以为是妈妈要带我出道了。"黄恺杰回香港后就跟母亲说自己的感受。母亲告诉他："要练好普通话，因为你沟通不了，讲得不清楚，人家就可能误会你，以后要做访问，没想清楚就不要做。"——全是赵雅芝自己的人生观。

黄恺杰大学是在美国学的金融专业，但大学毕业后还是觉得对电影感兴趣，于是就报考了北京电影学院表演系的研究生。赵雅芝从未想过要把儿子培养成明星，黄恺杰回忆说，读小学和中学时学校会有文艺晚会，但父母从未主动要求他去，也不刻意给他报唱歌培训班，甚至都没带他去过片场，"可能他们刻意要把我跟他们的职业分开的，不想影响我的想法，所以我印象中没有带我去现场看过拍戏"。

赵雅芝说，她不会给孩子铺路："他选了演戏这条路，我们都有一个默契，不会很刻意地去为他铺排，他应该靠自己的努力，毕竟是男孩子，需要多磨炼。"儿子也感受到了："他们会说，不要以为毕业了，（父母）就会把导演编剧都给你联系好，有戏拍，不会。"

但黄恺杰说赵雅芝不抵触跟他一起演戏，"因为她基本上十几年没有拍戏了，可能是不想拍了"，不过他对母亲的想法也有点拿不准，"我看报道，她说可能有好的剧本她会再拍"。

黄恺杰太乖，乖到赵雅芝对他百分百放心，从小到大，儿子就没打过群架，也没被其他小朋友的家长投诉过。

黄恺杰最终还是签了爸爸的影视公司，刚刚在新加坡杀青一部新戏。签约仪式那天，阵仗很大，父亲送出了千万游艇，但对于游艇这个事，黄恺杰知道媒体爱问，但他笑说"之后就不知道游艇去哪了"，归属权也不知道。签约仪式结束后，主办方特意没有安排他们一家三口合影，不过，他说："如果安排了，我想我也可能会拒绝。"

他说话的口吻和赵雅芝十分像。

做可控的事，和粉丝交朋友

赵雅芝，赵雅芝，口中念的这个名字等于什么呢？等于搬小板凳坐到离电视机最近的夜晚，等于把被单披在身上扮演白娘娘的暑假，等于乾隆和"灰姑娘"美丽传奇的爱情故事。她的角色过于深入人心，以至于外界没有再给她展示真实性情的空间和需求。她的时代把她的形象凝固成了琥珀，一直闪闪发光。

正是因为只此一家别无分号的招牌"温柔如水，气雅如兰"形象，她更是内地金饰品、家电、建材等商家最青睐的代言人。三个孩子逐一长大成人，让赵雅芝重新有时间投入到工作中去。在过去的十几年，赵雅芝频繁来内地。她每到一处，都有乌泱泱的市民围观，内地许多商家看中的不仅仅是她的商业价值，也因为赵雅芝好打交道，好相处，有亲和力。

一家金饰品的何经理，曾在成都的一次活动中见过赵雅芝的亲民，当天活动前来的粉丝太多，舞台快承受不住只好中途中止，"她在台上的空间越来越小，旁边也有许多保安，但她会伸手去拉她前面的媒体和粉丝，提醒她们不要被挤到"。

也只有赵雅芝，还会在粉丝面前真情流露。为寒风中等待见她一面的粉丝潸然落泪，飞机上拆读粉丝信件——这些是现在的年轻偶像不太可能会做的事，也正是这些，让她有一批疯狂粉丝，其程度不亚于如今的"韩饭""选秀粉"。

赵雅芝的确拥有着一种把粉丝变成朋友，甚至是家人的技能。还有一次，赵雅芝快过生日了，粉丝们集中在她拍广告的楼下等她出来，"等她下楼的时候，我们集体唱一首歌《我只在乎你》。她一出来，就已经说不出话来，主动一个个拥抱我们"。

除了这些煽情片段之外，她和粉丝也有一些其他时刻。曾经有一次，赵雅芝和芝迷聚在一间咖啡馆里，赵雅芝主动提出讲故事，"她会直接说，我要讲故事了，好恐怖好可怕的故事，然后说完，我们这边没有反应，她还沉浸在自己的世界里，"大宝笑着回忆。赵雅芝享受着这些爱与被爱，一个以她为主角的，暖洋洋、其乐融融的世界。

从某种意义上说，她留在了自己的时代：在娱乐匮乏的年代，于诸多讨巧的电视剧里释放她惊人的美，行为克制，私生活检点，形象良好，偶尔的绯闻更多是让人扼腕叹息。隐退后，每次露面都能保持笑容和美貌，每一年只在张灯结彩时上舞台唱唱歌，和人们的情绪精准接轨，而后再各自进入自己的轨道。

私下平实质朴的赵雅芝和银幕上仙气萦绕的赵雅芝互不影响，各自服务着自己的"客户"，她一直在做一个称职的明星。而她的粉丝，某种程度上成为她的铠甲，帮她抵御这个快速变化着的世界。

郎朗：一个中国琴童的世界级成功

文/邵登　编辑/露冷　摄影/小钢

　　郎朗走进门，用眼神跟记者打了个招呼。他快速地环视了一周，朝正在装三脚架、布灯光的摄影师客气地点头，然后向文字记者伸出手，力度恰到好处的一握。那只手非常柔软。

　　拍照前，郎朗分别从上衣和裤子口袋掏出三样东西——润喉糖、眼药水、手机，放在了休息室的三角钢琴上。"来吧！"就像知道摄影师想要什么，他闭上眼睛，双手在空气中弹奏虚拟键盘，摄影师停下看图，他也放下手，看着众人笑了笑，表情还有些羞涩。他凑到摄影师的旁边："不错啊，这光打得好。"

　　采访郎朗前后用了两个下午。

　　头一天，郎朗的排练时间被拆分成多个细碎的小段，他要与他的老师，钢琴大师、教育家格拉夫曼进行合奏排练，紧接着是与维也纳爱乐乐团弦乐四重奏的联排，最后是中央音乐学院少年交响乐团，时间表精确到分钟。

　　看着记者的采访时长被大幅压缩，郎朗有些不好意思："没事儿，你们就跟着我吧，排练也可以拍。"

　　但双方还是没能对上几句话，郎朗慷慨地给出了第二天下午的时间。这天晚上，他在国家大剧院有一场音乐会，根据他的习惯，演出之前必须保证足够的睡眠，记者占用了半个小时。采访结束，郎朗喝了一口水，笑着说："采不动了，得睡觉了。"

当记者打开休息间的门时，看到有几十个小朋友堵在门口，他们拿着 CD 或是签名本，表情既紧张又兴奋，眼睛随着打开的门缝热切地寻找着。

他同时拥有成为"伟大的钢琴家"和成为"POP 偶像"两种使命感。这两个目标在他人眼里或许有所冲突，但在他自己看来这两个目标是一体的。

传播者和演奏家不冲突

郎朗微博上的自我介绍是：联合国和平大使，国际著名钢琴家。他和他的团队并不认为这样的排序有主次之分，一个是大众文化的传播者，一个是古典钢琴演奏家，双重身份构筑成如今的郎朗。郎朗在深圳开设了自己的钢琴学校；与国际著名出版集团合作，全球发行了教材《和郎朗学钢琴》；成立"郎朗国际音乐基金会"。这一切令他的名字超越了古典音乐的范畴，也为他引来一些不一样的声音。

采访前，郎朗的宣传总监说起郎朗两个最新动态：其一，他即将推出一本教材，不仅针对琴童，更是所有音乐爱好者的入门秘籍。其二，郎朗即将与腾讯合作，在全国 12 个城市举办音乐会，除了演奏，还有与琴童的深度交流。郎朗说，未来，他不排除会在网络上直播自己的音乐会。

在和记者交流这些时，郎朗把网络、传播等名词说得和小节、切分、渐弱等音乐术语一样自然，这时他的形象与传统思维中不谙世事的音乐家割裂开来，互联网达人、文艺白领，或是青年领袖。从这个角度看，郎朗把一个演奏家的工作维度拓宽了。

这与郎朗在古典音乐界的种种"颠覆"之举一脉相承。2014 年年初，他在第 56 届格莱美颁奖仪式上与著名重金属乐队 Metallica 联袂奉献了该乐队的经典歌曲 *One*，郎朗用钢琴和吉他、贝斯等电声乐器交织，激昂的音乐让台下的观众都坐不住了，JAY-Z、保罗·麦卡特尼等流行乐坛大牌掌声不断，并举起大拇指致敬。

2014 年 9 月的仁川亚运会开幕式上，郎朗一段热情的 SOLO 引出鸟叔，二人跨界合作了一曲 Champion，同样是全场沸腾。郎朗也弹 high 了，如果不是需要坐在钢琴前，他也一定会像鸟叔一样满场跑。

郎朗在 NBA 球场、冰球赛场上演奏，登上春晚、奥运会，他甚至在 2010 年旧金山的音乐会上一点儿也不严肃地捧着刚刚上市的 iPad，使用一款模拟器乐 APP 演奏了《野蜂飞舞》……在郎朗之前，没有哪个职业古典钢琴演奏家如此热情地投入到大众文化中去，更别提将流行元素引入古典殿堂，光是把音乐会搬到体育馆，就引来了观众的兴奋和与之形成对比的评论家质疑。

但郎朗说，时代变了，古典乐坛不能重复两百年前的打法："从开始弹琴，我就不想去重复别人去做的事情，首先我想当钢琴家这是肯定的，那我们必须去学习伟大的钢琴家是怎么当的。但同时我不想去做人家都做完的事情，人家都做完的事情我也希望能做，但我更希望做别人没有做过的事情。"

在郎朗看来，当所有人不再听古典乐或不弹钢琴时再去推广，为时已晚，古典音乐的发展必须跟上时代，但他也注意到，古典乐坛自身也在发生着变化。15 年前他成名时，所有钢琴家拍封面照都是白衬衫、黑领结，但现在几乎没有人再会穿燕尾服上台了。他不认为自己所做的具有多少开创性，而是顺应着时代，只是刚好，这也符合他的价值观。

在近期遭受颇多争议的姜文新片《一步之遥》中，郎朗担任了音乐总监，这是跨界的又一衍生品，除了改变演出的场所，郎朗也尝试对音乐本身动刀子。

"我弹很多非常经典的古典音乐作品，但肯定也要去追求一些新的作品，但新的古典音乐，说实话我喜欢的不是特别多。所以你可以看到，包括和姜文导演合作的《一步之遥》，年初和张艺谋导演合作的《归来》，这都是我想探索的新作品。和摇滚乐队 Metallica、说唱歌手鸟叔的合作，也会带来另外一个观众群，这些人可能对古典音乐很不熟悉，但是通过我们的合作，他会知道原来钢琴可以这么弹，还能有这样一种形式。"

郎朗还补充说，实际上，摇滚乐手也很愿意跟古典音乐乐手合作，这是一种双赢的形式。

关于郎朗异于大多数演奏家的跨界才能，格拉夫曼认为这是一种附加天赋，有些人弹得不好，但是有魅力；有些人弹的很好，但舞台表现力差，而郎朗既有技巧，又有让观众喜欢的本领。

郎朗说，他考虑了很多，才决定走这一步："因为我知道大的音乐环境对于古典音乐家来说，非常具有挑战性。但这一切并不难，只不过需要你有些创造性，你需要知道现在的观众，要去了解他们。"

更重要的是，他了解自己的潜能以及目标清晰："我知道自己在做什么。"对于古典音乐之外的其他，消耗了太多精力，郎朗摇头："我今天还坐在这儿，证明我的精力还算 OK，没感觉消耗多大。这是一个人生的经历，那么没有这些消耗，没有这些舞台，我也不可能成为今天的我，所以这是一个必然的过程。"

国际化

我们常用"弹钢琴的手"来形容一个人的手好看，把这个问题抛给郎朗，他举起自己的右手看着，说："对啊，好看，比我的脸长得好看。"带着浓郁的东北腔，说完自己也乐了。

郎朗有着与生俱来的热情和幽默，能瞬间拉近与其他人的距离。和所有受欢迎的人一样，郎朗为人处事上的能力也帮助他打开了局面。《人物》的记者季艺回忆，有一次他曾在一个会议室里采访郎朗，郎朗坚持让他坐在长会议桌的首座。"你们最辛苦了。"他对季艺说。

而记者最近一次与郎朗接触是在羊年春晚的后台，化完妆的他站到镜头面前，认出了记者，大手伸来紧紧一握。没等采访开始，他听到身后的电视机传来魔术师周家宏在说话，郎朗回头看了一眼，然后提了个建议："你们着急吗？要不咱们一起先看下这个节目？"

所有人都愉快地答应了。

"你喜欢魔术？"

"是啊，喜欢！多有意思啊！"

时间再回到采访当天，在结束了与格拉夫曼的排练后，郎朗起身短暂地休息了一会儿。排练厅的大门打开，两个提着琴的外国乐手走了进来，虽然很久未见，但郎朗一眼认出了他们。

"Hey！"郎朗老远就张开了双臂，他先和其中一人拥抱，并向身旁的父亲介绍，"这是维也纳爱乐乐团的新团长。"紧接着又拥抱了另一位，这回他转向那位团长说："你知道吗？我和他之前合作过。"

他热情地招呼着每一个人，以外放著称的西方人也要贴合他的节奏。和两位维也纳爱乐乐团的音乐家们排练完毕之后，他们相互祝贺致谢，但紧接着，郎朗猛地拿起乐谱："Just one thing（还有一个问题）……"

他身上仿佛自带光环，头发被吹得蓬松地耸起。造型师说，这是郎朗在非演出的公开场合时的常用发型，能表现出热情，"但在演出时，会将他的发型做得更有特点更显阳光"。郎朗的皮鞋干净、光泽度好，穿的是国际顶级品牌为他量身定制的修身西装——这个国际品牌长期跟踪郎朗的身材数据变化，定期上门为他测量尺寸，为他提供不同风格的服装。

在排练厅里与之明显呈两极的是，四重奏团队的艺术家们多数穿着随意，有一位竟然在颇不合身的西装下面搭配了一双篮球鞋，这种反差很有意思，会让人意识到，原来郎朗才是这个空间里乃至古典乐界最闪耀的明星，在古典音乐这个融入西方人血液的艺术门类里，郎朗站到顶端，掌握了话语权。

郎朗把自己的成功归功于自己的留学经历以及国内的基础教育："我在美国上的高中，然后又在柏林学习了几年。我觉得对于一个演奏家来讲，你必须把自己的想法说出来，这是非常重要的。你不能藏着，尤其在国外演出，这确实对我的人生很重要，就是必须把你心里想的，除了通过钢琴表达，平时也得表达出来。"

郎朗 15 岁前往美国柯蒂斯音乐学院留学，实行精英教育的柯蒂斯每年仅招收少量学生，全院学生常年保持在 160 个左右。从中国来到美国，郎朗的音乐观念经历了一次涅槃，对他的艺术产生了巨大影响。

在一群天才同学的身上，郎朗更加深切地体会到音乐的自由："有的同学特别会弹拉丁风格的曲子，有人对弗拉门戈很有研究，他骨子里带有一种文化，那么你就跟他学是怎么弹的，能不能教教我？很快就会了，音乐是通的，但你必须学习。"

这期间，郎朗还接触到当地的摇滚和说唱音乐，他用崭新的眼光看待周遭的世界。在格拉夫曼夫人的介绍下，宾夕法尼亚大学的英语教授理查德·多朗成为郎朗的文化导师，他教郎朗阅读莎士比亚的剧目《哈姆雷特》，剧中不同的主题相互交错，潜台词不断浮现，仿佛音乐中的多重旋律和复调。郎朗在他的自传中写道："莎士比亚的对话让我想起莫扎特的乐句。莫扎特的音乐会在多重的性格之间不断地变化。通过莎士比亚的人物以及人物互动的方式，我终于开始理解莫扎特的音乐了。"

多朗带郎朗到百老汇看《狮子王》，回到费城去看 76 人队的比赛，他让郎朗接触美国音乐家格什温的作品，作为民主党成员的他，甚至给郎朗普及美国政治党派史。这样的教育方式颠覆了郎朗在国内得到的大多数经验，在美国，郎朗的生活不再局限于琴房，他走上街头，接触一切他喜欢的新鲜事物："我从两种不同的文化获得能量，即使两种风格出现在同一个地方会显得不合逻辑，但我并不在意。对我来说，重要的是我现在在美国，一切都是可能的。让我高兴的是，在这儿，我感到充满活力和创造力。"

"最初的印象里，美国的与众不同让人不安，它的鲁莽傲慢太过极端，它很年轻但并不以此为缺憾，但我本身就与众不同，我很自信，也一样年轻，美国把我内在的品质都激发出来了。"

加里·格拉夫曼是活跃于 20 世纪 60 年代的钢琴大师，亦是郎朗最崇拜的大师霍洛维茨的学生。作为柯蒂斯的院长，郎朗的老师，格拉夫曼告诉当年一心拿遍所有大奖的郎朗："没有节制的竞争只会制造紧张气氛。"他不允许郎朗再参加任何比赛，而是命其把注意力转移到演奏和对音乐的理解上，尽管和父亲一度十分费解，但他们最终选择了相信老师。

在 13 岁获得"柴可夫斯基青年音乐家国际钢琴比赛"第一名后，郎朗没再参加任何比赛。与时下众多演奏家借重要比赛获得名次从而成名的方式不同，让他扬名世界的，是郎朗身上颇具传奇色彩且众所周知的经历。在拉维尼亚世纪明星音乐会上，郎朗临时顶替发烧的安德烈·瓦兹演奏《柴可夫斯基第一钢琴协奏曲》的第一乐章，演出大获成功，当时郎朗 17 岁。

所以能说郎朗的成功是巧合吗？格拉夫曼不这样认为，他认为郎朗的实力早已不是问题，他所做的是抛除从前争做第一的杂念，而将所有精力放回音乐本身，如此，才能获得最好的、最不功利的音乐。至于那个富有传奇色彩的机会，他说："就算不是拉维尼亚，郎朗也会遇到其他的成名契机。"

从目标明确地追求第一，到沉浸在历史、艺术、文化中，并回归音乐本真，郎朗的成功之路恰好呈现出泾渭分明的两面。

NO.1

郎朗有一个众所周知的、压抑的童年。但在他和他身边人看来，形容词应该是"高密度"。

父亲郎国任曾是沈阳空军文工团的二胡演奏员，之后转业成为一名警察，为了前往北京陪郎朗读书，郎父辞去工作，从事话务员工作的母亲成了家里的经济支柱。背负着父辈的梦想，郎朗成为家中唯一的希望。

父亲是郎朗成功路上的通关密码，但在教育上的高压也曾令二人冲突矛盾不断。

自传《千里之行：我的故事》里记录了郎朗与父亲的两次冲突。一次是郎朗北京的第一任老师认为郎朗是"榆木疙瘩"，不愿再教他，信念遭到了毁灭性打击的郎父情绪失控，他怒骂郎朗，父亲甚至提到了"死"这个激烈的字眼。

另一次是郎朗在柯蒂斯就读时期，当着郎朗同学的面，父亲命令已经弹了三遍难度极高的《伊斯拉美》的郎朗把这首作品再弹十遍，"我已经筋疲力尽了，巴拉基列夫超难的作品对演奏者要求极高，让我有些体力不支。我的手指也在发疼"。郎朗脱口而出："不要你命令我，我希望你下地狱！"

"说这话的时候，我的心怦怦直跳。这是我从小到大都想说的话，如今终于说出来了。"

第一次冲突，父亲感到了自己的失态，他很抱歉，求郎朗原谅他，但仍不忘小心翼翼地向郎朗打探准备何时开始练琴。但郎朗用冷战回应，三个月没再碰过钢琴。

第二次，父亲默默地提起行囊准备回国，多年来希望逃离父亲的郎朗却和同学赶到机场，把正在买票的父亲留了下来。

指挥家西蒙·拉特对现在的郎朗解读说，幼年的努力让郎朗没能度过一个闲适的童年，如今的郎朗热衷于音乐教育，喜欢和孩子们在一起，这是在努力弥补他童年时失去的欢乐，以及普及一种正确的教育观。但他也认为，郎朗的故事具有普遍性。

"因为几乎所有的音乐家都有一个类似的童年，这一点无法避免。"

"郎朗不会恨我，能到现在，郎朗是很感激我的。"在大剧院的后台，郎父如是说。

和从前常常示人的形象不同，这次他换了新发型，戴了一副深色眼镜。谈及过去对郎朗的不近人情的严格，郎父不再像谈到郎朗的成绩那般骄傲和自信。

郎朗在《千里之行》中写道："虽然我并没有忘记我们过去之间的伤痛，但我和父亲如今的关系有了本质性的变化。"郎朗很认可父亲在自己艺术生涯的帮助："我觉得我挺幸运，就是没有时间走歪路，这比较实际，每到一个关卡总能遇到帮助我的人，但这个不是从天而降的，需要你自己争取，你必须让你在什么时间做什么事，我觉得，这就是我父母的决定对我的关键作用。"

从最初放弃一切去北京，到力主为郎朗更换几位老师，再到把郎朗送到美国留学而非欧洲，郎父凭借自己对郎朗的了解，屡次在决定郎朗命运的关口做出如今看来极为正确的选择。

"他能把我的优点记得非常清楚，在我寻找新的艺术之路的时候，他永远能提醒我本身的感觉是什么，本能的是什么。很多人什么都学会了，但是把自己给学忘了。我爸这点非常好，他能知道新事物的好，同时他会说：'你弹的时候还是要找到你自己的弹法。'所以大家看我弹的时候，虽然从纵向来讲有很多新的东西，但从基本风格来讲，本身的签名没变，有让大家都能记住我的ID。"

现在，郎父已经退出了郎朗的专业团队，但他不会错过儿子公开露面的机会，并且延续了多年来拍摄郎朗弹琴的工作，问他为什么，他说："这是一种习惯了，留着做资料用。"

他拿着微单，自己拍了一会儿，又将照相机交到郎朗的宣传总监手中，请其帮自己和弹琴中的儿子合影。拍了一会儿，他拿过相机看了一下，似乎并不满意。在重新指导了构图之后，他又站到了钢琴边上。

"人不能自视过高，要谦虚，但真到了NO.1那个程度也不要不敢说。"郎父列举了祖宾·梅塔、艾森巴赫、巴伦博伊姆、格拉夫曼等大师的名字以及他们对郎朗的盛赞，这时的他，又恢复了自信和骄傲。

郎朗不讳言，自己是个对成绩有着苛求的人。他热爱钢琴，对挑战难度感到兴奋，这是基因里的东西，与父亲的高要求毫不违和，比起父亲，他更加温和，也更宽容和善于变通："性格上来讲，我比较乐观。假如我心情不好，我希望赶紧把这事摆平，我不想把它整成一个疙瘩，不管在生活还是钢琴里面我都觉得不舒服，所以我尽量去克制。"

郎朗坦承，父亲不会英语这件事帮助了他，令他在美国期间有了独立思考的机会。"像他这种比较愿意管人的家长，你明白我的意思，很难让孩子真正地去自由飞翔的。有的家长自己认识不到这点，他觉得这绝对是护着孩子，但是成功的方法不止一种，有时候也要去试一试别的方法，而不是自己觉得就是对的。"

有关等自己有了下一代，如何对待教育问题，郎朗说："实际上我也不知道，我也没有任何计划，但我觉得中心思想要非常明确，就是一定自己知道自己做什么，这很重要。"

大师那个头衔

郎朗的排练一点儿也不神秘，排练厅里站着数十个人，除了音乐家们、郎朗团队成员、斯坦威公司的代表，还有记者、郎朗的父亲和他的朋友以及他们带来的小琴童，等等。

人们尽量蹑手蹑脚，但备不住还是会有这样那样的响声出现——脚踩在木制地板上的声音、专业相机和手机相机的快门声、人们交流、相互寒暄的声音，但郎朗和其他音乐家们似乎对此习以为常。

当天的演奏，其中有一首曲目郎朗从未演奏过，看着谱子，他流畅地把全曲弹了下来。每当一首作品合奏完毕，郎朗总是站起来感谢所有的演奏家。

指挥家西蒙·拉特欣喜于郎朗成为一个坦诚热情、毫不矫饰的人，童年的艰难经历并未在郎朗身上留下阴影。

郎朗给记者同样留下了这样的印象，他嗓门很大，兴奋时东北口音很重，坐在椅子上绝不老实，肢体语言极其丰富。说到兴奋时，他会突然竖起一根手指，猫起身子，好像要冲到你面前。

郎朗自认有一颗抗压的大心脏，但和所有人一样，他也会紧张，但比紧张更多的是兴奋。在外人看来，郎朗似乎体内自带兴奋剂，他显得精力无限，即便是排练，也很少有所保留，第一天的排练中，他就活生生踩掉了一架巴洛克式的古钢琴的延音踏板，引起众人一阵惊呼。出了排练室，进了电梯，他对着电梯的镜子空弹刚才的曲目，仍然无法从刚才排练的兴奋情绪里脱离出来。

郎朗说，这种兴奋感在他第一次摸琴时就有，但在接下来的很多年中，兴奋感变成了恐惧感："当时是怕考不上音乐学院，就觉得考不上怎么办，考音乐学院就像咱们中国孩子高考似的，就一次选择，不像在国外，你考不到明年再考。我们那时候，你不及格就没戏了，尤其是专业来讲，今年没考好，你可能就被开除了，或者你根本就没有机会考上。所以我总是做噩梦没考上，这肯定是为什么我紧张的原因。"

到了如今的地位，恐惧感已逐渐消失，如今的郎朗也不会再像以前一样胡乱兴奋："得会压制自己的情绪，要知道什么地方要兴奋，什么时候不能兴奋，这就是靠人生的经验来控制。"

郎朗曾说，希望自己成为伟大的钢琴演奏家。现在的他是否已经达成？或是距离这个目标还有多远？

"我觉得我的能力具备，因为条件和能力这个东西，从很年轻的时候就能看出来。从阅历上还是得继续努力，现在一直走正路的话，应该总有一天会达到这个程度。"

比起他的前人，郎朗觉得自己更幸福，他的老师、伯乐全是如假包换的大师，时代也帮助了他：如今的钢琴家不用像以前，法国派想学习莫斯科，要么自己过去，要么等人家来演出，看演出时还不一定是最佳发挥。

"现在在网上，我想看谁弹，全出来了，我们的武器非常强大！究竟能不能成（大师）还不知道，但是你起码知道他怎么做的了。"

郎朗曾经仔细研读过拉赫玛尼诺夫演奏自己的作品，并因此获益良多。"例如他在谱上写明渐强或减弱，激情的乐句实际上却弹得颇为温和，我喜欢这种手法，无论如何，那都属于一种个人情感，他的演绎手法非常自然，就像即兴弹奏般，流畅、直接，没有任何造作的成分，作为一名音乐演奏家，尤其是面对大型浪漫派作品时，我认为最重要的是令音乐具有说服力，同时又自然流露得像即兴一样，就像他飘进你的心里，或者像流水涌入土地里。"

如今，郎朗也成了众人解构和参照的目标，上台表演，总有人拿出 DV 机或手机对着他演奏的双手狂拍，许多家长买他的钢琴教材和碟，希望将其中精髓贯彻到自己的教育当中。

郎朗或许没有注意，在他排练时，一个小女孩就站在他身后，小女孩的父母不断指导她摆出各种姿势，但背景始终不离弹琴的郎朗。摆了几组造型，小女孩也注意到了旁人的眼光，似乎有点不情愿了，她更想转过身去亲眼体验郎朗的演奏，但母亲不依不饶，非要拍出绝佳的构图才行。

"无论是演奏钢琴还是普及钢琴，他就是都能做得这么好。"郎父如是说，"你得相信，这个世界上，有些人就是真的行。"

许巍：说我牛的人，当年我落魄时你在哪儿呢？

文 / 楚飞　编辑 / 露冷　摄影 / 何平

　　许巍手里拿着那块刻有"许巍 xuwei"的砖头，仪式感隆重地把它镶在利物浦洞窟酒吧前的名人墙上，这里是英国摇滚巨星 Beatles 的成名之地，全世界所有的歌手都以在这里表演过为荣。之前，仅有一位亚洲歌手在这儿登过台，许巍，则是第一位华人摇滚歌手。

　　当晚，许巍在这里演唱了《曾经的你》《蓝莲花》《世外桃源》等六首歌曲，眼前全部是英国的摇滚乐迷，与许巍一起登台的还有吉他手李延亮、键盘手王文颖等，他们所站的位置就是几十年前约翰·列侬和保罗所表演的位置。"太震撼了。"李延亮这样说道。一个从外地赶来的中国留学生在这里痛哭不已，为了看这场演出，他丢了钱包和护照，他曾是去英国训练足球的"青训"，却因为受了伤而不得不终止，他说陪伴他走出阴霾的，正是许巍的《蓝莲花》。许巍给了他一个拥抱，当时不知道送什么给他做纪念好，于是脱下了自己登台表演的演出外套，折叠好，送给了他。

　　这是 2014 年许巍开启英伦之行发生的一个小片断。《在那摇滚的故乡》纪录片正在腾讯视频热播，这一段路程里，许巍一路从伦敦到利物浦、斯里兰卡、爱丁堡、格拉斯哥、曼彻斯特等地方，经过了披头士的故乡，去了佛教徒朝圣的舍利塔，赤脚寻找菩提树。

　　这一年对许巍而言，他是行者。作为一名曾经在中国的摇滚乐坛和流行乐坛都不能忽视的元老级人物，许巍选择以一种宁静致远的方式，从一个大众歌者，过渡到了一个行者音乐家。

少年许巍
想跟崔健一样牛

1986 年，18 岁的许巍，在高考前离家出走，在这个"爸爸的理想是中科院"的知识分子家庭，少年许巍生活在分数决定前程的恐惧之中，"我记得小时候考试，88 分回家都要挨揍，父母对我要求太严"。

后来他迷上了弹吉他，伺机找一个机会逃跑，高考前跑出去，"直接就跑感觉太好了"。抱着吉他，许巍开始了走穴演出的生活，跟着当地的一个乐队当吉他手，十几岁，跑了湖北、四川、河南好几个省，从一个县城到另一个县城，跟着搬运工人一起坐大卡车，又要帮着搬乐器，非常辛苦，当天演出完连夜拆台，一拆就是到凌晨零点，然后再坐大卡车去下一个县城搭台。

许巍把那些时光看成是动荡的岁月。

走穴的日子里，有时候就在绿皮火车过道上铺两张报纸就睡着了，也是一天。那时候他没有演出费，因为还是乐队的学员，每个月能拿 25 块，倒是不用家里倒贴钱，让许巍知足。虽然动荡，但也开了眼界，"有一次在上海，我印象特别深，一个乐手问，你知道爵士乐吗？我说我不知道，他给我弹了一段，我听傻了，玩不了。他后来又弹布鲁斯。一下子觉得我还差得远呢，开始虚心下来听音乐了"。

许巍意识到自己不过是全国走穴大军中的一员而已，如此流浪了一年后，他回到了西安。

回到西安后，父母还是想让许巍重新去参加高考，在那个高考是唯一出路的年代，在知识分子家庭长大的许巍，有着许多的无奈。就在这个时候，陕西省军区来招文艺特招兵，许巍主动提出去当兵，父母当时虽然犹豫，但觉得部队能让许巍收心，接受好的教育，就让他去了。

许巍的少年时期的第二次叛逆也在这时发生。当时内地摇滚第一人崔健已经在工体公开演唱《一无所有》，在全国引起轰动。嘶吼着的喉咙，严肃板着的脸孔，崔健是那个年代的精神领袖，也影响着无数在地下活跃的乐队们。许巍也是。在当兵一年半后，许巍有机会免试进入第四军医大学学习，"但当时我已经开始听崔健了，我记得我去跟四军大的领导、上校、处长聊，他们问我崔健是谁，我说崔健特别棒，很厉害，是中国最牛的……但他们听不了这个，也不理解，反问我，你确定你能成为崔健吗？"

最终许巍没有选择上四军大，"我觉得我一定要做崔健这样的音乐，我要像他一样，我不知道我有没有这个能力，但我想尝试。"

从部队退伍后的许巍，开始去歌厅驻唱，后来在西安组了乐队。

《那一年》
得了抑郁症，差点就跳了

1993 年，许巍在西安本地组建了"飞乐队"，当时已经参加了一些音乐节的演出，小有名气，20 世纪 80 年代末 90 年代初西方流行 Grunge（垃圾摇滚），像 Nirvana（涅槃乐队）、珍珠果酱等也给国内的摇滚歌手带来不小的影响，这些风格在许巍早期专辑的风格也能略见一二。

但"飞乐队"仅仅存在了 9 个月就解散了，"大家为了生存不得不面对这个，我在外边挣不到钱，在家有口饭吃，现在回想起来，那个时候好玩的事真是挺多的"。

于是，许巍决定北上。

很快，红星社签下了许巍，出了两支单曲《两天》和《青鸟》，收在了合辑《红星壹号》和《红星 3 号》中。但那几年，许巍面临的居然还是如何生存的难题，"即使签了唱片公司，可生活还是在折磨你，你会有太多困惑，第一个便是生存"。事实上，1997 年他出第一张专辑《在别处》之后，也仍然不过是个连居住都要寄人篱下的北漂而已。

许巍回忆说，《在别处》口碑好仅限于业内，最后累计卖了 50 万张，却是好几年的销售数据。在盗版猖獗的年代，这张专辑盗版的销量比正版要多好几倍，尽管张亚东、金少刚、李延亮等人都觉得很好，但却仅仅只限于业内。发第二张专辑《那一年》时，完全卖不动，许巍也和红星社解约了。

许巍回忆说，当时已经没有任何演出了，在北京要自己租房子，偶尔有个圣诞 Party 去表演，他也只能去登台，"那时我和亮子（李延亮）在酒吧演出，一个周末一个人演一场三五百，能活一阵子"。

但《那一年》后来成为许多摇滚爱好者的心头好，更是许多失意青年的必听曲目，许巍在歌词里这样唱着："这么多年你还在不停奔跑 / 眼看着明天依然虚无缥缈 / 在生存面前那纯洁的理想 / 原来是那么脆弱不堪……"许多摇滚歌迷听了，都会落泪。

就是在录《那一年》的时候，许巍得了抑郁症。严重到必须回西安静养，还必须得有人陪，不能一个人待着。对于这段经历，如今的许巍并不避讳："我一听音乐就兴奋，一兴奋浑身更难受，会加重病情，不能兴奋，所以说我都不听音乐，更别说弹琴，就得远离这些事。"当时许巍想转行，甚至是去开小卖部，只要不做音乐就 OK。

"他差点就跳下去了，差点就没了，很严重。"虞洁说。她是许巍现在的演艺经纪人，从2008 年跟着许巍一直到现在，她对许巍的过去自然是再了解不过。"他吃百忧解（一种抗抑郁的药物）"。

现在大家都认为许巍第一、二张专辑有多牛气，但当时许巍却连个容身之所都没有，虞洁仍替许巍的艺术生活鸣不平，"连生存都维持不下去，到处蹭饭吃，吃了中餐不知道晚餐在哪"。

而许巍自己对于《那一年》后来的影响，也有些耿耿于怀，"唱片公司有经营的问题，郑钧还好、田震还好，但我的音乐还是没被大众接受。现在更多的马后炮说这首歌太牛了怎么样怎么样，我想说，你当时在哪儿呢"？

医学上说抑郁症的源头是自卑，许巍赞同这一点："我一直在想我这些年成长的过程中，我怎么了，我怎么把自己生活过成这样？因为之前我是个非常自信的人，结果回来的时候，我从北京录两张唱片就变成了一个特别自卑的人，一点自信都没有。"

《蓝莲花》
学习传统文化，成为一个佛教徒

许巍得抑郁症的那段日子，郑钧经常给他打电话，叶蓓也总问他："我说你需要钱吗？"许巍总说不要。

录完《那一年》他回西安，中间又回了趟北京拿东西，如此折腾了一段时间。2000 年，宋柯给他打电话，没说让他继续发专辑，而是让他回来帮叶蓓的新专辑《双鱼》做制作。2001 年，许巍又签了新公司，那时候还叫上海步升（隶属百代 EMI，后来百代被金牌大风收购），许巍在百代一待就是 10 年。

在这期间，许巍推出了那张极为成功的专辑《时光·漫步》，《礼物》《时光》《完美生活》《蓝莲花》首首成为经典，尤其是《蓝莲花》传唱度很高。在外人看来，落寞潦倒的许巍，终于迎来了事业的巅峰，他扎着长发，穿着白衬衣，以都市白领精神引领者的姿态站在舞台上，享受着欢呼声。在郑钧、艾敬、老狼、朴树、叶蓓等民谣和摇滚歌手都还在卖力做唱片的年代，许巍不仅没被市场淹没，反而站稳了脚跟。

但很多人都不知道的是，从《时光·漫步》这张专辑开始，许巍已经开始尝试在歌里参透佛

教徒的禅意。"他开始有信仰了，他是朝圣完峨眉山顶，回来才写的《时光·漫步》。"经纪人虞洁如是说。

许巍曾经说过，在中国，宗教信仰是一件很私人的事，不宜公开说。但他的那张《时光·漫步》确实让许多人都听到了温暖，之后的《每一刻都是崭新的》和《爱如少年》让他几乎拿遍了所有能拿的奖项，也让他遭遇了前所未有的质疑，大部分人都在质问他："为什么你的音乐总是同一个调调？"

这件事一度令许巍苦恼。

"他们质疑他为什么只写山水、阳光、风雨，永远都是温暖的，总之大家看到的是表面。"虞洁说。这一点，她和许巍私底下经常讨论，为什么不去批判社会？许巍的想法是："难道你看不到这个世间已经有这么多的问题吗？生命不可能只停留在抱怨上面，骂街一点意义都没有。"

"虽然他不去看这些东西，但他能感受得到周围的声音。"虞洁回忆说，"许巍那个时候情绪并没完全好，但他一直想做一些事，用很长时间去思考怎样的音乐可以帮到别人，他很认真地在做，但结果有一半多的声音都是批评的，都是负面的。"

许巍从那时开始系统地学习中国传统文化，"从《三字经》开始，《论语》《中庸》《道德经》一直到佛经、佛法，我全部开始研究，那个时候才开始了解自己的文化"。佛教的信仰给他带去深刻地转变，"在我内心，它让我走过去，让我深刻反观自己，三十岁，我会反思自己，看到太多问题，就开始自省了"。

"你信吗？我希望通过音乐来治疗自己。"许巍突然冲记者说。他后期的音乐，不再考虑它的流行度和传唱度，更多的是做文化的传承，"美国摇滚乐这样，英国摇滚乐这样，中国摇滚乐一定要跟自己文化融合，要不然你就没有任何意义"。所以，他写出了《空谷幽兰》，第一次将诗经、宋词结合，之后又写了《世外桃源》，他觉得自己写这些是有一种"水到渠成"的力量在推动他。

最近这几年
拒绝选秀，远离媒体

鲍勃·迪伦曾经有四年不想开演唱会，完全停掉，尽管有许多的歌迷追着买票，但也有一半的歌迷是去追着骂的，忠实民谣的歌迷不明白鲍勃·迪伦为什么要背叛民谣去玩摇滚。

许巍也有这个困扰，歌迷抨击他总是一个调调，却并未发现从《蓝莲花》到《此时此刻》他内心的变化。有四年时间，他消失了，很少出来，媒体写的是他抑郁症复发。

虞洁是 2008 年开始跟着许巍，帮他打点演艺经纪事务。她带许巍那会儿，许巍和金牌大风的合约快到期，但公司还欠他一张专辑，后来除了一张精选集（发行后许巍并不太知情），许巍还发行了他在金牌大风时期的最后一张专辑：《此时此刻》。

这张专辑金牌大风出了 80 万，80 万对于一个内地歌手的投入来说已经算高了，但这个费用完全不能满足许巍对《此时此刻》这张专辑的需求，但他又不能开口向公司要，最后只能自己掏腰包花了 120 万。

但 200 万的专辑并没有太多声响，因为许巍抵触媒体，不接受任何采访，也不想做宣传。阿鹏，著名电台主持人，去年跟着许巍在英国拍纪录片，2013 年，他还帮许巍做巡演的媒体统筹，负责帮许巍安排采访，接受或拒绝哪些媒体采访。2013 年下半年，许巍到深圳做演唱会宣传，阿鹏帮他排了几轮媒体专访，但效果不佳，有几个电视记者在出门后还相互打探："许巍是不是难搞的人？"

阿鹏回忆说，2013 年许巍开启了巡演，但直到演到第三场，还是没有宣传，"他不想接受媒体采访，直到第四场到了哈尔滨，这是一个说服的过程，我和他需要慢慢培养信任感"。

虞洁至今还为《此时此刻》没达到预期而惋惜，按照文案之前本来要做五站的新闻发布会和五场 Live 秀，还有电台的直播，但实际上在执行的时候一再缩水，最后只做了两站的 Live，连直播都没有。

"他最大的缺点，就是自己把自己屏蔽掉，可能是受了在西安或者是童年时代的影响。"阿鹏说，许巍这一代的摇滚歌手都有这个通病，张楚、朴树都有不同程度的抑郁症，"其实没必要给自己压力，要跟自己做朋友。"

而事实上，在他"隐退"之前，无论是摇滚圈还是流行乐坛，许巍都是绝对举足轻重的人物。即便是离开鲍家街 43 号、已经唱红《飞得更高》《怒放的生命》的汪峰，也把许巍视为最大的"劲敌"。2006 年，为纪念已故乐手张炬，中国摇滚群星录制了一首单曲《礼物》，有丁武、栾树、张楚等，许巍唱第一句，随后才是汪峰。之后，汪峰辗转托了七个人问到许巍电话，给他打过去说："你是我认定的唯一对手。"

但在许巍无心恋战的这几年，选秀节目如火如荼，艾敬、李延亮去做了"快女"评委，栾树也去了《我是歌手》做指导，汪峰去《好声音》当了导师，那是一档连续三季都收视率第一的节目。事实上，《好声音》曾传出找过许巍当导师，只是许巍从未承认。

作为经纪人，虞洁也替许巍考量过市场。她坦承，有许多非常红的歌唱类节目打电话一直联系让许巍上节目，但都被许巍拒绝了，"说实话他的性格很不合适，他可能反而会把节目毁了，虽然大家会认为你是谦虚，但实际上真的，他不擅长在媒体前说话，放不开，节目更适合哈林、那英，但不适合他。他太认真，这些节目有娱乐性，他去了实际上是给节目减分的，坐在那儿也难受"。

许巍多年前就宣布了不再领奖、不走红毯，上颁奖礼只表演。这么多年，许巍一直坚持着未变。2015 年，深圳一份报纸办的颁奖礼，找许巍表演，许巍向主办方提出"不领奖、不走红毯、不接受群访"的要求，一度令对方高层很头疼，主办方觉得"不走红毯"有点不近人情，合作差点中断。

不出来宣传，曝光度也降低了，同时也意味着演出和代言都会减少，这个圈就是这样残酷。虞洁说，不少高端品牌在这几年都来找过，但都被许巍拒绝了，"他拒绝太多了"，到最后，商家都会认为他没有商业价值。这件事也是她跟许巍这两年沟通最多的问题。

英伦之行
平静的音乐行者

2014 年 7 月，许巍带着他的"蓝团"以及旅游卫视节目组几十号人浩浩荡荡去了英国，他是要做"摇滚故乡英伦之行"的纪录片，全程 35 天，要走过伦敦、利物浦、斯里兰卡等地方。他的助理立谦先生告知，这次纪录片，完全是许巍自掏腰包，200 万，这在内地音乐圈看来，实为不可思议。

许巍把英伦之行看作一次朝圣之旅。他尽量让自己平静。

在伦敦，他见到了 Rolling Stone（滚石）的唱片制片人 Chris Kimsey，并参观了他的奥林匹克工作室，2008 年奥运会八分钟宣传片的后期就是在这里完成的，U2 乐队一度想买下来。许巍当天中午和 Chris 共进午餐，阿鹏作陪。

但阿鹏认为许巍还是不够放开，见完 Chris 后，阿鹏在饭桌上对许巍说了掏心窝子的话："你还是不自信。"他指出许巍应该更 open："你就是不自信，如果换作别人，今日的许巍可能不是这样，但作为艺术家是可以理解的。"

此行，许巍还去了披头士的 Abbey roads studio（艾比路工作室）录制了两首单曲，当天同去的还有张北音乐节的负责人李宏杰，是许巍多年的好友。他这次英国行还有一个任务，就是帮许巍上 Womad 世界音乐界（发源地在英国，全球最有名的音乐节），此前在这里表演过的华人歌手有崔健、杭盖乐队、萨顶顶。

但最让许巍兴奋的是他在利物浦的洞窟酒吧登台表演。为了这半小时的登台，他的团队前后忙了半年。但许巍还是拒绝做宣传，洞窟酒吧之前，伦敦的一位宋姓负责人想去高校发传单做宣传，但被许巍拒绝："我觉得自然就好，来多少就是多少。"

许巍内心越来越平静。到伦敦的第三日下午要去伦敦郊区看 Standon Calling 音乐节。载着几十人的大巴车在音乐节的入口处，车轮陷入一条小水渠，车身斜了，有翻车的危险，好在最后有惊无险。坐在最后一排的许巍开始很紧张地往窗外看，确认没事了之后，他一脸淡定，下了车。脚下是一片已经收割过的麦田，辽阔无比。在等候警车的间隙，许巍全程举着小 DV 记录着。

"当时车子可能会翻的时候，你想到了什么？"

"小事情，会解决的，并没想到生与死。"

黄渤：时代的英雄，时代的病人

文 / 马李灵珊　编辑 / 露冷　摄影 / 薛建宇

"你看上去不怎么快乐。"

深夜，北京 CBD 的餐厅里，黄渤听到这句话，半晌没作声，然后"呵呵"干笑两下，在沙发上往前坐了坐，方才开口："对。确实是这样。"面前摆着助手拿进来的红牛和咖啡，为这个奔波了一天的男人提提神。晚上 7 点才从山东坐高铁返回北京的黄渤，接受完采访，12 点又得继续上路，奔赴位于京郊的电影《寻龙诀》拍摄现场，明天还有早场戏等着他。

多少有些吊诡，带给全中国人民最多快乐的黄渤，自己却离快乐越来越远。在国庆档三部大片《心花路放》《亲爱的》和《痞子英雄 2》上映之后，他最新的称号已经变成了"五十亿帝"，意指由他主演的电影总票房超过 50 亿人民币，打破了此前由他自己保持的纪录——三十亿帝。

人民群众喜欢黄渤，这个带有青岛口音、其貌不扬的男人，一颦一笑似乎都有戏味。他看上去总是乐呵呵的，令人发噱。以他初为大众所知的《疯狂的石头》开始计算，由 2006 年到 2014 年间，不过 8 年，他已由这一时代最权威亦近乎是唯一的标准——票房——封神。速度之快，令人艳羡，也令当事者晕眩。

黄渤用"盲"来形容自己当下的状态。他找不到方向了，一度曾痴迷表演的他，如今最执拗的念头就是"不能再这么演下去了"。40 岁的黄渤，开始遭遇一场与自己的战争。乍看上去，属于他的一切都花团锦簇，内里藏着的，却都是细细密密的缺憾、疲惫与恐惧。

像推销员一样

接受腾讯《封面人物》采访的时候，已经是黄渤这个宣传期的最末尾了。虽然《心花路放》和《亲爱的》仍未下片，但毕竟已经是一个月前的话题。回忆起这段时间所接受的密集采访，黄渤心有余悸："几分钟的，几个小时的，还有十几个小时的……我都被聊蒙了，有时都觉得自己像被审问的犯人一样，记者问什么我答什么，有些话，都没想过能不能说，就说出来了。"

也不是所有明星在密集采访的时候会进入"问什么答什么"的状态，实际上，大部分明星在进入这种疲劳期后，回答会越来越简短，态度也会随之越来越不耐烦。但黄渤一直告诉自己："我后来想想，哪有什么职业，能有演员这样的待遇啊——你说我何德何能，连小时候那么点小屁事儿，都被人关心？"

所以黄渤选择了言无不尽滔滔不绝。《人物》杂志的记者刚好有过采访黄渤十几个小时的经历。她记得自己的采访中间有次被打断了，再回来的时候，因为两人都有点想不起刚才聊到哪儿了，气氛有点尴尬，黄渤主动接过话题："我们刚谈到哪里了？唉，我也有点想不起来了，别急啊，我们再慢慢聊，我先说点其他方面的，你看看有没有用？"

这样的黄渤，被他自己自嘲为"服务型人格"。过往教舞蹈班、全国巡回驻场、开店做生意，什么都见过，都承担过，无形中练就了这身照顾人的本事。他怕人尴尬，远甚于自己尴尬。《心花路放》全国跑通告的时候，所有主演一起去录制某档综艺节目。那已经是晚上 11 点之后了，所有人都已经累得心不在焉。黄渤怕冷场，主动找话题，和周冬雨开玩笑："未成年就不该穿这么高的高跟鞋。"周冬雨伶牙俐齿地呛了回去："可是我穿高跟鞋比你高啊！"——黄渤的身高和外貌，一向是大众笑点。在那个晚上，他的身高和外貌一次又一次地被提起，被开涮。末了，黄渤又招呼大家一起拍大合影，尽心维护着现场气氛，哪怕这并非他的职责。

大概是因为自带这种"永远不会甩脸色"的气场，所以也很少得到真正大明星的待遇。回到老家山东，走在路上，会猛得被人拍后脊梁，一回头，看见一张兴高采烈的脸，"哎哟，黄渤，你回来啦？来来来，快一起照个相"，黄渤做不出来扫他人兴致的事情，便只好顺从地陪合影，顺从地赔笑。

他甚至自我检讨，面对这种合影自己"实在没法调动自己内心的真实情感"，脸上像挂了勾似的，有那么一个模式叫作合影模式，"一来照相就挂上了"。

"你已经是个老藤条了"，黄渤这样对自己说，新木头抽芽时，才会特别容易被折断，但老藤条已然非常坚强。眼睛里揉得了沙子，才能看得更多更远。"不让人尴尬是一件挺好的事，不

是吗？"他反问过来，"好人缘都是吃亏吃出来的。"在剧组里，多拍几个小时可以让所有人都开心，那么为什么不呢？很多事情看起来不合理，但是"总得允许它发生"，比如在街上，见到有人吐痰，心里当然不屑，但是又能怎么办呢？"你会冲上去说同志你错了，你得擦起来吗？"

我问他："如果你无所畏惧，你会做什么？"他摇摇头："我不知道，这个我很难想象。"他说："我不是这样的人。"

就在采访前一天，黄渤在高铁上，看到了一篇关于郝蕾的采访。郝蕾说："除了演戏，所有的事情都不是我的工作。包括接受采访。我是一只鹰，你不要老让我去排队，大雁才排队呢。"黄渤看得很羡慕："果断，干脆，根本没有什么中间值，就是黑白。"但他知道自己不是，"真的做不到，没办法"。

《心花路放》票房过8亿，宁浩带着一拨主创开了一次庆功宴。当时许多媒体都在场，敬他酒的人排着队，但他并未静候大家来敬酒，而是端着酒杯满场跑。其实庆功宴无非就是抽奖送礼，主持人是刘仪伟，开场没多久，黄渤跑上台去又成了半个主持人，他很认真地拿着每一项奖品进行介绍，兢兢业业的："哎哎哎，大家看一下，这个作品是著名设计师张弛设计的，很棒很棒的……"一个在场的记者回忆那幕场景——像商场站台的推销员一般。

而台下，觥筹交错，并没有多少人在留心那个做推销员的他。虽然那个时候，他已经是"五十亿帝"。

到了山顶，剩下全是失望

黄渤也有放纵自己的时刻：他曾主持金马奖。这在别人眼里看来相当荣耀的事情，对他而言，出发点是"不想活了"。

"那个阶段，就是什么事不行就干什么事。"金马奖主持在大众看来也许很简单：背背台本，逗逗乐就成了。但实际上，这比拍电影难多了，"所有人的背景你要了解，以前的作品你要了解，提名的那些影片你要看，然后甚至这些人的花边你要知道，谁和谁的关系怎么样，谁比较能开玩笑谁不能开，这些你都得知道"，还得注意分寸，"要是前辈怎么胡说八道都行，你作为晚辈还不能太过分"。

他渴望着一败。那个时候黄渤正在"事业上升期"——金马影帝拿到了，高票房的片子也有了。但黄渤不知道哪里觉得不痛快，用撞墙的心态去尝试那些高风险的事情，渴望撞出点什么，哪怕是血也好。包括出演《西游降魔》也是类似的心理，"团队的人都帮我分析，就说你去干吗？你去演孙悟空又不是主角，没那么大空间表现，还是演一个周星驰演过的经典角色"，但黄渤还是接了。他对日复一日的东西感觉到厌烦，"管虎说得挺对的，谁说人就永远得做什么，怎么就不能做别的？没有那颗（敢于失败的）心你就永远不敢去尝试，没有尝试你就永远不会看到另外一片天空"。

但这几次掷出去豪赌，最后黄渤都赢了。金马奖主持得很成功，《西游降魔》里那个有戾气的"老猴"，成为关于孙悟空的另一个经典诠释版本。

那个时候，他没想到，真正的事业危机还没到来。2014 年的"五十亿帝"，当被记者问道"你觉得现在是你的黄金时代吗"时，眼都没眨地回答道："我觉得两年前才是我的黄金时代。"——就是他不痛快，自己找罪受的那几年。

"最好的时候可能是拍《斗牛》《杀生》那阵子吧。"黄渤怀念那个每创作一个角色前，至少用一个月去聊剧本的状态。"体验生活，然后去当地玩，看各种状态或者跟你所饰演的这一类的人群多接触，聊天，慢慢琢磨。"这个过程是让黄渤觉得"特别愉快"的。但现在这种快乐几乎荡然无存了，越来越多的人问他，黄渤你有没有 20 天的时间，来拍个戏，集中时间拍你，不行的话还可以再商量，再紧紧 10 天也行。"这样来钱快不是？"黄渤咂咂嘴，"后来一想真的有那么缺钱吗？好像也没有。"

《亲爱的》就是黄渤赶工状态下出来的片子，"我后来还跟陈可辛导演说，觉得自己太对不起这个角色了。"在面对采访的时候，他仍然显得很自责，"怎么着前面也应该最起码有半个月或一个月的准备时间，大家一直在聊这个事，一直在琢磨这个事，跟这些人多靠近一下，这样有可能会比现在更好一些。"

他像一个痴迷于运算本身的数学学童，"票房和你能有什么关系啊，听起来是不错，其实真正能让你晚上睡觉都还挺开心的，是今天把一个一直认为都攻破不了的一场戏给拿下了"——比如《斗牛》，提起《斗牛》，黄渤满满都是开心，哪怕那是他拍得最辛苦的一部戏，"景山那么高的山，从山下跑到山顶，一天跑 36 趟，摄影师都不行了，换人，换了几拨，我还在跑，鞋子磨破了四五十双"，他和导演管虎较上劲了，"最多的一个镜头 137 遍还是 138 遍，拍了好几天"。

但那种日子多开心啊，"有时候一场戏真不知道该怎么演，通过琢磨琢磨，琢磨完了推翻，推翻完了再找到希望，一点点建立，然后回来发现又行不通，大家围一块一筹莫展，然后突然想到一个很奇怪的方式，找到一点希望，然后再慢慢建立"——就是这样一点点较劲，涂涂改改，最终通了，顺了，演出来了，成就感倍儿高，"这个工作它所吸引你的魅力就在这个过程里"。

那个时候，黄渤没想过自己有朝一日会对演戏这件事感到厌倦，"以前看到好多成熟的演员在那儿聊，真不想拍了。我想怎么会？这么好玩的事你怎么可能对它失去兴趣了呢？"

只是这一天，还是如期而至。"年初的时候我已经知道后面接下来有多少工作，电影、电视剧，给人感觉就是无期徒刑，遥遥无期啊。"黄渤苦笑了一下，"原来都是想着，后面还有几个重要的事要干，想想就兴奋。"

"人在半山腰的时候是最开心的。"他向记者解释，"有了一定高度，也有往下俯视的快感，但是还有一定距离，还有希望继续攀登。山顶其实特别没有意思，没有提升空间了，都是原地踏步，然后自己掉下来，而且所有的目光都在你身上，其实这是一个特别没有意思的事。"

山顶和山峰，指的都不是票房成就如何，而是演戏的空间。"过去是眼高手低的年代，有高于你实际操作能力的审美，那你就要努力往那靠拢，当你的技术跟眼界实际已经差不了太多了时，这个东西就变得无趣了。"这个时候，需要提高的是意识，"也就是审美，需要停一段时间，看看书、电影——也不单是书和电影，看碟的过程其实是个学习的过程，也是个思考的过程。那个其实对演员来说是挺重要的一件事情。"

但这些，现在都没有了。"光忙活。"黄渤自嘲，"现在一说起来，别人问我，你看过那个电影吗？没看过。你看过法国那个什么吗？没看过。去年那个什么片子？没看过。"

"你到了山顶上，一看，剩下的全都是失望。"他笑笑，撇撇嘴。

观众看到我能有优越感

腾讯娱乐：您把成功都归功到别人身上了。

黄渤：当然也有我的原因，但我觉得跟其他东西有关系，你说你真的具备这个实力吗？我不觉得。电影真的说不准，你现在让我说，一部片子，咱这事准成了，我也不敢说。电影公司老板哪个不比你聪明，哪个市场分析的人不是门儿清的，都有失手的时候，所以说这里面有一定运气成分。

腾讯娱乐：有没有想过，为什么观众爱看您呢？

腾讯娱乐：每个人都在讨论"黄渤时代"，50亿票房啊，您压力大吗？

黄渤：说实话，数字报给我的时候也吓了一跳，我说这怎么可能？后来想想，其实就是市场扩大带来的结果。而且首先，50亿也没有装进我口袋里，所以想想，要是这50亿装进口袋里，其实我真的可以去干点别的了。另一个真的就是运气比较好，合作伙伴不错，项目不错，你手搭对肩膀了。挨个都扶住了，往前带你的劲儿比较大而已。

黄渤：可能我跟他们身边的朋友差不多，没有什么危险感和压力感，观众看到我，想到自己就全是优越感，这不挺好的吗？跟时代也有关系，我参演的大部分作品，其实都是扣在这个时代上，是不同侧面的一些表现。大家在我演的电影里总能找到一些似曾相识的故事。艺术，尤其是电影，必须和时代契合。可能跟我之前的经历有关系，我对底层生活有经历，所以我不会敷衍，有一个大概正确的态度。

腾讯娱乐：观众们都爱你，但您却说，现在不是您最好的时候，前两年才是，为什么呢？

黄渤：对，确实是这样。我也在总结原因，有外因有内因，外因就是太忙了，内因就是跟不上。状态最好的时候是拍《杀生》《斗牛》的那个时候，感觉每拍一个戏，你都在带着戏跑，有层出不穷的想法、假设、尝试。慢慢地，这样的东西在减少。而且有的时候工作太忙，应接不暇，本末倒置了。你（到底）在干什么事啊？那天有朋友发短信对我最近的成绩表示祝贺，我说嗨，别人看起来很美，实际上萝卜中间，是不是糠心的只有自己知道。

腾讯娱乐：管虎和宁浩都说过，以前您拍戏，可能演到第十五六条都还能琢磨出新的表演方法。现在这种情况还多吗？

黄渤：有一个原因也是时间长了，你的技术成熟了，原来找到最正确的方式可能要通过好几条，现在可能八九不离十，一眼基本上都能找到。但它也仅仅是"正确"而已，这个东西永远都没有最好的那一条，你其实永远有办法把它弄得再好一点。但现在时间、空间可能没那么多了，因为事儿太多了。

腾讯娱乐：那您现在会交行货吗？

黄渤：你身体里下意识，你不想叫它行货，但是实际它拖累着你，你没办法。现在能睡会儿觉，你都挺高兴的吧，你每天就是这样的，你怎么办？有的时候不得不（交）。

腾讯娱乐：这种状态您会慌吗？

黄渤：慌的原因肯定是方向不明确，我现在已经没有方向了。现在不是慌，它是盲，盲目的盲。头埋在工作里面太深了，需要站起来抬头看看，这是我之前一直习惯的工作状态——低着头走路。这状态有两年了吧，开始只是隐约感觉到不适，没有到剧痛，但时间长了，感觉越来越严重，趁能救的时候赶紧救自己一把。

我现在需要搞清楚一个东西，就是拍戏是为了什么？现在再去接一个角色，是为了招呼观众吗？还是证明实力、能力或者票房号召力？还是怕别人忘了你？想一想，反正这些都不是目前需要你去努力拍一个戏的原因，这就是问题。

人开始变得混沌，混沌其实就是缺少思考，缺少思考才没有方向。有的时候我都要上台了，在台下还在想，哎哟，这什么事啊？我过来干嘛的？我都不知道。

腾讯娱乐：如果这种状态已经有两年了，那您为什么一直没休息？您在怕什么？

黄渤：不知道。可能是人本身有需要工作的本能。一开始我不承认自己是个工作狂，后来发现还真是。我平心静气地跟同事们聊了天，我以为他们会否认这一点。结果所有人都说，你就是。

腾讯娱乐：制约您的并不是名气这样的东西，对吧。

黄渤：这个东西说实话，我觉得比较虚。它当然给我带来了好处，行各种方便、受到人尊重、各方面的条件越来越好。但我并不喜欢那种状态。我属于哪种人？高档小区挺好的，但说实话，我还是比较喜欢去马路边那种菜市场，住在旁边的居民楼里，我觉得特别踏实，而且感觉也特别有生机。

计划进行无限期休息

腾讯娱乐：出门有人认出来，应该挺烦的吧。

黄渤：我是无所谓，但是有的时候多了你当然会烦，怎么可能不烦呢？每天所有的事都在干这个，你怎么办啊，现在全民人手一个照相机，看到一定得合影，你怎么办？你理解别人的行为，但对自己来说，这是一个特别无聊的事。我现在脸上都有挂钩（的笑容），别人说黄渤你怎么照相都一样？我看看，好像也真是，实在没法调动自己内心的真实情感，特别灿烂地笑出来。时间长了，可能真就一挂钩，一说照相就挂脸上了。

其实现在想想，你能为名利所困，是个多好的事，你还有个追求。但我开始拍戏没两年，就想通了这事。其实我跟你说，人有一种傻一点的、一些不切实际的理想是一个很好的事情，让你乐此不疲，会让你不够劲儿地往那走。

腾讯娱乐：您有一些"不切实际"的理想吗？比如拍那种能流芳百世的电影。

黄渤：演员其实只是一个工具，你能做到的是使这个电影比原来更好而已，但你左右不了电影根本的好坏，决定不了什么流芳百世。而且我觉得现在的时代，不是一个能出这种作品的时代，各个领域都是，人的内心憧憬没有那么大，比较容易混沌。历史各个时期都有其特点，我们现在不是一个内心特别充足、特别强大的时代。

我看过一个说信仰的文章。国外的宗教，所有神都是受难的，信徒进去是忏悔。我们的宗教，进寺庙是去送礼，买点供果求保佑，这本身是个贿赂的过程。我觉得讲的挺好，宗教是一个精神世界的折射，如果这个过程是这样，那大体社会状态也就是这样的。佛学本身不是这样，但在我们的现实世界里，一切都被物化了。我给你买个高大上的贡品，这事儿你给我办了，是不是这个关系？而且大家好像也没多么反感这件事。普通老百姓一般都不是进寺庙跟谁置换心灵的，都是去求的。我觉得这很说明我们这个时代的精神状态。

腾讯娱乐：那如果说回你个人，您自己有什么比较私人的理想吗？

黄渤：想啊，没想清楚，我自己也不知道。

腾讯娱乐：你羡慕什么人吗？

黄渤：羡慕，但是好多羡慕也没用。比如我发小，天天在家里面，海边开了一个咖啡厅，一个台球厅。我每次一回去，人大把的时间陪着你随便玩。我有天一两点给他打电话，对方说，大哥都几点了不睡觉。我突然被捅了一刀一样。确实你回头想，没事就组织一个沙滩Party，海滩露营，去去崂山，带酒带吃的，多好啊。大家都在这个地方停着，岁数也差不多，我觉得人家活得比我值多了。这个状态我其实随时可以得到，但是我又不可能真的去选择，对不对？

腾讯娱乐：您的生活状态应该不太好。

黄渤：生活状态是一个什么状态，你能跟我解释一下吗，我哪还有生活状态？太悲惨了。六七月份的时候去国外待了小一个月，这是近几年我唯一一次休息。老早之前有次采访，我说了一句话，现在想起来等于自己抽自己一个大嘴巴子。我当时说：我们努力地工作，是为了更好地生活。现在完全反过来了，我努力地活着，是为了更好地工作。其实生活应该是生命的主体，现在基本上全都是在工作，这个东西有时候会让你觉得更沮丧。

腾讯娱乐：拍完《寻龙诀》，您的计划是要休息，休息多久？

黄渤：这次要大休，不知道休多久，得休好了。不一定是什么事都不干了，走了，去马尔代夫买个房子就在那儿待着了。不是的，我就想做点别的，哪怕装修装修房子、做点音乐，或者说写剧本都可以，但不能一直就这么拍。

崔健：符号化带来的也可能是负资产

文 / 卜茗　编辑 / 露冷　摄影 / 小钢

"我就是因为导演是崔健才来看这片子的，想看看他导出来会是什么样？演员表里没有一个对我有吸引力，除了崔健。"从事 IT 业的 80 后蔡先生说。他提到的"片子"是正在上映的《蓝色骨头》。显然，导演比海报上有着"自由男神"一般动作的青涩男主角更有号召力。

10 月 10 日晚，这部影片在北京东三环一家影城的两个厅进行内部放映。放映前，地下 VIP 室里的老崔很忙。采访、拍摄、视频各路人马，轮番上阵。

他黑衣黑裤，戴着永恒的红五星棒球帽——除此之外，还有一只积家 Reverso 系列的腕表。"请您来点动作！"摄影师说。崔健于是"听话地"不时扶下帽檐或做低头沉吟状，神情严峻。5 分钟后，当被摄影师提出"再来一个"时，他终于说"不"，返身离开。

回到采访室，他的第一句话："看片了吗？没看，我就走了啊。"

话是浅笑着说的，语气是"别废话，直奔主题"的执拗。得到肯定的答复后，他和记者讨论起电影的细节。随着采访的深入，崔健的语气越来越激烈，话题迅速延伸到了对腐败、中国传统守旧的性观念和愚孝意识的驳斥，一个人"喷"了好几分钟。

他认为大多数批评他"倒退"或者"没有变化"的人，都没有认真听他的音乐。"我没有权利去批评那些我不听的音乐，那些不听我音乐的人也没有权利来评论我的音乐。"

"这话听起来硬，但这就是崔健。"他多年好友、合作者刘元说。

我的电影是交响诗，不喜欢的别来

《蓝色骨头》并不是崔健的电影处女作，却是他酝酿数年、历经 10 余年终于问世的第一部长片。

故事讲述"文革"时，身为文工团歌手的施堰萍被地方军队首长的儿子看上，她和男舞者孙洪都爱着同团的陈东，最后孙陈二人却因排演的"毒草"歌舞《迷失的季节》而遭开除。施堰萍在绝望中嫁给了首长司机，却无意中发现丈夫是所谓的特工。这让她的信念崩塌，意图自杀，结果并没有死成，却患了失忆，从此远去异国。

多年后，施的儿子长成为会做音乐的城市青年、电脑黑客钟华，因为生计和给罹患癌症的父亲治疗，他不得不给音乐公司老板打工，包装一个看似"有胸无脑"的女歌手萌萌。在和萌萌陷入爱欲不明的感情中后，钟华通过一个邮包发现了父亲和母亲当年的往事，他试图通过自己制作的短片来还原他们的过去，并借由网络演出中的一曲《蓝色骨头》表达了对独立和真实的追求。

"你知道这部片子怎么来的吗？"和崔健相交多年、却不愿意透露姓名的朋友老申（化名）问记者。

"崔健当年（2001）和香港城市当代舞蹈团合作了现代音乐舞剧《给你一点颜色》，接着诞生了这盘 CD，完了他便老想讲这个故事。所以创作这电影的过程中有很多人，但最后能把它写下来的，只有崔健自己，别人帮不了他。"老申说。

据崔健回忆，一开始写剧本时，没有标点符号，全是一行字一行字，"哗"写出来一大堆。写完要拍，他找到职业编剧改，据说换了 20 个人，到最后出来他还得自己"划拉"一遍。

剧本和音乐可以说是"胸有成竹"，摄影、美术、服装等，崔健却明白全是自己的弱项。好友杜可风在四年前就义无反顾地表示愿意掌镜，老导演谢飞更以监制身份来给他"壮胆"。

为什么叫"蓝色骨头"？崔健在和作家周国平对谈时曾经提到，他认为"人的脊椎很重要，是你的精神通天的途径"。但在采访时，崔健已经忘了自己说过这个。他对记者强调，重要的是"蓝色"，而非骨头。

至于"蓝色"又代表什么，是很多人解读的自由和智慧，抑或其他？崔健没有给出更多答案。

影片除了用音乐穿插，还有一个极强的崔健式表达：大量的旁白。对父亲和母亲性格的分析，对于社会现状如网络的描述，还有诸如"孤独是穿越时空的途径，浪漫是穿越时空的目的"之类的形而上。

在老申看来，崔健肯定是有话要说。

"说实话，过去这20多年，思想的大环境是很差的。老崔在今天的市场环境下，把触角伸到那个年代，和今天连到一起。说白了，吃力不讨好。有人说，后半段的现代戏弱。因为老一代在用庄严的形式把自己送走，这就完整了。年轻人还在走着呢，还在后面呢。这片子除了完成一个人寻找他从哪儿来，更多是往哪儿去。我们没有解决未来的事。作为导演，他也希望作为观众的你和我，想他想的事"。

片中最受人激赏的现代舞那场戏出自崔健的想象，文工团的氛围则来自他和父辈的生活。"我跟我爸爸同事聊天，那种感觉特别自由。平常宿舍里的气氛，和他们的言谈话语甚至比电影还要过。同性之间的那种感觉，我真的亲眼看到过，人们肯定是有这样的冲动的。"

这部电影出来，圈内大咖几乎一边倒地说"好"。姜文直接赞"老崔应该多拍电影！"，管虎很喜欢江边戏份那种"生命的张扬"。见面会上，顾长卫直言："没想到崔健这么年轻，这么接地气，又这么不服气。电影充满了神秘和未来的气息。"一旁站台的票房灵药宁浩谦恭地往前低着身子，声称这是他"最近看过最好看的电影"。

而在此前举行的电影发布会上，摄影师杜可风说："我们都是有心的人。这个电影不要看叙事、结构什么的，只要看他的意图就好。"

杜可风在帮崔健说话，但这句话也正透露出了崔健这部电影的短板。三个段落的混乱结构和不成功的蒙太奇，叙事的紊乱，表演的稚嫩，让不少人直呼"看不懂"。

而原本的故事，比这还要复杂得多。

"最初出现在我脑子里的，是一歌三唱。"文革"时期父母的故事在原始剧本里面是黑白的，其他还有红色、黄色和蓝色三个颜色。而现在这个电影，只是黑白和蓝色，所以这是为什么起名《蓝色骨头》的原因。还有一个父亲的故事，因为是后来加进去的，所以把另外两个颜色割掉了，等于现在另外两个故事都在那儿呢，还没拍。只是抽出了它的一半。"崔健解释。

老申承认，崔健在这个电影里试图做的东西太多，会造成一些观影障碍。"如果拿张纸，一二三四，他可以给你讲为什么，怎么着，就像他那么多的旁白。这么说吧，他使劲使得比较大。"但老申还是认为，"技巧不重要，重要的是情怀。"这和杜可风的意思如出一辙。

80后的蔡先生却认为强调细节的严谨和内容的好懂，不是吹毛求疵："作为一个非专业导演的作品，确实有他强烈的个人风格，也很有力量。看到它，会想起《太阳照常升起》。但段落之间的联系，崔健处理得有点杂乱。父子之间的故事穿插在一起，每个时代都有闪回，看完某一段，经常觉得需要'脑补'一下。还有现代戏也许不是他的年纪的经历，有好多Bug。应该再严谨一点。"

影评人木卫二赞扬了崔健的思维宽广度和在当下寻求历史真相的大胆程度，同时指出，崔健耗费大量台词来讲解对黑客、网络病毒以及记者收红包现象的看法，"无奈，他真是上一辈的人了。太过表面不说，对网络和黑客的理解，更像是过于简单抽象的概念，功能原理跟《全民目击》的 U 盘差不多，站不住脚。"

蔡先生告诉记者，他不会向朋友推荐《蓝色骨头》："这个片子，可能更适合搞电影的人来看。实验性强。我会给朋友推荐好玩儿的大片。"

在老崔眼里，要看"好玩儿"的人，显然不是他的受众。

"如果有人看不懂，是风格问题，听交响乐的人受不了流行乐。我的电影是交响诗。"他在此前的访问中说。

没有专辑，但还好有现场

"大家躁起来！不要坐下好吧！工体——摇滚——蓝色骨头！蓝色骨头！哈哈，谢谢你们。"

"大家过得怎么样？凑合！希望一会儿我问的时候，你们也能配合。"

四天后，《蓝色骨头》在北京工人体育馆举行首映礼。在拘谨的主创见面分享之后，崔健用现场演唱会拉开和观众的互动。他不时把两手伸开放在耳边，做出"让我听到你们的声音"的动作。

这是他最擅长的形式，也是他内心最亲近的。

从 2012 年开始，他一直忙于《蓝色骨头》全国巡演。加上各种国内外音乐节和商演，大概一年平均演出场次在二三十场。

其实崔健挺向往自己在电影中编排的那个"网络直播"——身处全世界不同地方的鼓手、贝斯手、主唱……通过网络，相互配合一起做一场表演。电影中的这个情节是来自于崔健的想象，后来，他问过专家，才得知"这个技术到现在也完成不了，那是有时差的。而这种时差不是音乐家能接受的，这一下就得马上响"，不过，他很乐观，"将来肯定会完成，这是一个技术上的问题，这是信息产业的一个无限大和无限快的一个过程。"

但他又信誓旦旦地保证："这在美国已经有实现的。"

他对新的技术和新的表达方式兴趣盎然。但另外一个事实是，从 2005 年《给你一点颜色》之后，几近 10 年崔健没再出新专辑。朋友老申说："他一直研究歌词，对社会问题有各种关注。但这个年代，大家的注意力只有 3 分钟。他再整点什么新的比较难。做专辑是特累的一件事，他又是作词作曲，录音配器全都一个人干，又不想重复自己……我都为他着急。"

而他在音乐上的影响力下降，并不仅仅是从 2005 年才开始——采访中，好几位他的歌迷对他第三张专辑之后的音乐形式表示不太接受。这也是至今未能扭转的大众印象。而在音乐界，既有赞赏的，也有人表示："一方面他继续赢得各方的尊敬和爱戴，一方面又缺乏来自音乐本身的回应。"

对于受众的离开和换代，他的经纪人 Kenny Bloom 曾经说："大概微博取代了崔健的作用。"

刘元对此则要"洒脱"得多："其实不断地'出新'也是一种消耗，你说什么是新呢？他在我心里是个非常愿意创新的人。"

《外滩画报》报道，2010 年，20 岁的说唱音乐人大卫去拜访崔健，还没开口介绍自己，崔健先说："我知道你，我在网上看过你的视频，你的说唱非常棒。"

大卫说："没认识崔健之前，我就知道，他有一天会来听我的音乐，因为我们要表达的事物是一样的，对爱情，对这个社会的态度、困惑和愤怒，都是一样的。"

但很少人了解，贵为"教父"的崔健，经常会自己花钱去看一些"小孩"的演出。"这对他来说已经是生活的常态。"张晓舟说，比如汪峰或是郑钧等很多人在成名之后已经不屑于去看别人演出了，崔健是他所知的唯一这样做的。"他比很多人都有平常心，他对这个世界保持了足够好奇。"

让他纠结的汪峰，还有商业

这几年，崔健与汪峰这两个名字经常一同出现。一个被封为"摇滚教父"，另外一个，被封为"摇滚新教父"。两人身上都贴着"摇滚"的标签，但又如此不同。

2014 年 10 月 10 日的专访开始之前，崔健的助理提醒记者："不要问崔健关于绯闻和八卦的话题。"记者略有不解："崔健最近有什么绯闻吗"，助理为难地解释："就是……咳，主要别提汪峰就成了。"

之前，《全球商业经典》一篇关于汪峰的报道里提到了崔健："在'欢乐中国行'现场，崔健的乐队当着毫无耐性、吵闹迭起的观众调音足有 40 分钟，主持人在中间不断圆场，从此很少有电视台再敢邀请崔健。"而作为对照的是，汪峰"被很多企业、银行、甚至国际大型活动邀请时，他便与经纪人拎着装有一张伴奏光盘的塑料袋，到处去唱卡拉 OK"。

崔健也曾有一些发言，被认为或许是指向汪峰。比如他说过"用摇滚乐表现爱国主义，这是一件非常丑恶的事情","爱国根本不需要通过摇滚乐表达。我觉得摇滚乐的价值就在敢于问问题的出发点上。否则,你在肯定周围,你在唱颂歌,你就是一直在利用摇滚乐"。而汪峰恰好就有这么一首《我爱你中国》,收录在 2005 年出版的专辑《怒放的生命》里,某种程度上可以说正是这首歌,帮助汪峰打开了商演的局面。2013 年,汪峰唱着这首歌登上了央视春晚的舞台。

就在不久前结束的《中国好声音》节目里,汪峰主动提到了崔健,他说自己 20 岁的时候想成为崔健,30 岁的时候想成为鲍勃·迪伦,40 岁的时候只想成为自己。以一种"过来人"的口气。

崔健和汪峰,被认为是"一种人"和"另外一种人"。但在一些人眼里,崔健也在逐渐变成"另外一种人"。

39 岁的杜先生是一位地产公司的市场推广,他是中国早期摇滚的歌迷,网名叫做飞翔鸟,来自唐朝乐队的一首歌。他既自豪于自己策划的推广项目请到了崔健,"我就不爱请蔡依林、罗志祥还有什么韩国出来的、选秀出来的,这些人的粉丝都还是些小孩儿,根本没有消费能力",但另外一方面,他又对自己所在公司真的邀请来了崔健感觉失望:"崔健现在也是有钱就能请到了。"

对待商业应该采取的态度,也困扰着崔健本人。

2013 年 4 月,以"崔健"命名的"蓝色骨头"纪念手机正式推出,并在北京时代美术馆这样的艺术场所举行了发布会。据说这是中国第一款以与名人合作作为品牌的定制设计手机。

创意来自大连一家专门做高端定制产品的制造商。这款方方正正的智能手机使用安卓操作系统,黑色为主色调,带一些红色元素——如同崔健的服装风格。手机内含 65 首崔健重新编曲制作的歌曲、700 分钟视频集锦、100 多张崔健成长时期的照片,还有专属的 APP。

记者在太平洋电脑网站上查到,这款手机定价接近 4000 元。参与评价的 34 人中,16 人评"很差"。有人评论其优点是"个性",缺点则是"配置低了,配不上喜欢崔健的人群对性能的需求"。

六七年前,当制造商找到崔健提出推出定制手机这个想法时,他的第一反应是回绝。但对方负责人是一个狂热的摇滚爱好者,经一再请求,最终此事落定。

作为一个坚持艺术至上的"旗手"人物,崔健对于商业的态度经历了几重转变。

《南方周末》报道,在经纪人还是陈戈时,崔健就拒绝过一款汽车代言,陈戈为此和他争吵了很久。"他觉得这种商业合作的模式太低级。"崔健还抱怨安排的商业演出过多,否则可以腾出时间来拍电影,以及发明效果更好的现场录音设备。

这种状态延续到尤尤做经纪人。一款洋酒也想过找崔健代言，出价 500 万。尤尤当时觉得机会不错，整整两个月的谈判已经都落实到了细节问题，但最后一刻，崔健拒绝签字。"他不能接受自己的头像出现在商品上。"

直到 2008 年，经纪人将滚石吉他手 Keith Richards 和 LV 合作的广告拿给崔健瞧，他觉得也不难看。彼时的崔健方才开始相信，即便与商业结合，艺术家也能保持自己的独立性。

"后来做了，就是为了改变。但我把握平衡把握得很严格。如果我做了这个事情，就希望在创作上更完美一些，或者努力在其他方面做得更多一些，让我自己内心好接受这个事情。"崔健表示。

多年和电视绝缘的崔健也开始参加地方台的春晚，力荐姜昕去参加山东台的《歌声传奇》。

"现在电视台都找我们，去唱《新长征路上的摇滚》《花房姑娘》。摇滚乐到底是被中国接受了。可是滞后了 20 年。"崔健对《南方周末》记者说，"我们现在写的歌上电视也不可能。这就是面子在作怪。他们明明知道自己早晚会接受，但他们宁可放慢历史发展的步伐。"

2014 年央视春晚，他的"想上"与最终"落榜"都成为新闻，甚至有解读说国家电视台或许是有意地要先抛橄榄枝再将他抛弃。

这些，崔健都不予回应。

符号化的意义：雷锋？但丁？

身为职业平面设计师和摇滚乐手的 80 后詹盼记得，刚上中学的时候，他经常到海淀图书大厦去买打口磁带，那个时候 CD 这种载体刚刚盛行不久。

"有一次我在一个玻璃橱窗前偶然看到了崔健老师的专辑《红旗下的蛋》，当时整个人就莫名地怔住了，就觉得我以后也得做这样的事情——倒不是做那样的音乐，而是做唱片的封面设计。"后来，詹盼就真的去学习平面设计，考了设计艺术专业大学，并从事这个行业一直坚持到了现在。

乐队"逃跑计划"说到崔健："最大的影响就是对摇滚乐的理解，让我们觉得摇滚乐是有态度、有力量和想法的音乐。"他们认为，无论是音乐还是立场，崔健都对得起"教父"这一称号。

不过，他们都承认，现在基本不听崔健的音乐。

在 2014 年 10 月 10 日的电影观众见面会上，崔健的发言每每话音未落，台下便响起有如春晚"领掌"般的叫好声——"好！好！"比如，崔健表示《蓝色骨头》不适合那些想看悬疑、恐怖片的观众，"看不懂的别来了"，场下便响起如雷掌声。他又说："我希望我的电影票，每张都有三张副券，观众第一遍看完如果不懂，还可以看第二遍、第三遍，后两遍都免费。"掌声继续如雷。

这个时候，有一个女记者站起来问："崔健，你能预计一下你这部电影能达到的票房成绩吗？"

"别问了！"他台下的拥趸们喊着。

在这些时候，崔健的意义就简化成了"一个反商业化的斗士"。

乐评人杨波曾言辞刻薄地讽刺过消费滚石的人群："流行文化里最虚伪的那部分，即通过表演者和观赏者双方的合力和共谋来制造出某个假象来，这假象可能是某位女星的性癖好，也可能是滚石不死的摇滚精神。总之，买卖双方都能借此各得其需，所谓双赢。"

如今，杨波觉得崔健就像"雷锋"。"本来之前他在音乐上还算有点意义，而那些过于看重其意义乃至无限拔高、不惜杜撰其意义的人，将他所剩无几的意义也剔除了。"杨波遗憾的是，"不能像窦唯或王朔那样全身而退，还是不行"。

但崔健自己看得很开："符号化的东西是我财富的一部分，我的调整能力和我自己最初的愿望完全能改变这些东西。就像有人说脚正不怕鞋歪一样。就像有人批评我说，老崔非常狡猾地入世，跟各种各样的人都打成一片，这就是我的自我调整。而且我希望，我们的改革开放，我们当代的艺术家也是受益者。同时，我们也有能力调整它（腐败和不公平）。"

他还从另外一个方向为自己进行辩护，"我这个符号化的财富很有可能也是负的，比如搞摇滚的人怎么可能搞好电影？可能反而不信任我。"

这个"符号"的意义，有时候显得与现在这个时代很远。2012 年北京国际音乐节，主办方请来罗大佑、谭盾、余隆三人和他进行"跨界"对话。有记者描述："崔健低头看手机。在他一米远处，几人相谈甚欢，不时爆发出笑声。崔健没有抬头，他四周似乎有一个无形的屏蔽圈，无论多高的声浪传过来，都被一一挡在外面。另外三人滔滔不绝，聊得热烈，唯独他话很少。大多数时候，他都在安静地听，只有问到他了，他才说几句。"

就和木卫二对《蓝色骨头》这部电影的批评类似，崔健与现在大众的语境脱节了。他不知道"屌丝"是什么意思，也因为不懂"大叔控"和 Hello Kitty 在舞台上遭到大家哄笑。他偶尔上微博潜水，但谁也没关注，只记得自己在微博上看到过俞心樵的诗，很喜欢——"有时候照镜子，我真想和镜子里的人拼命！"这是俞心樵的一条微博，崔健觉得这种语言特别有意思。

媒体仍然在讨论他的意义——他过去的意义。2010年时，央视做崔健的人物专题，要采访梁和平。梁和平构思了几天，抓起电话打给了崔健："你知道你像谁吗？我告诉你，你就像但丁，文艺复兴的但丁！"

意大利的但丁，死于56岁。而今，53岁的崔健早上5点睡觉，下午2点起床，胡子刮得干干净净，每周坚持游泳，有和谐的私生活，从不沾染毒品，有一种"为摇滚健康工作五十年"的志向。

"他比谁都年轻。"老申说。

刘烨：主旋律的外表，卖萌的心

文 / 易珥　编辑 / 露冷　摄影 / 薛建宇

　　刘烨穿着一双大红色的短袜，一坐下来，袜子就从他的黑色西装裤与黑色皮鞋中间露了出来，引人侧目——今年是他的本命年，他买了20多双这样的红袜子，走到哪穿到哪。

　　他的同事已经勉强和这双袜子达成了和解："没事……一双红袜子嘛，我们习惯了。什么？不管他？那也得我们管得着啊……前几天那个发布会，他不就穿了这红袜子去了吗？"

　　不过好在他是刘烨，19岁以主演《那山那人那狗》出道，23岁就以《蓝宇》获得了金马奖影帝。这些年来，他一直在华语一线小生的行列中。眼下，又在《北平无战事》里演一个共产党特工，与陈宝国、焦晃、倪大红、祖峰这样的老戏骨一起共担大梁。所以，他才会被准许在这个势利的圈子里，活得少一点规则，多一点自我。

　　这是关于刘烨的两面：黑色皮鞋里面藏着的红色袜子，而主旋律的银幕形象后面，则藏着一个叫作"火华哥"的逗比青年。

太浪漫，我就会受不了

　　在《北平无战事》的片场，刘烨和沈佳妮走戏的时候，一把拉开了她要坐下的凳子。那个戏讲的是主角方孟敖的妹妹死了，天下着特别大的雨，演员流着泪讲台词，沈佳妮饰演的何孝钰本来站着，按照剧情要坐下。"佳妮站在我旁边该坐下来的时候，我就很自然地把椅子一撇，她就扑通坐地上了。"刘烨说，这是"下意识"的反应。

这部电视剧讲的是1948年到1949年国共两党的经济斗争，同剧的演员都是戏骨，陈宝国、焦晃、倪大红、王庆祥等七位影帝，平均年龄五十开外。刘烨之前和沈佳妮合作过，本以为开个玩笑很正常，但在这个严肃紧张的剧组里，沈佳妮只好瞪了他一眼。刘烨不死心，另一次走戏的时候，本来要绕过一个沙发坐下来，他直接跨了过去。不过，这次配戏的不是沈佳妮，而是一位德高望重的戏骨老师。"你不认真啊。"老师批评了他。

"被收拾了。"刘烨憨憨地笑。他说自己忍受不了"顺撇"，任何持续的状态都应该被打破。苦大仇深的戏，一定要跳出来搞笑一下，演喜剧逗比，就得保持紧张的态度。不过，他懂得适度，一切都在允许的范围内。小时候上学他也愿意接话，逗同学笑笑，又绝对不会严重到老师一个粉笔头扔过来教训的程度。

从《建党伟业》中饰演毛泽东以来，刘烨演了不少主旋律作品。当初因为《那山那人那狗》《蓝宇》等文艺片被媒体封为"忧郁小生"的刘烨，从演主席到演地下党，竟然毫不违和。他身高1米86，剑眉星目，自称"我这种形象都是演正面人物的"。导演黄建新曾透露，拍《建党伟业》的时候，刘烨每次化妆只需要20来分钟，加重一下眼睛部分、戴个头套就能搞定。而"主席专业户"唐国强演毛主席一般化妆都超过一个小时。

《建党伟业》之后，很多主旋律题材影视制作方找上门，刘烨都推了，他觉得自己不能成特型演员。更何况市场逐渐发生变化，以往高大上的形象不再流行了，现在讲究接地气。他的经纪人常继红希望他拍一部战争幽默剧，形象正又搞笑，能展现出他的喜剧气质。常继红入这个圈子几十年，做过场记、导演、制片，后来又带出过蒋雯丽、孙俪等明星，这位资深经纪人一手策划了《火线三兄弟》的项目，为了赶刘烨、黄渤、张涵予三位金马影帝的时间，剧本边写边拍，拍电视剧的同时还套拍了一部风格类似的电影《厨子戏子痞子》。刚结束《火线三兄弟》的拍摄，刘烨就进入《北平无战事》剧组，从战争幽默剧转入战争正剧。这个看上去更适合和漂亮姑娘谈恋爱的演员，从不吝啬自己在战火纷飞年月表达对组织的信任。电视剧市场上家庭剧与主旋律互为伯仲，无论从形象还是志趣考虑，主旋律都是更适合的选择。刘烨特别有民族感情，自己出演的《南京！南京！》只看过20分钟，那段高喊着"中国不会亡"的20分钟，刘烨看后立马冲了出去，在阳台上哭了20分钟。"他实在太爱国了。"常继红说。刘烨甚至很少去日本，曾推掉日本电影的片约。

而戏外，他时刻表现出"你们都被角色骗了，我其实是个逗比"的行径，在微博上成立"火华社"，煞有介事地出台了"火华社"的"社员指南"。常继红很认可这种"落地"的行为，觉得刘烨的形象终于和刘烨本人一致了。不再是影视剧所塑造出来的高贵冷艳，那不是刘烨，更重要的是，那不再是目前的审美趋势。

刘烨似乎对解构一切完整的、刻板印象的东西有着偏执的爱好。性格中诙谐、时刻想要从主流逃逸的冲动、冷幽默等等元素，填充着他个人的银幕形象与自身认知之间的鸿沟。甚至生活中也是如此，无论处于什么样的特定情景，他都要打破那个特定情景的俗套。有一次和妻子安娜依斯在法国乡间小路散步，两人拥抱时风声哗哗的，"那个安静、那个美，浪漫极了，我就受不了，我就受不了你像韩剧"，于是，就在那个瞬间，他对妻子说："这会儿如果谁不小心放个屁……"

说了就说了，不能小家子气

《封面人物》采访伊始，刘烨看了眼摄像机，"有摄影机就不自在"。他多次对媒体表示，自己不太适合接受视频采访，文字采访挺好，还能揉个眼睛、抠个脚。一有摄像机就拘着，不敢说错话，偶尔带个脏字都是证据。

对向刘烨的镜头有两种，虚构与非虚构。在戏里，他是各种角色，虽然很害怕和女生卿卿我我的戏，尤其是深情款款地看着对方说"你瘦了"，他也不改剧本。新戏里演一个抽雪茄、喝红酒拼命耍帅的公子哥，他本身不是这种精致的人，"大学的时候就糙"，却仍演出有"像鹰一样的眼神"的骑士感觉。这是一个职业演员的修养。

非虚构的镜头，比如采访、真人秀，他表现出一种放松与警惕交替的状态。早年接受采访，他穿短裤、T恤，还不化妆，这确实给其经纪人常继红出了一个很大的难题，公司同事也试图说服他，说大众毕竟想看明星，明星样你知道吗？但他从不会全然松弛，尤其是对着一个自己并不舒服的采访镜头，他有一种近乎本能的防御。他甚至会注意到采访问题的铺陈设计，然后在记者问出主要问题的时候，坏笑一下说："看，挖掘机来了。"

不久之前，刘烨接受真人秀《花样爷爷》的邀请，带领几个前辈游欧洲。在其中一集里，摄影机捕捉到他和曾江喝酒夜聊，大谈自己的三段恋爱经历，第二段恋情是他上大四的时候。"她特别红了之后，就跟我提分手，吵架。我说对不起，男人就是这样，男人你比我低，你跟我提分手，对不起我错了。如果你高了，你高了你跟我提分手，你走，就是这样。"媒体很快推测出，他说的是前女友谢娜。

那天拍摄的摄影机很小，被架在屋顶一角。"当时也没想到上面还有个东西还录着呢。"刘烨并没有抗拒回答这个问题。事实上，他很敏锐地意识到了采访时记者对是否要问这个问题的犹豫，主动说："想问八卦是吗？"

节目制作的时候，上海台问过他是否要删掉。"我这人的态度就是，我说的话，我就是说了。"他觉得，一个十几秒的片段，一些关乎自尊心的言论，没什么关系。后来事情的发展还是出乎他的意料，当事人开始回应，他参加发布会时，有人问他是不是炒作。

"我只能说一点，就是太多人，太多别人，比当事人还放不下，就只能说这一点。跟别人有什么关系啊？"他说。

作为一个在娱乐圈摸爬滚打十几年的老手，刘烨不会没有意识到媒体有夸大明星言论的饥渴症。他的第一反应却不是"我要小心地说话"，而是"我不能小家子气"。"你说了就说了，干吗那么小家子气？"他语速很快，"（我）做人就是这种吧，就是不愿意说那个叽叽歪歪一些事，就是那个瞻前顾后的，就是怎么样就是怎么样，对了就是对了，错了就是错了，就是错了有什么办法？而且不喜欢解释，我身边的人都知道，我说的是对还是错，千万别解释。"

演戏就是个谋生手段，和开锁一样

刘烨有次参加电视访谈，谈到与父亲的关系时说，自己和父亲都没有说过一千句话。他父亲是长春电影制片厂的灯光师，从小对他家教极严，威严绝对不容挑战。这样严肃的家教让刘烨的人生之路走得极为规矩，他的个人形象和银幕形象都很健康。几乎没有绯闻，情史清清楚楚，也不耍偶像派的高冷作风。早期作品《蓝宇》大概是他最"出位"的表现了，他在其中扮演一个同性恋，并凭借这个角色拿了当年的金马奖影帝，那年他23岁。

中戏毕业时，他却几乎要放弃表演事业，去南方城市当主持人。刘烨刚到中戏的时候并不喜欢表演，而且中戏复杂的环境，让这个之前只在家、学校两点一线生活的东北少年极不适应。"社会好凶险啊。"他总结了这么一句。

刘烨足够幸运，19岁时被霍建起导演相中，出演《那山那人那狗》中的一个乡村男孩，这个角色为他赢得了第19届中国电影金鸡奖最佳男配角提名。刚大二就成了学校里的名人。刘烨逐渐变得自信，"人一自信的话，就会做对很多事情"。

一部成功电影培养起来的自信，并没有充足到让他把电影当作事业。大四毕业，某南方城市邀请他去当主持人，月薪一万多。刘烨跃跃欲试，连学校的汇报艺考也不想参加了，哥们儿得挣

钱去。但他还是被同学劝回来考试，"就突然想我大学学了四年，因为四年很宝贵嘛，就是你说青春啊，包括你的所有的你见识的、学的东西，我这会儿要去当主持人还是留在北京赌一把？后来还是赌一把"。

他赌赢了，2001 年就从 100 多位竞争者中脱颖而出，出演《蓝宇》。

也同样是 2001 年，他把父母从长春接到北京。当时父亲还不到 60 岁，但刘烨坚决不让父亲继续做灯光师，他知道太苦。他开始完全接管养家的重任，与父亲的角色完成了反转。"我爸那种完全的威严也放轻松了一些。"

得金马奖之后，很多人对刘烨说，你得做姜文，只拍电影。二十出头的刘烨心里清楚，文艺电影只能带来小众的关注，他需要大众的认可。当时他和陈坤、周迅出演电影《巴尔扎克和小裁缝》，三人一起上街，很多人找陈坤、周迅签名，没有人认识他，他就在旁边等着。那两人因为《像雾像雨又像风》红遍全国，刘烨觉得，"电视的力量太大了"。他马上接演了赵宝刚导演的《拿什么拯救你，我的爱人》。

出道以来，刘烨一直以"拼命三郎"的精神工作。"出名其实挺容易的，拿个奖，参加个什么比赛，或者像现在这样，有个网络事件，很快就有关注度。但是我觉得这种关注是一种好奇，是一种新鲜感，你必须有大量的后续顶着你，托着你，如果玩清高，只拍文艺片，一两年我就没了。"2003 年，他拍了 5 部电影，4 部电视剧，一年就拍了 9 部戏。

他以缺乏职业安全感来解释自己当时的拼命，同时，他也需要尽快适应家庭顶梁柱的角色，为北京的房子还房贷。刘烨总是强调演戏是他谋生的手段，对演艺事业并没有"理想主义"的情怀，"就跟我学开锁似的，我是靠这个吃饭、养家，但一下开锁开出名了那就是另外一回事了"。

现在，当和记者讨论起理想主义情怀时，他讲了一个故事。"哥们俩人约定重阳节见面，一个人把这事儿忘了，重阳节一看见菊花突然想起来，哟，我跟哥们约好了，但是在一千里之外，怎么办？但我不能把这个信义丢了，就自刎。因为传说人一天走不了一千里，但鬼魂可以。他希望他的鬼魂去赴这个约。"刘烨说自己的理想主义情怀与生活态度有关，迷恋和信义有关的古风。同时，他浑身上下充斥着雄性荷尔蒙。

遇到了她，才开始睡踏实

刘烨本来没打算接拍《北平无战事》，当时是 8 月，正是欧洲的假期时间，他要陪妻子。编剧刘和平和导演孔笙找他见了个面，用角色的"骑士精神"打动了刘烨。

今年是刘烨的本命年，他休息了五六个月。以前是事业第一，现在家庭、孩子占据了更重要的位置。"谁都得老，谁都有不红的一天，不是说现在懒惰，不想干事业了，那倒没有，事业很重要，但是跟生活应该并行。"

这是一个男人走向成熟的故事套路，但对刘烨来说，家庭也有着治愈的效果。他2005年开始严重失眠，直到遇见现在的妻子才能睡好觉。他甚至记得落下病根的具体诱因，2005年在上海演话剧，晚上10点半演完特别兴奋，第二天早上5点就要起来拍电影《米尼》，一下子就失眠了。

他最初吃的药是氯美扎酮，名字听起来跟"查获的毒品"一样，同时还喝酒，但即使这样，依然没有办法缓解失眠。最严重的时候是在2006年，他跨国拍《满城尽带黄金甲》和《暗物质》，飞机上十几个小时都睁着眼。

刘烨将失眠归结为事业上竞争的压力，以及当时初入娱乐圈的不适应。现在影坛的一线小生如陈坤、黄晓明等，包括刘烨，都是从那时的小生竞争中胜出的选手。过程是惨烈的。常继红还记得，她见刘烨时，刘烨在拍《拿什么拯救你，我的爱人》，特别忙，满脸是包。他这个戏也想上，那个戏也想上，除了机场就是片场，一年没休息过三天。

2006年，他遇到了法国姑娘安娜依斯·马田，一见钟情，有了踏实的感觉。现在当妻子不在身边的时候，刘烨仍然需要吃褪黑素——一种促进睡眠的胺类激素，相比处方药氯美扎酮，已经是巨大的进步。2010年和2012年，刘烨迎来了自己的一双儿女，刘诺一和刘霓娜。

虽然家庭的构成是中西合璧，刘烨却让中式传统占了主导。比如，树立一种长辈的权威。过年的时候，他让两个混血宝宝给爷爷奶奶磕头拜年。熟悉中国文化的妻子能够理解他的行为，"她觉得中国的这些传统特别好"。对中国文化的重视，让他不仅不接受孩子去法国完成教育，甚至在中国完成教育也得是纯中国孩子的小学，而不是明星们通常选择的国际小学，"我特别想让他们小时候还是跟中国小孩儿一起"，这是婚前就定下来的人生路径，"我一开始就跟她讲了，我说我没办法去国外生活，如果咱俩结婚，也一定得在国内生活"。刘烨希望自己的孩子能和自己小时候一样接受国内的义务教育，"最重要是中文，中文太复杂了，如果缺少了小学、初中这块，你再想进入中文体系里根本就不可能"。

安娜依斯对这些没有异议，她很崇拜刘烨，两位的爱情见证人常继红形容她"看刘烨的眼神都是仰视的"。刘烨也有自己仰视的权威，小时候他常挨父亲揍，"拿那扫把往屁股上噼里啪啦一顿抽"，但是，"抽完就是真老实了，有些东西不敢碰，我觉得对我特别好"。不过虽然刘烨对自己的"挨揍"童年毫无怨言，现在他和妻子还是约法三章，对自己的孩子绝对不能动手。

与父亲交流的欠缺，多少影响到他同孩子的沟通，尤其是长子。他也非常想成为一个外国电影中经常出现的理想父亲，能跟孩子拍掌握拳，"Give me five，就那样的"。他美不滋儿地演着，"多洋气啊"。但事实上，他就是做不来，"中国人传统的东西太重了"。

他希望被媒体夸奖，"说我好的，我都爱看"，但是，"那个忧郁小生什么的除外啊"。对于早年自己在文艺片里给人留下的那种印象，他评价说："一开始还挺享受的，还觉得多酷啊，梁朝伟也是忧郁小生啊，你知道。时间一长就不行了，可能是年龄越来越大了吧。因为觉得男的还是应该有个男人样，你在家里边是顶梁柱，在外面却老被人说成那样，我觉得特难受。"

刘烨记得自己小学毕业时身高就达到了 1 米 7，超过了他爸。现在他也是威武雄壮的"爷们儿"，家里的支柱，一个儿子、丈夫、父亲。和朋友组车队开车，他一定是开头车的那个人，拿着对讲机指挥交通，队友们喊他"刘司令"。他还是吉林省青年联合会的副主席，"我是吉林省外的青年代表"，他每年都会回吉林参加青联的活动。"组织挺信任我。"他说。

第二部分

新鲜势力

邹市明：一个天才拳击手的英雄征程和宿命

文 / 狠狠红、秦筱　编辑 / 露冷　摄影 / 薛建宇

当腾讯娱乐在北京东三环盛力世家公司的办公室，与邹市明的经纪人李胜谈到他本人的时候，邹市明正在澳大利亚进行《爸爸去哪儿3》最后的录制——今年随着这档人气节目的开播，他从一名中国最成功的拳击选手，变成了广为人知的"轩轩的爸爸"。

我们与他的经纪人李胜谈到钱的问题。没有什么比出场费更能说明一个拳手的地位与价值，"如果国内其他拳击手的出场费在这里的话，"李胜指着自己身前办公桌的位置说，"那么邹市明的位置在这里。"他把手举到齐肩的位置，比刚才那个位置大概高 40cm。"国际稍微大牌一点的拳手出场费是百万级别，邹市明还差一点，不过他也快到了。"这个位置，在他的示意里，大约和头顶差不多。"至于那些最顶尖、最顶级的，"他笑了起来，"那就高高高……高到天花板喽。"

李胜并不愿意透露邹市明现在的出场费，不过这个数字并不难查询到：70 万美元。而那个"最顶级"的数字，则可以参考今年 5 月两位次中重量级拳王的世纪大战——梅威瑟对战帕奎奥，梅威瑟出场费 1.8 亿美元，帕奎奥也在 1 亿美元以上。1.8 亿美元是什么概念？把 C 罗、梅西、老虎伍兹这三位的 2014 年全年收入加在一起，就差不多了。

拳击是一个巨大的赚钱机器，这个赚钱机器一旦转动起来，它之后的效率与疯狂，简直让我们瞠目结舌。而我们的顶级拳击手邹市明，距离天花板的距离是——1.8 亿美元减去 70 万美元，仍然约等于 1.8 亿美元。

在 1.8 亿美元这座大山之前，似乎 70 万美元的成就根本不值得一提。就像在喜马拉雅山的 8848 米之前，泰山的 1532 米，大约可以称之为平地。然而拔地而起制造一座泰山也是一件殊为不易的事情，这里面有个人天赋，也有时代因素。所谓时也运也。

本文将讲述这样一个故事：一个最具天赋的中国拳手，他是如何被国家选择，成为这个项目上无可争辩的第一人。然而他又是如何为了国家这个使命，放弃了更多可能性——他原本极有希望成为千万美元先生，但在此刻看来，这个目标已经遥遥而不可及，甚至连百万美元，都仍需继续努力。

关于邹市明的英雄与悲剧所在。命也。

一场万众瞩目的比赛

让我们从一场失败开始讲述这个故事。

这是邹市明迄今为止的最后一场比赛，时间是今年 3 月 7 日，地点是澳门威尼斯人赌场里的金光综艺馆，对手是泰国拳击手阿泰·伦龙。如果这场比赛获胜，邹市明将获得个人职业生涯中的首条金腰带——金腰带是拳击这个行业的至高荣誉，唯有金腰带获得者，才有资格获封拳王。

这是一场被迫不及待策划出来的比赛，整个行业都在等待邹市明取得成功，获得拳王称号，然后他将唤起中国人在拳击这项运动上的民族热情，拳击将在中国迎来暴风骤雨式地快速发展阶段，金钱就此滚滚而来，再然后，理所应当地，所有人都可以在这狂欢的盛宴中分得一杯羹。

WBA（世界拳击协会，国际四大拳击组织之一）为了让邹市明早日参加这场比赛，以一种前所未有的方式，提高了邹市明的世界排名。拳击的排名并不像足球、网球这样的项目，有着明确的排名计算规则，除了比赛成绩之外，其他因素的考虑也被计算其中。而邹市明的排名提高，在专业人士眼里，显然属于暗箱操作，国内《拳击与格斗》的执行主编贾春天就毫不讳言，"他在职业拳击中显示的实际成绩并不突出，还给得这么高，是对现有职业拳击规则的一种破坏，是完全的例外"。

邹市明的美国 TOPRANK 推广公司为了这场比赛也是煞费苦心。这是邹市明参加的第七场职业比赛，仅仅通过六场比赛就能获得世界拳王挑战权，同样可以说是闻所未闻。但因为邹市明的中国奥运冠军身份，和对未来中国市场的预期，他前进途中的所有红灯，都被手眼通天的推广公司清扫一空。

对手同样也是精挑细选。在四大拳击组织的拳王里，WBA、WBO 双料拳王埃斯特拉达，

WBC 拳王冈萨雷斯难度更高。IBF 拳王阿泰·伦龙是最容易对付的，他与邹市明一样，也是从业余比赛转到职业比赛，拥有着显而易见的弱点。在过去两人的三次交锋里，邹市明输了第一次，赢了后两次。为了说服阿泰·伦龙参加这场人人希望他输的比赛，组织者付出了高额的出场费。

万事俱备，只欠东风。最著名的拳台主持人 Michael Buffer 被请到了现场，再次证明了这场比赛组织者的不惜血本。Michael Buffer 本人就是拳击比赛重要程度的最佳代表，过去几十年里，拳坛所有的重要、经典时刻，他都在场。随着他那句带着颤音的已经被注册成商标的 "Let's get ready to rumble（让我们轰然向前）"，这场万众瞩目的比赛开始。

第一回合在双方小心翼翼的互相试探中结束。第二回合邹市明主动出击，用一套组合拳蹭倒了泰国人。然而优势并没有持续多久，第三回合面对邹市明的进攻，伦龙使出泰拳中的招式，用手肘夹着脖子将他凌空摔倒在地。尽管裁判随即提出了警告，观众席上也一片嘘声，但邹市明明显被摔蒙了，这一回合结束后，他径直走向了对方的休息区，经伦龙提醒才面无表情地闷头走回去。

情况急转直下。一直到 12 回合打完，邹市明再也没能夺回主动权。对方经验老道，精于躲闪，让他的拳头无处可落，甚至能抓住稍纵即逝的机会给他以反击。观众席上，"邹市明，揍他！邹市明，加油！"的喊声先是越来越大、越来越急，然后渐渐沉寂——眼看胜利无望，不少拳迷选择了提前退场。

最终，三位裁判一致宣布邹市明以 111：117 的点数不敌对手，冲击金腰带失败。

观众难免对这个结果有所意见。不过在专业人士眼里，邹市明这场输得并不冤枉。无论是数据还是场面，泰国人都牢牢占据着优势。

关于这场失利的后果显而易见。他的赞助商之一安踏早已经为他提前准备好了"我的时代"纪念 T 恤，因为他的意外失利，这些 T 恤全部积压无法销售，或是捐赠或是销毁，提前买好的报纸宣传版面也都白费了心机。

邹市明并没有迎来他的时代。

梦圆与梦碎

这大约是一个令人难过的开头，英雄在距离他人生最璀璨的皇冠前止步倒下，而他通往这个皇冠的道路，本就是在商业之手操纵下的速成之路，这一切让这个故事听上去并不那么光彩。

然而邹市明的人生故事，原本可以不是这个讲述方法。

在关于这篇稿子的周边采访里，记者向接触到拳击这个行当所有从业人士们提出过同一个问题，"你为什么喜欢拳击？"答案五花八门，经纪人李胜认为拳击就像哲学，而另外一个现担任WBO裁判的前职业拳手陶振东，则认为拳击最迷人的地方在于一个拳手必须不断的自我突破。

不过，如果拿这个问题去问二十年前刚刚接触拳击的邹市明，他一准儿什么也说不出来。那个时候，拳击在国内被认为是一项过于残忍的运动，因此被禁了28年。直到邓小平在北京第三次接见世界拳王阿里，一句"多来中国带带徒弟"才让禁令解除。在总书记的规划中，这次解禁兼具体育和政治意义：在奥运会比赛中，拳击有十几个级别的比赛，这意味着，这项运动有十几块金牌和几十块奖牌的可能性。

邹市明坐在腾讯娱乐记者的面前，仍然感激自己当年与拳击的相遇。"1986年我五岁的时候，非常瘦小，差不多可以说是弱不禁风。性格也比较老实，做什么都是唯唯诺诺的样子。我妈经常说我，你是个没出息的孩子，长大以后怎样怎样。接触到拳击以后，这给了我很多自信和快感。"他又补充道："我现在回忆，我都热血沸腾，如果没有这份执着和爱，我不会20年每天都坚持做一件事到今天。"

别无所有，除了天赋。打拳的邹市明是另外一个人，体校和家之间是当地最热闹的马路，每天放学，他要么像燕子穿越丛林一样穿过人群，练习灵活的步伐和闪躲，要么坐在公交车里，把车窗上流动的影子视为假想敌，练习出拳的灵敏度。他不再唯唯诺诺，而是敢于挑衅对手，他果断坚毅，出拳迅猛，那个在小学教室里被女同学欺负的瘦小男生一去不返。

但光有天赋毫无意义——还得拥有被国家需要的价值，才可能得到发光的机会。1997年，他入选贵州省拳击队，1999年，他又被选入国家队——作为陪练。邹市明并没有接受自己陪练的身份，训练中他处处琢磨对手的特点，2000年全国拳击锦标赛预赛，邹市明一举击败由他陪练的种子选手，成为了国内48公斤级的"黑马"，也摆脱了陪练的命运。天赋成了使命，他逐渐成为了中国拳击冲击第一块奥运奖牌的希望所在。

身高1米64，体重48公斤。这个体重对于女性来说，都能算是维持得不错的身材。邹市明维持了这个体重很多很多年——拳击比赛的级别以体重区分，48公斤是奥运比赛的最轻级别，也是中国最容易取得突破的级别，于是邹市明被牢牢按死在这个体重上，和维多利亚秘密的模特一样，长期与自己成年男性的胃口以及体重秤做寸土不让的搏斗。

但别无选择。2004年雅典奥运会上，邹市明得到了一枚铜牌。与此同时，他的天赋也被职业拳坛所看到，曾一手打造阿里、福尔曼、泰森、霍利菲尔德等世界顶级拳王的美国拳击最知名推广人唐·金把一张100万美元的支票递到他面前，他看上了邹市明敏捷的出拳，"只要你签个字，我带你进职业拳坛，这100万就是你的了"。

哪个拳手能不向往职业拳坛呢？就像哪个演员能抵挡得住库布里克这样导演的召唤？哪个裁缝不想登上巴黎时装周？那是理想所在、激情所在，也是财富所在。但邹市明没签。他很清楚，必须用奥运金牌才能为自己从这个体制"赎身"，铜牌什么也不是。那年他23岁，他把所有赌注，都推到了下一个四年上。

从雅典回国后，邹市明和教练张传良双双将手机尾号换成了2008，包括他的车牌号。他披着金色的披风拍照，躺在金色的床单上入睡，还把金牌的照片下载到手机里，不时看一眼。

2008年8月24日，那个奥运金牌梦实现了，邹市明在领奖台上"哭得一塌糊涂"。

几天后，邹市明再次哭了。

在国家拳击队场前所未有的豪华庆功宴上，邹市明脖子上挂着中国的第一枚拳击奥运金牌，笑容满面地接受在场所有人的祝贺和敬酒，心里一遍遍默念着准备好的致辞："谢谢领导对我这么多年的关心和支持，我做到了，从今以后我可以放心地去完成我自己的梦想了。"

但这番话胎死腹中。领导赶在他前面开了口："市明呀，我们不能只在家门口拿一个冠军，要是下一届丢了就是昙花一现，我希望你再坚持一下——市明呀，我们是国家培养的，我们是中国的党员呀，我们还是党员。"酒杯送到面前，他来不及反应，条件反射地接过来一饮而尽，然后偷偷别过脸去，"心情就完全没有了"。

梦圆与梦碎，就隔了几天的时间而已。

失败的习惯

那个时候，唐·金仍然在等他。从他23岁到27岁，虽然唐·金不无遗憾的认为，邹市明已经错过了一个职业拳手的黄金年龄，但仍有一搏之力，未来仍然有机会摘取金腰带。

但……但，再一个四年？

作为贵州省迄今为止唯一的奥运冠军，他沉默咽下了这个"再打四年"的指令，"我反过来一想，算是拳击改变了我的命运，国家给我这么多年的支持，才能有今天这样的舞台，所以说我再坚持一届，一届，四年。"但这个指令仍然让他郁郁寡欢，在其后的两年里没有参加任何世界大赛，只打了一届全运会和一届亚运会。他用这种沉默隐忍的方式表达自己的不满和不甘。最终还是恩师张传良说服了他。"他说，如果你实在练得不开心，那就算了，我不想看到你现在这个样子。但我把你的技术打造得这么细致、这么刁钻，你突然不练了，我真的觉得很可惜。"

邹市明承认自己吃软不吃硬，"被需要"这一点打动了他。"我一咬牙，不就两年吗？第二天我就去跟领导说，我要做三件事：结婚，生孩子，拿金牌。"两年后，一岁零一个月的儿子轩轩在伦敦看到邹市明拿下了奥运金牌，"我觉得还蛮圆满的"。

那四年过得是如此"身在曹营心在汉"，他被全面监督着为下一块金牌奉献出全部，"我都31岁了，门口给装了个监视器，每天看我去哪儿了，10点钟回房没有。真的，这就是个牢啊"。在奥运会决赛的前一天，李胜去探班邹市明，他向记者回忆，"市明一看见我又开始说奥运完了要转职业，我说，你先把明天的金牌拿下来再说"。伦敦奥运会的最后一天，一岁零一个月的轩轩在现场见证了爸爸第二次成为奥运冠军。

从伦敦回来，邹市明立刻交了一份退役报告，想了想，又交了一份辞职报告——当时他还兼任贵州省体工大队副队长的职务，如果不出意外，十年后也许会成为某地方体育局的局长，大部分时候坐在办公室里喝咖啡，偶尔下基层视察项目。这些对于一个想要保持安逸又体面的生活的人来说相当重要，但对于一个从小搬着小板凳坐在黑白电视机前梦想着拳王金腰带的拳手来说，根本不在乎。"这是我的生活吗？这是我的工作吗？"邹市明不敢想象。他很清楚一个奥运冠军下面拉着多长的利益链，但他不想再这么活了。恰如在某一次庆功宴上，他抄起脖子上的金牌看了一眼，发现绶带上都起了毛球，往旁边一瞄，另一位奥运冠军的金牌带子已经从鲜红变成了绛红，他顿时觉得不能忍受："揣个金牌到处骗吃骗喝，这种生活太没有意思了。"

半年后，邹市明和妻子冉莹颖一人一个行李箱，奔向拉斯维加斯。2013年4月7日，他击败了墨西哥选手瓦雷祖拉，职业首战获胜。这一年他32岁，创下了奥运拳手转职业的最大年龄纪录——阿里18岁成为奥运金牌获得者，同年角逐职业拳击；霍利菲尔德22岁拼得奥运铜牌，同年签了职业拳击合同；德拉霍亚19岁荣膺奥运冠军，同年迫不及待地踏入职业赛场。

推广公司知道该怎么说话才能引起并不热爱拳击运动的中国市场的关注，所以教练罗奇会说，"邹市明职业初期好于帕奎奥，我认为邹市明会成为下一个帕奎奥"，很巧，帕奎奥也是罗奇的弟子之一。有必要介绍一下帕奎奥的传奇人生，他出生于菲律宾的一个贫困家庭，少年的时候开始在马尼拉凭借打黑拳来养家糊口，在这个伤亡无数的地下世界里，帕奎奥活了下来，并且被美国经纪人发现，带到了美国，然后就是火箭般的崛起。他从最次轻量级（49公斤级）打到次中量级（69公斤级），一共获得过8个级别的金腰带，创下了拳坛纪录——拳击的含金量和体重成正比，体重越大，就意味着出拳更加有力，比赛更好看，选手也就更有商业价值。

罗奇的这句"好于帕奎奥"在中国媒体上被频繁转载，人们似乎真的开始认真期待起另外一个亚洲拳王的冉冉升起。不过，读者并没有同时获知，帕奎奥第一次参加职业比赛的时候，才刚满16岁，20岁时就已经拿到了人生第一条拳王金腰带。

年龄不是桎梏邹市明未来发展的唯一因素，还有一个因素是——习惯。有人把邹市明在职业拳坛上取得成绩的意义，等同于姚明在NBA，李娜在四大网球公开赛，或者丁俊晖在台球一样——这样的对比看上去相当合理，然而实际上则远远低估了邹市明的难度——无论是NBA还是CBA，奥运会网球比赛还是四大公开赛，篮球和网球的比赛有着一致的规则，胜负也有着统一的标准。姚明不会到了NBA之后，自己过去的经验完全被推翻，曾经被认为是杀手锏的技术动作变成了错误的坏习惯。但从奥运拳击到职业拳击，区别就是这么大，几乎是从"画圆形"变成了"画方形"。

　　对于一个拳击爱好者来说，奥运拳击几乎全无观赏性——比赛规则充分保护拳手，身上防护齐全，击中便可以算做得分，不用考虑有效重击和对手受伤情况，只打三个回合，而职业拳击最多可达十二回合。采访中，前职业拳手陶振东轻蔑地对记者说："看奥运拳击还不如去看击剑比赛，不就是为了看谁的点快吗？"

　　在长达13年的奥运拳击手训练中，邹市明已经养成了自己的习惯。这套习惯为奥运而生，由他的恩师张传良结合中国武术而设计，但对于职业拳击来说，这套习惯几乎是处处破绽。比如防守中，邹市明习惯于放低手架，以获得更为灵活的转身和步伐，但同时这也让他的头部更多地暴露给对手。同样出于得分的目的，他习惯于击打高位，对对手腹部、肋部的击打以及勾拳的使用频率非常低，防守架位也很高，这样的打法既没有杀伤力也影响身体的旋转，同样，不融于职业拳坛。

　　也许邹市明的确是一个天赋高到可以射下太阳的运动员，但他已经对着自家后院的那棵柿子树练习了13年的瞄准拉弓射箭，然后再来试图射日，这真是太困难了。

　　而他的确怀抱着那么强烈的射日梦想。过去、现在、未来，都是。

制造速成拳王

　　从体校接触这项运动开始算起，邹市明从来没有如现在这样在拳击上感觉挫败过。

　　转战职业刚开始的感觉还不错——那种整个世界都在加紧制造一个中国拳王的氛围，让当事人自我感觉甚为良好。2013年2月，乘坐TOPRANK公司安排的私人飞机和加长林肯，邹市明在"超土豪"的阵势下抵达拉斯维加斯。"你想想，拉斯维加斯啊，整个城市都是灯火通明，晚上比白天还漂亮，我们飞得又低，哎呀。"邹市明眼角上扬，沉浸在回忆中，"觉得这就是梦想的地方。"在妻子冉莹颖的叙述中，这种幸福感还要更强烈一点，"从窗户往外看，那个星星就在你旁边，那么大一颗，好像伸手就可以抓住"。

未来的教练罗奇在酒店门口等他。罗奇是 WBC 终身成就奖获得者，培养过多达 27 位世界冠军，好莱坞巨星米基·洛克和篮球明星大鲨鱼奥尼尔，想学拳击的时候也是拜入他的门下。这位神奇教练，是邹市明的公司为他尽快登基所开的支票之一。

两年后，罗奇这样评价自己的这个中国弟子，"当我第一次接触邹市明的时候，我真的很兴奋，他给我留下了深刻的印象，他的进步非常快，在与布赖恩·维拉利亚这样出色的选手对抗中，居然也可以压制、甚至主宰比赛，我甚至认为他可以在任何时间获得冠军头衔"。但是，一旦到了真正的比赛，"所有业余拳击的东西、所有我想从他身上剥离舍弃的东西，全都回来了。不只是一半，而是这一切都回来"。

2013 年 10 月，邹市明随帕奎奥前往菲律宾进了一次训练营，而他与教练的关系也到了紧绷阶段。"虽然翻译没译出来，但我能从他的表情、语气和手势感受到他的愤怒"。罗奇甚至对邹市明说过"go home"，妻子冉莹颖回顾，"这可不是让他回房间休息，而是让市明回中国算了"。经纪人李胜也记得，当他去菲律宾看望邹市明的时候，两人长谈到深夜，邹市明情绪低落到差点哭出来。

"邹市明确实是一个巨大的挑战，我也训练过很多业余拳手，但是他们都没有像邹市明这样打过 3 届奥运会，所以他的很多习惯确实很难改变，不过从第一场职业比赛开始，他到现在已经进步了很多。"最柔软的时候，罗奇会这么说。最激烈的时候，罗奇会对邹市明说"fuck"，在邹市明的第六场职业赛里，因为邹市明无法贯彻教练要求他尽快 KO 对手的要求，老教练爆了粗口，这一幕被摄像机拍下。

连过去的吃饭习惯都不对——在国家队的时候，每餐饭只允许吃到半饱的邹市明可没有想过，这样的饮食习惯会成为他转成职业选手后的遗毒。如今他被要求补充营养，狂上强度，而他却咽不下蛋白粉，胃打不开，这导致了营养跟不上去，肌肉练不出来。至于像帕奎奥那样增重升级别？怎么可能。

邹市明不得不付出加倍的努力。为了改动作，他在房间挂了一个弹力球，"半夜睡着，一想到动作，马上爬起来做"。这样的训练强度加上推广公司为他精挑细选的对手，他以火箭速度冲刺到金腰带挑战赛——梅威瑟成为职业拳手的时候才 19 岁，推广公司为他安排了 18 场比赛，经过充分的锤炼后，才让他走到金腰带挑战赛的位置。

但谁都知道邹市明时间不多了。TOPRANK 的老板阿鲁姆一方面欣喜于邹市明在中国掀起的拳击热潮，"邹的比赛在中国有 3 亿观众，超过了超级碗在美国的观众三倍，围绕着一个民族英雄来推出一个项目，这种机会可不是每天都有的"，但另外一方面，他也深知时不我待，"我会请求邹再打几年，不过我猜肯定打不到 20 场比赛"。

所以一切不得不以速成的方式展开。

但速成或许可以造就一个拳击话题明星，却难以造就一个真正的金腰带拳王。

在邹市明输掉了本文开头所提到的那场金腰带挑战赛之后，国内媒体出现了尴尬的沉默，但在国外，人们不留情面得多。著名拳击专栏作家托马斯·豪泽尔在《太阳报》的专栏里，标题简单直接地写道"邹市明被高估了"。

罗奇说："我们没有对他的这种打法做好充分的准备，我的比赛计划被强奸了。因此，我们必须回到体育馆，使邹市明变成一个技术更全面的拳手。"

但邹市明何时才能成为一个技术更全面的拳手？他下一次挑战该级别世界冠军将是什么时间？对手是伦龙还是其他三大拳击组织的拳王？……要不，降级别试试？

邹市明甚至并没有回到体育馆——他来参加《爸爸去哪儿》了。几个月的时间内，五对父子辗转陕西、云南、新疆乃至澳大利亚的八个村庄，完成节目组设置的层层生存任务，并通过电视屏幕将自己的生活展现在观众面前。他做了很多之前从来没有做过的事情，只是没有再打比赛，8 个月过去了。

年轻的时候邹市明周末不用训练，在宿舍里睡觉的时候，经常会幻想，如何给自己拿了金腰带之后设计一系列的庆祝动作，要酷，要炫，要帅气，要个性。

现在他说自己已经不太想了，"越靠近的时候，就觉得越难，可能是需要实现的东西太多了"。

虽然邹市明并不承认，但参加《爸爸去哪儿 3》了，对于职业陷入困境的他来说是一种逃遁，然而这样的逃遁终有期限。节目中有一期，他与妻子冉莹颖都画了老妆，两个人执手相看泪眼，邹市明再次提到了拳击："也许我们多年以后，都老成这样，但我们也别忘了现在的追求，拳击也许是我的追求，我希望我的人生再去为它搏一次，我答应你，就一次。"

最壮丽与最残忍的运动

拳击的魅力到底何在呢？对于生活在中国这块拳击贫瘠土壤上的人们来说，这个问题可能并不容易理解。但在欧美，这项运动的名人粉丝可真不少，福克纳与海明威一生都互相看不顺眼，然而他们都热爱拳击。诺曼·梅勒觉得这项运动里有一种文字所不能描绘的壮阔，他曾写道，"我一生中看到过很多壮景，而当一名拳击手挨到重拳却岿然不倒，溅起的汗珠和血滴瀑布水雾般从天而降，我彻底被这项勇敢的运动征服了，我现场见证了最壮丽的场面"。

不过这血色诗意，可能恰好是中国人难以接受它的原因之一。李胜总结，中国体育界长久以来有一个"隔网"的概念，隔着网的、不与人直接冲突的项目如乒乓球、羽毛球、网球总能出奇制胜，"刘翔 100 米跑不过别人，放两个跨栏在中间，拼技术，就赢了"，主要靠"斗心眼儿"的业余拳击也是如此——"孔夫子的性格决定了我们血液里几千年沉淀下来的 DNA 就是避免冲突"。职业拳击则不是，要的就是硬碰硬，180 到 200 公斤的重拳打在人身上（健康男子一般情况下的出拳力量是 40 公斤，李小龙生前接受过测试，快速出拳的作用力是 181 公斤），瞬间肿胀、出血、倒地，乃至再也爬不起来，扔出一条代表投降的白毛巾，胜者则高举双臂，接受观众狂热的欢呼。

　　而一个拳击手，要在一生中，一次又一次地，用脑部去接受 180 公斤重拳的击打。每一次击打都可能会在 45 岁以后跳出来报复这具肉体：邹市明的偶像阿里得了帕金森，颤颤巍巍；他的教练罗奇得了帕金森，颤颤巍巍；他的亲戚，一名爱好拳击的体育老师，也得了帕金森，颤颤巍巍。

　　始终无法爱上拳击这项运动的冉莹颖，一直活在这种巨大的不安全感里。在生第二个儿子的时候，她留下了脐带血，说万一邹市明将来得了帕金森可以用。"哎，你说她想这个干嘛。"在曾经的采访中，他叹着气对记者说。

　　如果不是怀着巨大的热爱，这项运动很难坚持到底。然而在中国，哪怕是有着十二分的热爱，愿意为此冒着十二分的风险，坚持这项运动仍然是太困难了。

　　"中国的职业拳击是脱节的，只有几个最顶级的选手，下面就没了。"李胜说。现在他和他的公司正在做一项叫做"拳力联盟"的职业比赛，"我们现在做的就是让很多好的拳击苗子有比赛可打，把这个体育项目做起来"。

　　"你是怀着责任感在做这件事吗？"记者问。

　　他一愣："不，这是生意。"

　　但对于李胜来说是生意的事情，对邹市明而言，却是使命所在。他见过太多师兄、师弟、同辈迫于无奈放弃拳击，文化成绩好的考上公务员去做特警，更多人分散在超市、酒店、停车场做保安，挣着微薄的薪水。曾经的同行现在已经变成了两种人，"一种是羡慕我吧，自尊心强，不好意思。他们有做苦力的，有做打手身体冒险的，有灰色收入的，没什么尊严。练了这么多年，没打出来，只有卖一身力气。还有一种，会找我借点钱啊，请我去他们那边单位走一走，看几眼啊，那样他们就能在单位里抬起头来，少被欺负，有点地位。"邹市明告诉记者。

　　就在接受腾讯娱乐采访前一个月，他的一个师弟刚刚去世了。师弟也是贵州人，退役后摆了一个路边摊卖凉粉，结果在夜晚的一场街头斗殴中丧生。

冉莹颖是趁邹市明不在时给我们讲这个故事的，她说，在他面前"不能提"。"这个事发生以后，他跟我说，我能够实现什么？这个拳台上之前是没有中国人的，那我就代表我们中国人，黄皮肤，黑眼睛，拿一个金腰带，让全世界对我们中国人刮目相看。还要推广拳击文化，做一个连锁的拳击馆，让这帮师兄师弟们有饭吃，不用去看场子、当保镖、拿灰色收入，要让他们堂堂正正、体体面面地过日子。"

"他转职业拳手之后，让很多人看到了一条路，这个市场开放了嘛，原来很多想放弃的或者已经退役了的选手，都回来打职业比赛了。"牛忠杰对腾讯娱乐记者说。

2006年，17岁的牛忠杰进入贵州省拳击队，在贵阳清镇市与国家队一起训练，偶尔能看到从训练馆走出来的邹市明。"那时候他已经拿到奥运铜牌和世锦赛亚军了，都是第一块啊，我们小孩子只有膜拜的份，一直膜拜到他拿了两块金牌。"

牛忠杰的业余拳击生涯算不上辉煌，只打过一些市级、省级比赛。体制内比赛选拔严苛，每省每个级别只能报一个人，换句话说，只有省队的第一名才有资格参加全运会，有机会拿奖牌、奖金、荣誉，其他人永无出头之日。

2013年再次落选全运会后，牛忠杰走了一条折中之路：他一边保留着队内身份，一边在上海帮朋友经营拳馆，打算"从拳台一线转向幕后推广"。直到"拳力联盟"在上海举办，他跑去看了两场比赛，感觉"这个市场好像起来了"，于是又回到了拳台，目前已经在"拳力联盟"超轻量级选手中排名第一，并且接受了人生中的第一次正式采访。

被问及"接受采访的感觉如何"，牛忠杰笑了："感觉挺好的。以前没有人关注我嘛，现在有机会出来讲讲自己的一些经历、一些回忆，蛮好的。"他今年26岁。

非常艰难的，但仍然有一些人发芽了。这些人或多或少，都和邹市明有关——无论是受他的奥运拳击生涯影响，还是受职业拳击生涯影响。

这是一个热爱牺牲故事的国家，我们是一个重视意义的民族。记者将邹市明的故事说给身边很多人听，问他们觉得这个故事如何，答案基本可以分成这几类，"我不了解拳击，但我尊重邹市明在奥运会上给中国带来的荣誉"；"职业拳击在中国哪有什么人看，还是奥运金牌的意义大"；"我坚定的认为，如果不是邹市明获得了两次奥运金牌，那他现在什么也不是"。

什么也不是吗？那些所有的，理想、努力、牺牲、挫败？

邹市明可能没有想过这些。比起金腰带，如今他对自己职业生涯更大的期待是：安全落地。他说："如果有一天我遇见你，没有跟你打招呼，不是我不尊重你，是我看不见你了。"

Angelababy：怕的是对社会毫无贡献

文 / 程佳　编辑 / 露冷　摄影 / 薛建宇

　　采访当天下午，Angelababy 的主要工作是为合作的品牌拍摄一辑街拍照片。中午，与品牌方负责人一起午饭的时候，对方提起了不久前上映的电影《黄飞鸿》，不住地称赞她："我专门去电影院看了，你最后在水里牺牲的戏很美。"

　　"其实那场戏，我拍的时候印象最深的是，因为穿着湿衣服，所以 7 个小时不能撒尿。"Angelababy 一脸沉静，把"撒尿"这两个字说得自然无比。

　　这显然不是人们理解中的美女明星的做派。

　　然而等到相机对准她的时候，她就变得有些不一样。影评人史航曾经写过周迅的大片拍摄现场："稍微变一变眼神，气场就不一样，像万花筒，手一抖，眼前就是一种陌生的斑斓或曼妙。"Angelababy 也是如此，她低下头，眼神却飞起，和摄影机谈恋爱似的，挑逗地望向镜头。那是她从 14 岁起做模特的功底——脸上的神情跑马灯似的换着，一秒钟便掠过好几个表情，或冷艳，或迷离，或妩媚，或清纯，或野性——那是我们所熟悉的，各种写真里的 Angelababy。

　　很难想象这是刚才那个在饭局上，旁若无人地说出"撒尿"二字的女明星。

　　"其实好多记者都说过，我跟想象中不太一样。"Angelababy 说。然后，她捏着嗓子，嗲声嗲气地说："我就问他们，你们觉得我应该是什么样子呢？是不是这个样子，还是应该这个样子呢？"她夸张地扮演着那个"人们想象中的 Angelababy"，逗得记者和身边工作人员都哈哈大笑起来。

人们想象中的那个 Angelababy

在电影《微爱之渐入佳境》里，Angelababy 扮演的女主角，微信摇一摇认识了同小区的屌丝编剧陈赫。半夜她将陈赫召唤到自己家中来"喝茶"，陈赫在她房门外，忸忸怩怩，做着复杂的心理建设，比如"如果开门的是个美女，我就长驱直入，如果很丑，我撒腿就跑"。结果门打开了，露出了 Angelababy 的脸——比最大胆想象中的"美女"还要漂亮好几倍的脸，于是，陈赫既没长驱直入也没撒腿就跑，而是顿时瘫软不知所措，一进门就结结实实摔了一跤。直到 Angelababy 往他手上套上遛狗绳，让他替她好好照顾狗，并且把他推出门外时，还一直处在"天上掉下个林妹妹"的兴奋和难以置信中。

显然，Angelababy 的脸对此剧情的讲述有着决定性作用。另外，这段剧情还有一个暗示：关于美女是如何熟练运用自己的外貌资源而达成"不可告人"目的的——这大约也正属于"人们想象中的 Angelababy"的范畴。

Angelababy 的人生，当然受益于"美貌"这件事。她 14 岁即入行，经纪人 Kim 对她的第一印象是"漂亮，又有自信"，自信的表现主要是不怯镜头。很快，她就在模特这个职业上走了下去，pose 也越摆越熟练，一套一套的，只要照相机闪下去，就能。17 岁，走在路上的时候，会有人过来找她要签名和合影。那个时候她的名字是 Angela，嫌太普通，于是她给自己加上了一个 baby 的后缀。Angelababy 的确是一个不普通的名字——长到人们现在还屡屡拼错，比如邓超。

20 岁推出第一本写真，21 岁，第二本，22 岁，第三本。她的形象被定格在一帧一帧照片上，通常是咖啡色的长卷发，眼神迷离的美瞳，娇嫩欲滴的水晶唇微张着，似有什么期待。"索吻唇，美瞳眼"，她的风格被这么概括，嗲到空前绝后，照片被印得漫天都是，无论是高大上的电视广告、平面杂志，还是批发市场三无产品包装封面，宾馆半夜塞进房门底下的小卡片，总之，需要一张美少女的脸的地方，就会有 Angelababy。

模特只需要出售自己的形象，不用出售自己的故事、内心和个性——甚至，连形象也不是自己的，而是市场的。市场需要模特美艳，模特就必须勾魂摄魄，市场需要模特清纯，模特就必须楚楚动人——某种程度上可以说，模特是一种二次元职业。Angelababy 做了几年这样没有气味和温度的洋娃娃，批发售卖着性感、可爱、甜美等等形象。那个时候她如此年轻，并不觉得有抒发自我的需要，"拍拍照，有好看的衣服穿，每天化个妆，还有一些不错的酬劳"——工作不就是按劳分配吗？她从 16 岁开始，便已经做到独立挣钱养活自己，这种远超同龄人的生活经历可以让她对自己有足够的骄傲。但这对于大众来说，消费一个美少女，自然不仅仅是去买她的写真。"O 靓模"这个词，在流传过程中，从单纯形容这群年轻的平面模特，到渐渐有了贬义色彩，这让 Angelababy 感觉到了转行的迫切性，"这本来是很好的名词，但有好多女孩穿着泳装出写真，令外界觉得 O 靓模喜欢暴露、有很多是非，我不希望人们叫我 O 靓模"。

漂亮就是生产力

Angelababy 参与的第一部电影是《全城热恋》，导演是夏永康——原本为香港著名的摄影师，也曾掌镜过她的写真，是知根知底的合作伙伴。这次试水来自于经纪人 Kim 的谨慎选择："这对我来说是一关，因为她在模特界已经成功了，有很多粉丝，但拍戏的话，又是一个新人，我不能让她又重新从新人做起，所以，我怎么去把这两种身份拉平，是我那个时候要认真考虑的问题。"

《全城热恋》试水成功。Angelababy 和井柏然，成为电影中除了张学友刘若英、谢霆锋大 S、吴彦祖徐若瑄之外的第四对情侣。在这部华谊投资的电影里，Angelababy 梳着马尾辫，一脸清纯地走了出来，走进了无限广阔的内地电影市场。

之后的路，都顺理成章。两年，她主演了八部电影，合作的导演也越来越知名。美貌当然是最好的敲门砖，高群书的一篇专栏曾这样写她的定妆场景，"那天，造型师造完型，剧照师拍定妆照，她站在大玻璃窗前，南方的阳光斜射进来，窗外是大朵的白云，她一袭短皮衣，头发披散，身形婀娜，顿时令所有的观者一惊……在华语演艺圈里，已经基本上看不到一张这样的脸了"。

同样的理由，也打动了徐克。《狄仁杰》里徐克对"花魁"银睿姬的角色定位是——一个倾国倾城的美女，在电影里影响全部情节的进展。选角首先就难倒了监制陈国富，徐克最初提出了几个人选，陈国富眼睛都没眨就否定了，他解释称："美跟吸引力都是很主观的认知，你觉得'迷死人了'，他就觉得'一般'，万一出现这种结果，剧情推进如何能让人信服？"直到 Angelababy 这个名字的出现，"她的美大众认同度比较高，不会有人看完觉得'扯淡，怎么会有男人为了这个女的（闹成那样）'。"陈国富说。

这就是迄今为止，她得到所有电影的理由——因为足够漂亮。当电影需要一个足够漂亮到可以推动剧情的角色时，导演们便会想到她。偶有例外，比如《临时同居》——这时，看点就变成了：看漂亮的 Angelababy 如何不惜形象出演女汉子。

人们对于 Angelababy 有着无尽的想象——她迄今为止的人生使命，在外界看来，只有一个主题：如何做一个美女。善意的好奇和恶意的揣测，都随之而来，诸如：美女的外貌是从哪里来的？美女是怎样养成的？美女的私生活是什么样子的？美女是不是想得到什么就可以得到？美女需要努力吗？美女也会受挫吗？美女除了美貌还有什么吗？美貌是不是她们早已使用娴熟的工具？和美女在同一个世界竞争，是不是太不公平？这些想象，用知乎上流行的提问方法概括就是：做美女是一种什么样的感受？

这些问题，让 Angelababy 在得到所谓美女特权时，同样也有不堪重负的压力。

一个美女明星的职业焦虑

没有一个人会仅仅因为漂亮，而获得职业上真正彻底的自我认可。明星同样也不会。

2013 年底到 2014 年初的那几个月，24 岁的 Angelababy 发了如下微博：

"人活着就是为了那份理想，奋不顾身，才不枉此生。"——2013.10.24

"最好的教育不是忠告，而是经历。少时的苦是财富。所以今年感恩节最想感恩的是曾经经历过的所有磨难，或许当时感到沮丧、失望、迷茫，但这些过后，会感到坚强已经深入骨髓。"——2013.11.28

"没有棱角的人在上坡时会走得很快，但在下坡时也会滚得很快。"——2013.11.30

"如果自己不努力，谁也给不了你想要的生活。"——2014.2.18

"当你到达你的梦想之前，他人对你的诋毁都是你为梦想付出的代价。接受他们，慢慢品味，像中药一样。"——2014.3.22

"今天的习惯，成就明天的高度。"——2014.3.27

她近乎焦虑地向自己灌输"努力""梦想""奋斗"这样的字眼。在她团队的工作人员看来，她的确够拼——用一天一夜录完"跑男"后，她能精神抖擞地立马赶赴下一个工作地。连续工作30 小时以上是常态。

但是，纯粹体力上的"拼搏"仍然不能解决她的职业焦虑。她深知，自己不是天才型演员，迄今为止，她也尚未获得演技方面的任何奖励——也没有人会觉得，她可能会成为下一站影后。传说中，顶尖演员在不同的角色里穿梭自如，以电影来开阔人生，或者以人生来充实电影，这种境界的乐趣，显然，她也尚未体验。

她诚实地告诉记者，自己最喜欢做的事情是"打游戏"，完全没有一点试图伪装成"我想成为一个伟大演员"的意思。提到游戏，她两眼放光，一口气念道："最开心的事情就是可以早上睁开眼开始打游戏吃午饭打游戏吃晚饭打游戏完了睡觉。"

只是，游戏也不能让一个陷入职业焦虑的女演员真正快乐起来。她找了很多理由劝说自己——就像她对记者说的那样，"以前我连近景远景是什么都不知道，现在我至少知道现场发生了什么事，怎么样去传播一个人物一个角色，所以还是有进步的"，"我觉得每一个演员都是艺术家，每个演员只要有适合自己的角色或者是演过最经典的角色就是一个成功的演员"，"就是要有一个让观众喜爱的作品"，这套论述到了最后，就变成了："反正，自己做到问心无愧就好了"——于是，又变成了努力、梦想、奋斗。

她描述自己从事演员五年以来，最大的进步是"学会看剧本了"，"以前我看完都觉得，哎呀，每个剧本都好好看，看完这个也好看，那个也好看，哎呀这个也好看"，现在她终于进化成，"哦，这个人物不够饱满，那个故事结构不是很好，哎，这个还不错，哪儿还可以改一改。"说着说着，她自己也笑了起来，有一点自嘲的意思在内。

"我一直在考虑一个问题就是，为什么要有演员这个职业的存在，如果你在一个厂里上班，可以生产一些食物，如果你在一个大公司里上班，可以为这个社会贡献一些东西，到底演员为社会贡献了什么？"聊到这里，Angelababy 背起了小学课本里学到的《钢铁是怎样炼成的》里的著名段落："人最宝贵的东西是生命，生命对于我们只有一次。一个人的生命应当这样度过：当他回忆往事的时候，他不因虚度年华而悔恨，也不因碌碌无为而羞愧。"

所以，为解决"生存的意义""演员的意义"之类的问题，Angelababy 选择了喜剧。"我觉得就是为大家贡献了一些精神食粮吧，希望大家在这么大压力的社会里边可以有一个精神的突破口去宣泄自己的情绪，我觉得喜剧就是一个可以让大家减轻压力的一个东西。"

不安全感和少女心

像黄晓明需要以"二哥"形象来重塑公众形象，Angelababy 也需要一个新的形象，来取代"女神"这个在这个时代并不一定受大众普遍欢迎的标签，比如说"女汉子"，"女神经病"。

"前几天我心情郁闷，在坐飞机的时候，就把落下的两集《奔跑吧兄弟》给看了，看完以后心情特别好，然后发现其实自己怎么拼都是值得的，因为如果你可以把这份快乐带给观众，就什么都值得了。"

2014 年下半年，Angelababy 遭遇《奔跑吧兄弟》，这个节目给了她一个难得的机会——不是做模特拍照，也不是在一部电影里扮演一个花瓶，而是，真真正正以"Angelababy"本人的身份，来直面大众。

她在这个节目里的表现，可以"用力"两个字来形容，制片人俞杭英说，Angelababy 是节目里最大的意外，"大家都觉得 baby 是封面女郎，又甜又性感，但其实她是女超人"。跆拳道冠军张蓝心和韩国"大力士"金钟国，也在节目里对手脚并用的 Angelababy 发出过类似感叹："你力气也太大了！"她不惜形象，满身泥沼地抓鸭子，和队友滚地掐架，让观众一时间有点不太适应地感慨："太拼了。"而她也清楚地知道，这些"出丑"，正是节目需要的效果，"其实老百姓就是爱看我们出丑，被各种虐啊，完成一些不可能的项目，大家开心就好。"

　　"大家开心就好"这句话频频在采访里出现。出丑没关系，大家开心就好。演技得不到肯定没关系，大家开心就好。绯闻、整容这些话题隔三岔五就会被拿出来翻炒一遍，当真不介意吗？Angelababy 的答案是："也有难过，也会想为什么你们要这样对我，想想那时候觉得挺可笑的，人家爱怎么评价你没关系，过好你自己就行。"经纪人 Kim 记得 Angelababy 在她面前只哭过两次，其中一次就是因为整容报道——不过那是很多年前了。摄影师 coco 是 Angelababy 出道前就认识的朋友，说："她很小的时候会跟我们诉苦，有时候也会哭，现在基本不会了，她心态现在变得很好。"

　　给不同媒体录 ID，是每个明星的例行工作。但就算如此，也鲜见像 Angelababy 这样，一口气录了 20 个 ID 之后，还在努力给每条都说点新鲜话，制造点不同笑果的明星。"大家好，我是安猪拉宝贝"，她认真地一字一句地说，然后自己先哈哈大笑起来。

　　"工作它可以带给我更好的生活，或者带给我一部分的压力，带给我很多的新朋友，新的工作伙伴，但是，这些都是过眼云烟，其实你能享受到多少？"25 岁的她，有时候也会想到退休这件事，"当我没有东西再可以奉献的了，我就可以享受我的生活。"

　　而此刻，她所能享受的，属于她自己的生活很少——比如，她指着沙发上的毛茸茸的卡通双肩背包问记者："可爱吗？"得到肯定答案后，她略有得意地说："这是我的包。"她几乎是刻意地为自己生活里留下了这些很少女的元素。那是她不需要为大众"奉献"的时刻。

　　她喜欢看言情小说，主演的《云中歌》在开拍前就看过很多遍，采访现场，她一边一手捂着胸口，一边深情地描述小说里的片段："一个雷电交加的夜晚，云歌来到墓前，很多士兵冲出来要杀她，然后余安走过来，帮她挡了很多刀，倒在了血泊之中，云歌也是中了刀，就在陵哥哥的墓前，说要跟他在一起，血一直从陵哥哥的墓上流下来，像是陵哥哥的眼泪。"

　　这场戏，因为不满意最初的拍摄效果，她主动找于正商量，问他能不能再拍一次，这一场很重要，一定要把云歌对爱情的忠贞表现出来，磨了三次之后，她还是不满意，又换了另外一组再来拍，这次她才勉强满意了，但仍然担心最终效果："不知道出来会怎么样？"

当然，这位少女此刻也在享受着她自己的爱情。午餐时候，正在埋头吃饭的 Angelababy 忽然抬起头来，她刚得了一个新发现——"这个包间叫'明'诶！"她惊喜地转向身旁的经纪人 Kim，问道："是这里所有的包间都叫'明'吗？"说话间，眼睛有些发亮。

2015 年元旦东方卫视的跨年晚会上，黄晓明骑着高头大马出现，向他的公主 Angelababy 献上皇冠，并深情表白，"Baby 是双鱼座，不知道大家是否了解，双鱼座的人特别没有安全感。她有时候过得并不快乐，她很在意别人的看法，但她成功了我很高兴。"台上的 Angelababy 已经抑不住地眼泛泪花。到了台下，她对黄晓明说："黄先生，你怎么不跟我说你要说这些。你说那么长，也不跟我提前说下，我都不知道接什么，要再说会儿我都要哭了。"

但她仍然害怕被媒体问"什么时候结婚"——她团队的工作人员替她解释，因为害怕被媒体传达出"逼婚"的意思。她小心翼翼地维持着所有关系的和谐，与媒体的，与大众的，与她的"黄先生"的。

王千源：别再捧我了，团队不给力时我也偷懒

文 / 付超　编辑 / 露冷

　　因为要接受视频采访，所以王千源上身很正经地穿了一件黑色衬衫，裤子也挺不错的，黑色。看得出来，团队在给他打造硬邦邦的男性化气质。不过摄像机镜头以外的部分——脚，则套了一双酒店的一次性拖鞋。采访的过程中，他时不时地说这么一句话，"你们想要聊什么？聊技术层面的，还是热闹的？都有，就看你们想听什么。"

　　这有点像他当天的着装风格：你们想要的，我都尽量配合。而两个小时里，腾讯娱乐只和他聊了一个话题：演戏。对大众媒体来说，这种采访不多见，因为谁也不知道现在的主流读者是不是爱听一个并不是那么明星的演员上表演课。

　　但对于王千源这样贡献了今年银幕上最让人激动的演技的演员来说，没有比这更好的采访方式。另外一个优秀的演员郝蕾说过："我是一只鹰，你不要老让我去排队，大雁才排队呢。"而我们也觉得，实在不必要为了"排队"这样的事情，去花费王千源老师两个小时。

　　王千源老师无比珍视自己"演员"这个职业："我做这个工种，在自身努力前提下，特别希望得到大家的尊敬。"因为演员太不容易了，他说起自己演戏的过程，"每一天都是绝杀"，不到那一刻，连他自己都不知道能不能演出来——那需要调动全部的感知，全部的经验，全部的表现力，但这还不够，还需要运气。运气不来，哪怕前面都对了，也都欠着火候。

　　一直到剧组杀青前一天，他拍那场华子与母亲诀别的戏，才终于确定，自己这次绝杀，没

输。他说了好几次："我和丁晟说，成了，你信任我，我交差了。"

不负所托，这是这个东北男人最自豪的事情之一。

而听王千源说演戏，的确是会让听众心生敬意的一件事。你如何能够想象一个演员过着怎样的生活？他甚至必须记得他童年时所闻到的雪花的味道，然后表现出来，传达给观众。这个过程，多像是在虚空里抓住一片雪花，然后郑重地将这片雪花捧于众人面前，期间，需要保持这雪花不融不化。这是凌驾于现实生活层面之外的创造——演员这个行业，的确并不是只有创造新闻。

后来我们聊到了影帝。他有点跃跃欲试，但也不敢期待太多。"也不知道剧组会怎么报，是报男主还是男配，"不过他又和自己说，"我不要考虑这些，我拍下一个戏得对得起人家，你别老是拿人钱你老惦记这个，就像我跟你结婚了，我还想着隔壁的小姑娘一样，不允许。"

"下次再聊吧，"他送记者出门，和记者开着玩笑，"下次我们找个好点地方聊，泡着温泉聊怎么样，你们能安排吗？"记者于是也笑着回他："好商量，你争取拿个影帝。只要能采访影帝，去哪儿聊都成，领导都给批。"

"好，我努力努力。"黑衣服黑裤子白拖鞋的王千源，在身后笑呵呵地说。

金马奖提名后来公布了，他获得的是男配提名。不过，我们的这次采访，仍然足够成为一堂表演课。

每一天都是绝杀，不容后悔

我这一辈子都没演过像华子这样的坏人，丁晟敢在《解救吾先生》里用我，是个很勇敢的决定。我一直很努力，确信这份努力对得起大家的信任，是在倒数第二天拍完华子对他妈哭的戏以后，那场戏拍完，所有人都在现场跟着哭，导演过来拥抱我，我在他耳边说："我交差了。"

这部戏其实拍得很赶，也就三十多天拍完。我从美国回来当天，下午就试妆，第三天就进组开拍。之前看了相关的纪录片，买了《犯罪心理学》的书来看，他不像《钢的琴》里的那种小人物，你还有参考，这可是绑匪，你问问你身边朋友，有多少人家里被人绑架过？更别说绑匪了，我只能尽力去揣测。

所以华子的角色，演起来每一天都是摸着石头过河，很过瘾也很痛苦。

比如第二天死刑你要怎么演？谁告诉我是什么心理？那我就头天晚上喝酒、不睡觉，找感觉。你的头发、眉毛、眼泪、血丝、瘩子、鼻毛都是道具，你要检查它有没有陈旧感，结果熬一晚上到现场，傻了，光注意找那些，脸喝肿了，你第二天要死了肯定头天没怎么睡觉，怎么能肿呢对不对？于是就在现场跑步消肿。

再比如打女朋友那场戏，要露上半身，他那时候什么状态？就是饥不择食逮谁绑谁。这状态怎么找？我就三天没喝水，提前十个小时到桑拿房蒸桑拿。在审讯室里的戏，我就七天没洗头，头发出来才有黏稠感、酸臭味，你如果只是自然弄乱下，还是能看见上面的亮光，感觉也不对。

不得不提的还有吃饺子那场戏，拍了两三条，那饺子也掉不下来，吃一辈子饺子，哪想过饺子的事儿？导演还跟你说，你应该先痛苦一下，最后来一点快乐，这是全世界导演最讨厌的地方，就跟你说一个想法。你还得照顾表演，还得照顾镜头，还得有"电影感"，我也不知道谁分的这电影感和电视剧感，每天还得考虑这事儿。最后只好先给饺子撕个缝儿，要掉的时候把大拇指撤了。

就这些创作过程，普通观众看不到，但对你自己来说，每一天都是绝杀，差一步你就后悔吧。你让我演一个好角色，我从来没演过，一般也轮不到我，是吧？那我得给你演好了。

这是王千源式的表演

整个宣传期，无数人问我，你演得这么好，参考了谁的表演？我很想反问下，你在之前看过谁这么演戏？它对我来说也是唯一的，你可以说这就是王千源式的表演。

我拍戏时不讲道理的，刚进组就跟丁晟打过招呼，我说开拍以后，我可能对你会有些不太礼貌、不太尊重，希望你能原谅我。他还挺瘆得慌："怎么？你砸机器我怎么原谅你？你还能拍半道跑了？"结果就是，在片场丁晟说你要从这儿走过来，我就说，为什么？你演一遍给我看看。

包括刘德华大哥也是，片子里他就是我的手下败将，命都在我手里，我也想对他有尊敬，叫他不要误会年轻演员没有礼貌，但为了演戏，我没有办法，我得把所有尊敬、爱、佩服都化在工作中。我如果也像工作人员一样对他很客气，很难从肉体、精神到气息、语言去接近我演的这个角色。

所以进组后除了第一天会寒暄，互相打招呼，问问孩子的状况，其他时候，很少说话。我们都没有当过劫匪和人质，我不相信我们俩聊得很好，导演说开拍以后，我们又能完全进入对峙的状态。

印象最深的，就是拷问华哥钱在哪儿的戏份，一开始感觉怎么都不对，你跟我表演一下"疼"，这怎么演？我就咬咬牙，啪一个大嘴巴子抽上了，那种肌肉火辣辣的抽搐感，那种像子弹飞出枪膛时的爆发感，就全对了。然后，导演都傻了，也不敢喊停，摄影师、演几个小混混的演员也全都傻了，现场就是小学老师发脾气时班里边鸦雀无声的那种安静。

我跟你说，不管什么叫方法论，什么叫表现主义，什么叫斯坦尼拉夫斯基，最后完成作品和人物，才是真格的。就像梁朝伟大哥说的，别说那么多没用的，最后站着的才是真功夫。用老话说，就是小鸡撒尿，各有各的尿。

记得墙皮和雪花的气味

从《钢的琴》拿到东京影帝开始，就有人不断跟我聊表演。但背后这种点点滴滴的功课，好多人并不爱听。你爱听？但你写了别人不爱听了，这种东西吧，就是你想要聊技术层面的，要热闹的，都有。

像华子这个角色，我最先抓到的是他的眼神，灵感来自我一件皮夹克后边的狼的图案。那眼神，永远是狗眼看人低的那种感觉。它还不是一名犬，是那种丧家之犬。

这是什么感觉呢？我给你形容一下，就一个寒冷的冬天，巷子口公厕旁一个垃圾站，那狗身上一块泥一团血的，瘦骨嶙峋的皮毛包裹着自己的肋条，然后旁边有人路过上厕所、有车路过，它都机警地抬头看一眼，然后寒风吹过，它的毛泛着光在拂动……

后来拍的第一场戏，就是林雪演的苏先生出来按照我的指示交赎金，我坐在出租车里往外看，那眼神对了，就开始进入角色了。否则你头十天表演不准确的话，后十天找到另一个感觉，那你头十天的表演就是作废的，你剪在一起是不统一的。

某种程度上，《解救吾先生》的表演是要比《钢的琴》更难的。《钢的琴》没钱，没钱意味着拍得久，我就有很多创作时间。我每天穿着绿毛裤在五星级酒店里走，就跟咱家以前的筒子楼似的，我把两边的房间都想象成眼睛里的幻觉，那种煤气罐、大白菜、粉条、这个家孩子的车，对不对？又是味又是墙皮，那些起一个灰，洗哪儿烂在哪儿，你可以想象。

而且我是东北人，我知道下雪那种味道，脚踩上去嘎吱嘎吱作响，六个小时后，哇，白白的雪上一层黑，全是煤灰渣子，跟锅底似的。然后就是带着泥浆的雪，上午十点或下午两点，滴里咕噜，滴里咕噜，学校开始组织铲雪了，这产生了多少初恋？两人在一起，男的帮女的，女的帮男的……这我都熟悉。

我对表演其实蛮用心的，我得照顾评委，照顾观众，还得照顾记者，你们多毒啊，说的话也不留情面，是吧？那每一个人都喜欢，就难了，对吧？我的创作规律就是，把我的艺术性跨界，带到商业片里面。你看我这次还是《钢的琴》那种表演，是吧？你愿意谈艺术我给你艺

术，你愿意谈热闹我给你热闹，你想要什么都在片子里边，不是白开水，不是脸谱化，不是虚的。

过两年说不准就不当演员了

对表演这事儿的看法，我自己这两年也在转变。

上学那会儿，看《愤怒的公牛》学人家打拳击，看《诺丁山》学人家谈恋爱，结果也谈不了几个，倒是片子都看吐了。你天天采访，写字干久了也不愿干，我天天演戏也变得不爱看表演了。原先考表演系，以为这个上学就是表演，英语课、音乐课都弄表演、演小品，老师都很生气往外撵我，现在才知道，表演不是表演，是你对世界的看法，是一种修养。

就比如说，你大马路上看别人打架，难受吗？你的工种是把它记下来变成文字，我的工种是把它记下来表演，每个人都一样。我拿影帝站上领奖台，你当记者也可以拿普利策，一样的。演员有什么？演员是个屁，就是个工种，只是工作方式不一样，那些所谓的光鲜亮丽是工作的一部分，你看爱因斯坦什么时候出去要喷发胶？

所以对华哥我还是特别喜欢和敬重的。我不会表演的时候，看他学表演，我好不容易学会表演了，可以跟他同台了，人家开演唱会去了，这个卡拉OK我也会唱，好不容易不跑调了，人家写书法去了，那也行，我也买笔，想着哪天书法也差不多了，他又学佛去了。有些事情你不要去想，不要去比，你就去尊敬人家，就达到了人生中很好的一种修炼。

这事儿想通了，很多问题就迎刃而解了。我42岁拿东京影帝，所有人都说我大器晚成，可是那年的终身成就奖是个90多岁的老人，被人抬上去的，那个都不晚，我这个算什么？还有人问我，你爸是辽艺的老演员，你有没有压力。我是觉得我只是延续了他们的精神，从来没有超越他们。

他们那一代，只有演员没有明星。八大剧院的台柱子，演戏全是下乡体验生活，开剧本讨论会，谈人物创作，我们现在哪能比啊？我只能说是延续我父亲的血统，拿了一个奖而已。

我不但没压力，过两年说不准就改行不当演员了。人生苦短，你也不会当一辈子记者，对吧？我现在喜欢炒菜，就想天天进厨房做点饭菜。我还喜欢画点画，原先舞美系的那些东西，我最早是裁缝，想学画画，还去考了服装设计，想当皮尔·卡丹，结果没考上，人生一错再错，成就了一个东京影帝。

我永远想演黄晓明的角色

演员表演这件事，其实受到的制约特别大。所以我做这个工种，在自身努力的前提下，特别希望得到大家尊敬。

我永远想演黄晓明的角色，但导演永远不会让我去演，我永远都想演毛泽东，但你看我这样，下辈子也演不了。你懂我的意思吗？在所谓的表演之外，演员他也难在这儿。

你说，我现在 40 多岁了，要演 18 岁也能演，演得还比 18 岁的更好，但我不是 18 岁了，一上来你就跳戏，演员他可怜就可怜在这儿，难受，你们尊敬也是尊敬他在这儿，我们是用肉体表演，而且不可复制，我自己好的戏都不可能再有第二条，所以说为什么现场要保护演员。

包括演戏之外的宣传，你看我以前很羞涩，没那么多话，刚毕业谁天生那么会聊？这都是练出来的。一开始不会聊，你们给指道儿，这个点，那个点，慢慢把我培养成一个话痨，更年期都提前了，都不知道自己是谁了。整个宣传期，同样的问题无数遍回答，还得装得很怎么样似的。你看，这不也都是表演吗？人只要不独处，踏出门的那一步就都开始表演了。不信你等着看，我们金马到时候还得聊这些。

说起来，宣传这件事也是这些年才流行起来的。现在这个商品社会，拍戏比拉屎还快，不是说不需要文艺工作者，而是市场不需要。那你有什么办法，你喜欢半个月拍完，我们就半个月拍完，喜欢二十天我们就二十天，基本都这个状态了。

所以别再捧我了，我也有偷懒的时候，有时候团队不给力，我就没必要拿这些好东西去较真，人每年的体力和精力是有限的，我觉得就在这种状态下就可以了。

胡歌：既然你活了下来，就不能白白地活着

文 / 张云　编辑 / 露冷　摄影 / 邵欣

　　和胡歌的对话从聊梦境开始。这个处女座的男人每晚都会做梦，他称之"不太好的习惯"，因为这意味着睡眠质量并不高。但是，他又很喜欢那种做梦带来的超体验——他认同电影《超体》和《星际穿越》的阐述，觉得深度睡眠的过程中，人的意识可能脱离低水平运作的肉身，短暂地去往了其他时空。"当他再回来的时候，会带着浅浅的敌意。"

　　胡歌接受采访的时候语速很慢，有时候，字斟句酌地想——和他扮演的那些伶牙俐齿的古装偶像剧男一号很不一样。他谈了很多关于生死的问题。某种程度上，这种穿越，确实跟角色的抽离，有些异曲同工。

　　采访胡歌时，他和彭于晏主演的《风中奇缘》刚在湖南卫视播完——那是继合作《仙剑奇侠传》10 年后，再次合作相同题材。随后，两人各自在不同领域接档：胡歌血污满面诠释起《四十九日·祭》的爱国军官；彭于晏则一身肌肉地在大银幕扮上黄飞鸿。

　　回想曾经被瞩目的李逍遥和唐钰小宝，胡歌承认，自己鲜有电影作品"有点遗憾"，可过而立两年的胡歌，如今更有底气地表示：没那么着急迈入大银幕。

　　他说，在演员这条路上"能走多长，走多长"。

在死亡的阴影里，热烈地活着

胡歌第一次和张黎合作是电影《辛亥革命》。胡歌演的是林觉民，一身白衣，写下《与妻书》，然后从容赴死。戏份不多，但正是历史中那个"面貌如玉，肝肠如铁，心地光明如雪"的24岁少年。

因为这次合作，张黎筹拍《四十九日·祭》之初，便说好了让胡歌出演。左等右等没有开机，等到胡歌这边刚接下了话剧合约，那边电视剧的拍摄时间也定了，于是，撞期了。

但胡歌实在舍不得放下和张黎合作的机会。他等这样一个角色已经等了太久，他知道，在张黎的剧组会是什么样的——他会一直盯着你，盯着你被榨干，然后死而后生，被激发出新的潜能。

果然，一开始，什么都不对。那个时候，他刚从赖声川话剧《如梦之梦》抽出空，还沉浸在"五号病人"的状态。导演张黎看他演戴涛，不禁给他纠错："你别那么斯文，在话剧你演什么角色？""一个设计师，得了绝症。"张黎会意了："赶紧跳出来，跳出来！"

另外一个挑战是演军人本身——众所周知，胡歌没演过军人，他努力地把戴涛套进自己对军人的认知模板里，要身姿挺拔，要表情严肃，全身都绷得紧紧的。张黎立刻发现了胡歌方向上的不对劲，对他说："你不要演一个模板的军人，首先你要把他演成一个人，是一个有血有肉的人。"

那之后，戴涛慢慢地从胡歌的身体里长了出来。在离开戴涛这个角色一年后，胡歌仍然记得那些活过来的片段："第一次说立正的时候，和一句立正说了很多年的时候，那种感觉是不一样的。"他看着记者，缓慢地，一字一顿地说。

他觉得有个真实的戴涛在看着他，不容他倦怠、散漫。2013年5月20日，在拍摄间隙，他在微博上写下："和平年代的戏子演绎着战争年代的先烈，九泉下的某处，一定有人正眯缝着双眼，嘴角挂着轻蔑的笑吧。"

戴涛死在第28集，剧的中段部分。他因为受伤而没能逃出去，身陷囹圄后惨遭酷刑。他用最后的力气，砸碎了一只白炽灯，用碎玻璃划过了自己的咽喉。在弥留的最后一刻，他想起玉墨——全南京最美的美人，曾与自己在教堂的地窖里共舞。也算是死在了得意之时。

林觉民、戴涛的形象重叠了起来——他们都是面对大义的时候，眼都不眨地慷慨赴死之人。有个词叫做向死而生——因为早已预知死亡亦步亦趋地跟随，所以才更加热烈地活着。在张黎眼里，找胡歌演这样的角色毫不意外，"胡歌生来就是应该演这种戏的人"，活的时候漂亮，死的时候亦是一种偶像。而让张黎这么想的原因是，胡歌2006年遭遇的那场车祸，让他相信，这个年轻演员对于生死的态度，应该和其他人有点不一样。

从偶像剧小生撤退

"他曾经跟死神擦肩而过，如果一个人二十多岁时就经历过短暂的失去，三十多岁时一定会想要的更多。"专栏作家毛利被胡歌在《四十九日·祭》里的表演打动，在微博里写下这么一段话。

在 2006 年的车祸之前，胡歌已经是国内最著名的偶像剧男演员。那个时候他才刚从上戏毕业不久，一部《仙剑奇侠传》让他一夜之间便获得粉丝无数，未来似乎有无限可能。但此时，车祸从天而降，他几乎是死里逃生地活了下来。一年后，经历不下 10 次面部修复手术的胡歌复出，右眼却留下永远的伤痕。如今，这在胡歌的朋友中也是能避免就尽量不提及的话题。

《射雕英雄传》剧组恢复拍摄时，胡歌一度承受不了导演和摄像在镜头后的轻声讨论，他们必须考虑如何掩饰郭靖脸上明显的疤痕。

2011 年，胡歌接受采访说："如果多年以后，如果人们提到我，还是谈论车祸这个事，那对我来说是一种否定，说明我一直都没有其他的成就来转移大家的注意力。"

合作《生活启示录》时，闫妮曾听胡歌最好的朋友心疼地说过一句："这辈子我最大的心愿，是把你的左眼抚平。"没想到胡歌道："那我那次车祸不是白出了吗？"那一瞬间，闫妮觉得特别被打动。

"既然你活了下来，就不能白白地活着。"这是胡歌特别喜欢的一句台词，出自 2014 年拍的电视剧《琅琊榜》。他演的梅长苏经历灭国大灾，毁容后以新面孔坚韧地继续生存。"所以这个角色只有我能演"，胡歌颇为骄傲地说。活下来，并活出意义，他这么告诉自己："我觉得能让我留下来，似乎是有一些使命要我去完成的。"

那个使命是，做一个好演员，一直演下去，在演员这条路上"能走多长，走多长"。

但这也是一个小心翼翼地和公司、市场、粉丝博弈的过程。

最初的胡歌，被拴死在了"古装偶像剧男一号"这个定位上。他在 6 年里演了将近 10 部古装片。"之前好像随波逐流，大家都是这么做的，我也得这么做。"尽管他曾向公司表达过更欣赏另类非男一号的角色，如《射雕英雄传》的杨康、《少年杨家将》的杨四郎、《天外飞仙》中的上官浩淇，但这些角色，最终也都并不属于他，"公司也有公司的考量，那个阶段我会比较听话，珍惜公司给我的演男一号的机会"。但他仍然很自责："也是我没有尽力争取。"

2010 年春节，胡歌打开电视机，有三个台在放他三部不同时期的作品。2005 年的《仙剑奇侠传》、2009 年的《仙剑奇侠传3》，还有 2010 年最新的《神话》。胡歌三个台轮流看着，审视着自己，他得出了一个让他惶恐不已的结论——这三部作品里，竟然是自己的出道之作演得最好。

胡歌开始努力为自己争取话语权。2011年，公司投拍的《轩辕剑》开拍，这一次胡歌没有动摇，坚定地推掉了和李逍遥同类型的男一号，给自己选择了亦正亦邪的男二号宇文拓。

到了2012年，自主权再多一点的时候，他坚决拒绝了同类角色的邀约，选择了他想尝试的话剧、生活剧和军人题材。公司并不支持这样的选择——就算不考虑报酬的因素，话剧占用时间长、影响力不如影视剧，这些都是实实在在会影响人气的因素。

胡歌说，"我很坚定"，虽然，"公司也很坚定"。不过这次，30岁，话语权多了一点的胡歌赢了。

做一个普普通通的演员

很多在影视剧表演上遇到瓶颈的演员，都会选择话剧舞台，藉此为自己充电。因为邀请了胡歌等明星加盟，《如梦之梦》的剧场，坐进了相当多第一次看话剧的粉丝。胡歌回想，也颇觉讽刺："我是想从偶像成为真正的演员，可是如果我不是一个偶像的话，他们也不会来找我。"

这就是转型的风险所在——最糟的可能是，转型没有成功，但是人气却流失了，导致了原来的那类机会也趋少，得不偿失。所以，市面上有大把四十来岁还专注于偶像剧的明星们，演着为少女们服务的角色，安逸地做着偶像。

但碌碌无为地享受着自己的人气，这不是一个表演科班生的骄傲。他像回到了当年的课堂一样，认真学习、倾听、发问。赖声川给了胡歌"模范生"的评价——他演"五号病人"，每次在开场前半个小时，就静静地躺在了病床上，而此时观众尚在入场中。胡歌享受着舞台，这和影视如此不同，没有任何剪辑和美化，真刀实枪地面对观众。这让他对自己满意。

从话剧出来后，接的第一部电视剧就是《四十九日·祭》。首场戏就是面对张嘉译。张嘉译是胡歌母亲的偶像。曾经，母亲叮嘱过儿子，别接抗日题材的戏："特别危险，特别累，又特别脏。"但这回，一听《四十九日·祭》的男一号是张嘉译，母亲忘了之前说的话，转而吩咐"你得好好跟人家学习"。

事实上，胡歌从一切对手那里偷师。拍完《四十九日·祭》，接下来的戏是《生活启示录》，和闫妮演姐弟恋。他对闫妮表演风格的评价是"很高级"，这个在文工团上山下乡演了很多年的女演员，教会胡歌的是"反着演，在喜剧里面加入煽情的东西，也会在悲剧里面加入喜剧的呈现"。

这期间，当然还是有很多古装偶像剧找上门来。他的经纪人阿本说："可以说，后来市面上比较好的影视作品，有一些是胡歌推掉的，（机会）才到年轻演员那儿的"，但这些机会，对于如今的胡歌来说，却根本不是他想要的——"你必须很清楚你不想做什么，在你不想做的事情找到你的时候，你要义无反顾地推掉，这样你才能有机会等到你想做的事情。"

他想要的是，"作为一个普普通通的演员，踏踏实实地演戏，安安静静地生活"。

但这也许并不是他的粉丝所期待的。负责宣传的工作人员鼎鼎说，只要公司官方微博出现胡歌留胡子的照片，底下必然出现一串"胡椒"的留言，说还是喜欢胡歌没胡子的样子，一条自称"我是胡歌剃须刀"的微博，获得了大量点赞。

"他们就跟我妈一样，我就像他们的孩子，我非常能够理解妈妈对于孩子的关爱。"而在胡歌的描述中，自己真正的母亲每次看待他，也会格外细致地提出方方面面的意见，从妆发、服装到人物、表演……此时，他采取的态度是："装做听也得听，这是她的乐趣所在。"

这是一种甜蜜的负担。胡歌想了想，说："重要的是有自主权，有自主权就可以调和这样的矛盾。"但他也承认："有时候我会觉得胡歌已经不是我了，很多时候，我是在做大家心目中胡歌的样子。"

胡歌曾经这样形容自己的经历："老鹰过了四十岁以后，会经历一个特别痛苦的过程，它要把爪子上的老皮咬掉，把自己的嘴敲脱落掉，才会长出新的嘴和爪子。这样，它的生命还可以再延续二十年到三十年。"

如蛇之蜕皮，蚕之化蝶。但在那之前，是跌跌撞撞的摸索。这个痛苦且可能夭折的过程，胡歌才刚刚开始。

对话：我一直在否定、质疑自己

腾讯娱乐：你也有自己的偶像，是岩井俊二对吧？见他的时候会有那种小粉丝感觉吗？

胡歌：我第一次见他是在一个随意的环境。那次他在上海有个音乐会。朋友帮我约的，他喜欢吃麻辣火锅。我那天很紧张，他们已经说好地方了，我开着车到了那个火锅店，犹豫了一下，没停车又开走了，我给我朋友打电话说我不来了。我说我太紧张了，见他也不知道说什么，还是走吧。我朋友就骂我说，说你有病啊，赶紧回来，那天也没有说什么话，就一直埋头吃。

腾讯娱乐：这么紧张？你人生里还有这么紧张的时刻吗？

胡歌：有。我在初一的时候，在学校里遇见喜欢的女孩迎面走来，我的脸就红了，扭头就跑了。

腾讯娱乐：为什么你会喜欢岩井俊二？

胡歌：也是很偶然的一个机会，我买了他作品的一套全集，因为以前看过《燕尾蝶》和《情书》。然后就因为关注这个导演买了全集，其中我最喜欢的是《梦旅人》。

它讲的是三个少年，有精神病的少年，他们只能在围墙上生活，围墙外的世界拒绝了他们，围墙内的世界又是他们所不喜欢的，所以他们只能在围墙上，他们的整个生活特别快乐，这种快乐是在围墙内外都没有办法找到的。但是，这种快乐的终点却是毁灭。

腾讯娱乐：为什么不觉得黑天使意味着希望呢？

胡歌：毁灭的另外一面就是解脱。

腾讯娱乐：你想象过世界末日吗？

胡歌：这也是一种解脱吧。我始终认为，在我们三维的世界里面有生命的存在，他只是暂时的，只是一个过程。你们会看到《星际穿越》以后，就会思考更多，什么是四维空间，什么是五维空间，三维空间和四维、五维空间又有什么关联，人怎么才能到达另外的空间。

其实我觉得人怎么才算是真正的人，这是一个很有意思的事情。是你的肉身吗？还是你的灵魂？灵魂和肉身的关系和关联又是什么？其实，我们的灵魂要能够存在于三维空间，必须要借助一个载体，而这个载体就是我们的躯体，这个生命其实只是躯体使用的时间。当你的躯体终结的时候，你生命枯竭的时候，其实你的灵魂还是存在的。你的灵魂脱离了你的三维空间的载体以后，可能就会去到其他的空间里面。

这个时候会让你摆脱三维空间的束缚。再回过头来，你再去解释，为什么有时候我们会遇到一些场景，好像是我在梦里遇到的。有些人就会说，如果人真的是在做梦的时候，他可以穿越时空的话，那是不是人的未来都是既定的？

回到我刚才说的，可能人在熟睡的时候，因为他的整个躯体，肉身是处在一个非常低水平工作的状态，这个时候可能人的意识是会短暂的离开三维的世界，然后去到其他的时空，或者其他平行的世界。这个时候当他再回来的时候，他会带着浅浅的敌意。

腾讯娱乐：你一直在想这些问题吗？

胡歌：我从小就喜欢胡思乱想，我小时候很害怕死。因为我小时候理解的死就是什么都没有了，什么都不知道了。那时候会给我非常强烈的恐惧感，就像我来到这个世界之前，我小时候的认知是人死了以后，他的状态就是你有意识之前的状态。那是一种永恒的没有知觉。现在我觉得不是这样，可能你的意识还是会有的，只是你没有身体了。

其实这和有时候做演员是挺相似的，因为你从这个角色抽离出来，从这个角色的世界到了那一个世界，其实也是一种抽离。

腾讯娱乐：所以你信命吗?

胡歌：我信命，我觉得运和命是两回事，每个人来到这个世界上都是带着一个剧本来。

腾讯娱乐：你有审判情节吗? 有一天你面对上帝的时候，他问你，我赋予了你这么多东西，外貌、机会、天赋，你都用了吗?

胡歌：首先前提是我已经很知足和感恩的，我如果在同龄人里面，我至少衣食无忧，已经很了不起了。可是，其实在这个过程里面，我也浪费了很多的时间和精力，也有可能是因为物质上的东西来的太容易了。所以有时候还真的是挺浪费时间的，相对来说也没有那么深刻。

我的审判是来自于我对自己的不断的颠覆。这和我母亲的教育方式是有关的，因为她是挫折的教育方式，一直是否定否定否定，希望你更好更好更好，所以也养成了我现在一种习惯，一直在否定自己，一直在质疑自己。

腾讯娱乐：是不是老觉得自己被一些小小的成就感给收买了?

胡歌：虽然说我也经历过一些挫折，可是总的来说，我的整个人生还是很顺的，很好的。这个就会让我……很多来的太容易了之后，就会变得很懒。但是幸好我还知道要感激，要知足。但是懒惰可能对我来说是一个最致命的问题。这应该是我最大的毛病。

腾讯娱乐：你觉得你有要抓紧的事情吗?

胡歌：其实我的遗憾并不是来自于所谓我现在的地位还是什么，这个我觉得没有什么遗憾，很多时候跟别人比较是会让自己变得越来越浮躁的。我觉得人应该是跟自己过去比，跟自己的昨天比。我的遗憾是觉得，还是活得太肤浅了。

梁洛施：27 岁，像过了别人的一生

文 / 秦筱　编辑 / 露冷　摄影 / 薛建宇

2015 年 4 月 12 日，《念念》北京首映礼，导演张艾嘉及主演李心洁、张孝全、柯宇纶悉数到场，唯独少了梁洛施。约好在首映礼结束后进行的第二次采访，自然也取消。宣传人员告诉腾讯娱乐记者："之后电影在全球的落地活动，梁洛施小姐都不会参加了。"追问原因，对方不再回复。

在梁洛施的上一段演艺生涯中，类似事情并不鲜见。2006 年她两度无故爽约记者采访，落实"无心工作"的罪名，遭当时的经纪公司英皇"雪藏"；到 2008 年，她远遁美国，缺席包括徐克《深海寻人》宣传活动在内的一切工作，被英皇一纸诉状告上法庭，掀起满城风雨。

"我是一个需要很大自由度的人，如果真的某一样东西要困住我，我会很不开心。"一个多月前的采访中，梁洛施努力用蹩脚的普通话向记者表达。退隐 7 年后再度露面，她终于可以微笑着说这番话。

那天的发布会，是梁洛施唯一一次为《念念》在内地的活动站台。发布会结束，她坐下来接受了腾讯娱乐记者的专访。即便对话不到一小时，但这种机会在过去的七年已属罕有——作为一个背负着太多秘密的"传奇"，梁洛施必须保持一种神秘感。

消失 7 年后再度回归公众视线的梁洛施，似乎想向人们展示一个不一样的自己。已经成为三个孩子母亲的她，比 7 年前那个少女还要瘦，但她不再穿花花绿绿的衣服，也不再染垫过发根的黄头发，而是一身黑裙搭配黑卷发，从容干练。回答问题声音轻柔，姿态端方，和十年前宣传

《伊莎贝拉》时那个小动作颇多的少女比起来判若两人。

经纪人 Roy 坐在一旁，几近慈爱地看着她。前任经纪人霍汶希曾遭梁洛施控诉"向我提出极不合理的要求"，但这个长相温和的中年男人被她形容为"互相信任对方的一个 partner（伙伴），给我很大的自由"——事实上，去年"梁洛施工作室"成立，成了自己老板的她，再也不会因为拒绝任何人的要求而受到惩罚。

而在那之前，她已开始对一众找上门来的剧本 say no，挑挑拣拣一两年后，才选中《念念》作为复出之作。一轮又一轮的采访中，她不厌其烦地向每一位记者讲述这部电影与自己人生的映射：与在片中饰演的角色"育美"一样，她也是单亲家庭长大、无法谅解独断而强势的母亲，却在自己成为母亲之后，与压抑的过去和解。

只是，记者们总试图在"自己成为母亲"这个话题上挖掘更多——以一种"小心翼翼避开孩子父亲的名字"的方式。

对于一位贴上"豪门梦碎"标签的女明星，人们对她作品的关心远远比不上对她私生活的好奇心，常年占据八卦新闻头条的梁洛施太清楚这一点。但她成功地把控住了场面：助理早早审核了各家媒体的采访提纲，删除了所有"敏感问题"；采访中有人想"打擦边球"时，一旁的工作人员会及时打断。她的朋友们也都懂得如何保护她，彭浩翔就在面对采访时说："经常有人问我梁洛施的事，我觉得还是问当事人吧。我不太愿意代表其他人回答他们的问题。"干爹黄秋生则会更为直接地挂断记者的电话。而梁洛施自己只需对着镜头微笑，或瞪着眼睛示意没听懂记者的普通话提问，然后继续刚才的话题，一身黑裙优雅端庄。

那些隐秘的真相就藏在这笑容背后，任外人如何猜测，也无法坐实。唯一能确定的是，从这段隐秘经历中走出来的梁洛施，已不再是当初那个叫嚷着要"自由"而不得的叛逆少女。

我享受那种痛

"Isabella（梁洛施英文名）是上天派来演这个戏的。"张艾嘉在不同的场合反复提及。

片中为"自由"而毅然带女儿离开故乡小岛的"母亲"，是她为爱徒李心洁量身打造的角色。"心洁也是出生在马来西亚的一个小岛，然后努力往外打拼自己的事业，我能看到她身上向往自由的部分。"

但梁洛施是中途"闯"进来的。

"'育美'是一个台湾女孩，所以我一定是在台湾的女演员当中去想，可是一直没有找到一个很适合的，所以就一直在等待，在等待。"张艾嘉告诉腾讯娱乐记者，"有一天就碰到 Bella（Isabella 昵称），我说来我家吃饭聊天啊，越聊越觉得她很像这个女孩。她的个性，她倔强地对待感情的那种态度，她脸上那种发出来的光彩，让我觉得她可以胜任这个角色。"她对梁洛施说："你的眼神里有育美的影子。"

《念念》开头，梁洛施坐在天台边抽烟，细长的胳膊从宽大的 T 恤袖口中露出来，眼神空洞，背后是大片大片的蓝天。这种冷清、晦暗的色调几乎伴随着她的每一个银幕形象，从《伊莎贝拉》中失去单亲母亲、寻找失散父亲的少女张碧欣，到《刺青》中阴郁的女同性恋刺青师"竹子"，再到《深海寻人》中追踪哥哥死因的神经质的妹妹小凯。

而前几年被她拒绝掉的那些剧本，也"基本没有轻松的，全部都很沉重、很负面"。

"你有没有想过，为什么都找你演这种沉重的电影？"记者问。

"可能是我家庭背景的原因，导演们觉得我有过这些经验。"

"那他们看得准吗？还是其实你比他们想象的要更阳光？"

她犹豫片刻，答："我觉得他们看的是对的——但是我享受那种痛。"

与贫穷的第一次交战

严格来说，梁洛施并非真正的"灰姑娘"。她的父亲是豪门望族殷理基家族的后代，澳门回归前，家族业务遍及机票旅游代理、酒类进出口、纺织、政府工程等多个领域，虽比不上李嘉诚的富可敌国，也绝非普通人家。

然而这些都跟梁洛施无关。她出生不到半年，父亲就因吸食过量药物而死亡，而他的家族拒绝承认身为赌场发牌员的梁母的身份。女儿甚至不能随父姓，而跟着母亲姓"梁"。

父亲去世后，母亲带着梁洛施和同母异父的姐姐，靠在赌场打工勉强过活。她的童年记忆中交织着借钱时亲戚们的白眼和频繁的搬家经历。类似的场景被彭浩翔拍进《伊莎贝拉》：房间里没有家具，只有塞满平价衣物的红白蓝塑胶袋，因为随时会因交不起房租而被房东扫地出门。

有娱评人这么形容梁洛施："穷人家的孩子，落地便进入欲望学堂。"

贫穷所带来的不安全感深入骨髓，梁洛施曾与它有过三次交战。

第一次是在 12 岁，那时的她还叫"梁乐瑶"。母亲编织了 12 年的谎言"爸爸在葡萄牙工作"在这一年被揭穿，对于生活能变好的唯一期望也破灭了。她大哭一场后，决定自己掌握命运。

梁乐瑶花了两个月的时间说服母亲，让她辍学，进入演艺圈挣钱养家——反正"读书改变命运"这条路已不太可能实现，她从小抽烟、旷课、不服管教，背着 32 个处分被小学除名，又因出勤率不足两成、从不交作业而没拿到中学毕业证书。

另一条道路则看上去更开阔。在街头被模特公司星探发掘的经历，让梁乐瑶意识到了自己的资本：12 岁的年纪，已经长到 1.69 米，手脚细长，鹤立鸡群；而复杂童年经历造就的早熟、叛逆性格，反而为她青春的面孔蒙上了一层与众不同的神气，令人印象深刻。

她将自己的照片寄给了当时香港年轻人中最火的娱乐杂志《Yes！！》，从一众美少女中脱颖而出，成为封面女郎，并因此获得有"香港娱乐圈点金棒"之称的杨受成钦点，签约英皇，并改名"梁洛施"。年龄小，公司不惜花四年时间等她长大；没有基础，就请来"喜剧巨星"詹瑞文教她演戏，Twins 的师父教她跳舞，外国著名音乐人教她唱歌。

2004 年，16 岁的梁洛施正式出道，英皇举行 26 桌宴席的盛大记者会，高调宣称她是"张柏芝接班人"。2006 年凭借彭浩翔为她量身打造的电影《伊莎贝拉》摘得香港"金紫荆"最佳新人奖、葡萄牙电影节"影后"桂冠和柏林电影节"影后"提名时，她才 18 岁。

廉租屋里的"不良少女"站到了追光灯下，穿上大牌礼服、戴着华丽珠宝，跟那些与自己来自不同世界的人平起平坐——比如曾经的偶像、后来的师兄谢霆锋。她成为他《完美启示录》MV 的女主角，穿着白色吊带裙站在冰天雪地之中，仰头微笑。有人问，你觉得谢霆锋怎么样？她酷酷地说，没什么特别。

第一次交战，似乎以梁洛施的完胜告终。

没有任性的资格

——是的，"似乎"。

胜利的假象在葡萄牙"封后"之后达到顶峰，人人赞她有天赋，她也以此自诩，以为这天赋可以助她掌控一切。她想要更大的战利品：自由。

那个"不服管教"的叛逆少女又出现了，宣传活动结束后被告知不能回酒店休息，她蹲在日本街头大哭："演戏就是演戏，不要叫我去陪吃饭、陪唱卡拉 OK，真的不行，很不喜欢。"

哭完之后，任性模式开启。她开始不配合工作，自作主张推掉事先约好的记者采访，当面顶撞一手捧红自己的"金牌经纪人"霍汶希，终于惹怒公司，遭到"雪藏"，不再会被助理的深夜电话吵醒，也不再需要面对讨厌的应酬。

但也没了通告与收入。舞台、闪光灯、晚宴、派对一下子全部撤离，她才发现自己原来一直没有摆脱贫困的根源。未正式出道的四年里，她一直靠向公司借钱过日子，为节省每月几千港元的房租差价，曾一度与母亲搬回澳门住，有工作时才搭船返港。出道后的广告代言费、片酬也没能给她们的生活带来实质性的改善，要么还给了公司，要么用于置办符合她明星身份的服装——而大部分活动上佩戴的昂贵珠宝，仍要向公司或经纪人讨借。

"我不能被雪藏的，全家都要靠我来养。"她对朋友说。

最终，原定一年的"雪藏"因梁洛施认错态度良好而在第四个月"解冻"。之后的她变得异常谦卑、谨慎，说话眼神闪烁，凡事必问经纪人——这回，贫穷给了她一次实实在在地反扑。

她与谢霆锋终究不同。不愿受制于公司的艺人不止她一个，有人能轻易脱身，如何超仪、周英杰——前者是"赌王"何鸿燊的女儿，后者是香港资深大律师清洪的干儿子；而没有"背景"的如叶佩雯、何嘉莉、黄佩霞等，只能任人打压，甚至无限期"雪藏"。梁洛施比她们幸运，她有作品、有人气、有潜力，才得以让英皇网开一面。即便如此，仍是以修改合约、多签了四年"卖身契"为代价。

19 岁开始，不战而胜

两年后，这段领悟被她写进了要求与英皇解约的起诉书中，以证明英皇与艺人签的合约过于苛刻，自己"并非唯一想离开的艺人，只是唯一循法律途径并积极争取、与英皇闹上法庭的艺人"。外界看不懂她这手回马枪，但可以确定的是，彼时她已拥有丝毫不亚于"赌王"和大律师的"背景"。

这个"王子与灰姑娘"的故事也让人耳熟能详：2007 年，41 岁的李泽楷去上海《木乃伊 3》片场探班好友杨紫琼，结识 19 岁的梁洛施，两人迅速坠入爱河；2008 年，男方斥巨资为女友"赎身"，梁洛施退隐娱乐圈，在 20 岁出头的年纪先后为"小巨人"生下三个儿子；而就在外界认为她入主豪门之事已落定时，2011 年初，梁洛施却率先发出一纸分手声明，带着三个幼子远走加拿大，杳无音讯，给好事者留下无数猜想。

无论如何，2008 年李泽楷出资 2 亿港元为梁洛施"买断"合约，让她在对抗贫穷、争取自由的第三次"战斗"中不战而胜。

那大概是梁洛施一生中第一次彻底甩掉贫穷所带来的不安全感。她在男友的指导下投资股票，短短数月就赚了过百万，即使推掉工作也衣食无忧。一向俭省的她，那段时间频繁被拍到与母亲一身奢侈品牌在君悦酒店喝下午茶，春节期间还带着母亲和姐姐一家同游日本、韩国，一切花销都由男友包办。

对于这段年龄相差 22 岁、贫富悬殊的"忘年恋",外界猜测不断。对此,李泽楷从未给过回应,梁洛施则坚称"我欣赏他的成熟、细心和有才华"。从小没有父亲的她一早就公开表明自己"钟情年纪大的男士",上一任男友是著名音乐人陈辉阳,交往时她 17 岁,他 38 岁。这段恋情也被视为令她无心工作而被"雪藏"的导火索,最终黯然分手,是"解冻"的条件之一。

而李泽楷与陈辉阳不同——这不仅指他家产丰厚。作为华人首富的二公子,他天资聪颖、见多识广,而且也是出了名的倔强叛逆:上学时不肯动父亲一分钱,自己打工赚生活费;名校毕业后亦不肯接受父亲给的"和记黄埔"行政总裁职位,硬是创下了自己的基业。

正是他鼓励梁洛施放弃香港市场、进军好莱坞,又送她去海外深造英文和戏剧,让这个没怎么见过世面的 19 岁女孩,第一次进入了更广阔的世界。

另一个牢笼

当然,你也可以说她陷入了另一个牢笼。

李泽楷让她向外闯、不要再接港产片,她便连之前演出的徐克的《深海寻人》电影海报也不拍,积极为《木乃伊 3》在美国的宣传活动站台;他送她深造,她便乖乖在国外学英语,拒绝所有递上来的剧本和国际品牌代言邀请。

在这段关系中,梁洛施始终被认为是一个依附者和讨好者。她的一切言行都被解读为觊觎豪门媳妇的身份,无论是刚开始交往,还是息影生子,就连发布分手声明,也被揣测为"以退为进,逼未来公公定婚期",即使在声明最后,她无力地表示,"望能结束外界对我无休止的猜想、臆度。"

也有一小部分声音试着为她"正名"。有友人站出来向周刊爆料,说李泽楷曾向梁洛施求婚,但被当时 21 岁的梁洛施以年龄太小、要发展事业为由拒绝。

"自由"与"豪门"往往不可兼得。2011 年圣诞节前,与李泽楷分手近一年的梁洛施被拍到在香港与朋友聚餐。朋友向媒体透露,过去梁洛施与李泽楷在一起时,连朋友聚会都要经过严格的"审批",时间地点必须由男方来安排,"同李生(李泽楷)分手之后,Isabella 可以自己话事(决定),找我们的次数也多了"。

娱乐记者葛怡然这样写道:"当普通人替她忧心忡忡的时候,梁洛施的日子,又岂是我们能够想到的?朱玲玲到了 50 岁还是要离婚,徐子淇婚后的主要任务是生孩子,必须生出男孩才能罢休。豪门的光鲜与冷暖，只有围城里的女人知道，围城外的女人，靠得住的，终究是自己。"

事实上，无论经历了怎样的心路历程，最终以"梁小姐"而非"李太太"身份复出的梁洛施，的确只能努力打造"靠自己"的形象。她摆出一心扑在工作上的架势——拍《念念》时提前五个小时赶到片场。在香港演出舞台剧《快乐勿语》时，每天排练14个小时，"体重减少双位数"，非但不抱怨，还高呼累得开心。

出席公开场合，她很少穿鲜艳的衣服，永远一身素黑或素白，知性优雅，并反复向外界表明：没有传说中的巨额分手费，也没有"生一个儿子给一亿"的协议，"在经济上我很independent（独立自主）"。

再次出来工作并不容易。2013年9月3日，《念念》台北记者会，退隐多年的梁洛施首次现身，正式宣布复出。有记者问复出心情如何，她一度说不出话来，站在一旁的张艾嘉急忙解围："她的过去不重要，以后才是最重要的。"梁洛施连连点头，眼眶泛泪。

这被视为梁洛施与李家"斗争"的胜利。几年来，每隔一段时间都会传出她复出拍片的消息，从徐克的《武则天》到黄真真的《花木兰》，从陈果到王家卫，最后都不了了之。据传，是李家不允许自己的儿媳妇——哪怕是未过门的——继续在娱乐圈"抛头露面"。

复出后，传媒又推翻了之前的言论，称李泽楷不仅不反对梁洛施复出，甚至十分支持她回归娱乐圈，还帮她挑剧本、改剧本，连复出的造型、路线都帮忙出谋划策。

"我知道我们永远都会黏在一起被别人写。"梁洛施对记者说。但李家对她的牵制有多深并不重要，重要的是，正因背着这层"永远黏在一起"的关系，她才不再是那个处处需要反抗的小女孩。连因"解约风波"而反目的杨受成也特地跑去看她的复出之作，并夸她演技日益成熟，双方迎上去握手，一笑泯恩仇。

成为控制欲的母亲

"我很满意我现在的生活。"今时今日，梁洛施终于可以这么说。

她才27岁，却像是过了别人的一辈子那么久。当大学毕业没多年的同龄人正为职场人际关系、户口、买房、要不要结婚、结了婚要不要生孩子、甚至找不到男女朋友而发愁时，她却一路闯关通过了最惊险的生存游戏，无所畏惧。

"21岁就当了妈妈，那么年轻，你当时有没有恐惧感？"

"为什么要恐惧？"她一脸困惑。

我向她解释："现在很多年轻人都不敢生小孩，认为孩子会是事业、生活的牵绊——《念念》中李心洁饰演的母亲不也说过，'要不是因为你们两个小鬼，我早就离开这个小村子了'吗？"

她看上去并没有完全听懂，只说："我不会。我从小到大都想要一个完整的家庭，我很清楚我是一定要有自己的小朋友的，所以没有什么不开心。"十年前《伊莎贝拉》上映，记者在后台问梁洛施拍片感受，染着黄发、穿着吊带背心的她当时说过同样的话："这个角色给我很渴求的一样东西……完整的家庭是很紧要、很重要的。"

复出后的梁洛施一半时间工作，一半时间跟妈妈一起照顾三个儿子，其乐融融。传说李泽楷当初为他们在加拿大购置的古堡价值 6 亿港元，如今孩子们到了上学的年龄被接回香港，也有高级私人会所可安顿。无论传言真假，至少可以肯定，三个儿子不会再经历像她那样的童年。

"但你说我的家庭完整吗？不完整。"她主动地自问自答。至于"担不担心孩子们像你当初一样缺失父爱"，她哈哈一笑，举起细瘦的胳膊，说自己"既当爹又当妈"："灯泡坏了我也会换，在家都是我来做，所以我常常跟我的小朋友们说，我是不是很 man？他们说不是，他们说我是superman。"

关于爱情，她瞪大眼睛认真地表示，自己目前并不期待，"有三个'小男朋友'（指儿子）就够了"——"那三个孩子，简直就是梁洛施的命根子。"张艾嘉说。

但在儿子们眼中，梁洛施不会是个温柔的"女朋友"。"他们怕我。"她承认。

当年她也怕过自己的母亲："她管我很严的，令我觉得很反感，好像做什么她都不会支持我，反而骂我。"12 岁之后的很长一段时间里，梁洛施与母亲矛盾激烈。这是演艺圈之外的第二个"战场"，她执着地反抗母亲的控制：母亲说你出差到哪里能不能给我打个电话，"她越这样说我越不打"。

直到自己成为母亲之后，她才开始变得柔软，"现在到哪里都会主动给她打电话"。恰如《念念》中的育美目睹因车祸而早产的孕妇生产之后，突然谅解了自己的母亲。"看到生孩子的过程，她知道妈妈一定是爱她的，她的心结解开了。"

而且她逐渐发现，母亲的方式不知不觉中渗透到了自己的血液里。她曾以为自己会成为一个宠溺的妈妈，"生了孩子之后发现完全不是"。孩子们必须严格遵守她立下的规矩，比如绝对不能浪费食物。夹太多菜在碗里吃不下？不行，不准浪费。儿子在她的注视下吃完整盘菜，然后跑出去吐掉。"从此以后他不敢了，选菜就很小心了。"

不过，就像她当年那样，"他们大了不会听我的话的。我会牵着他们的手，陪着他，支持他，但以后的路轮不到我帮他们选择。"这位严厉的母亲自嘲道。

经历了这么多年"战争"，梁洛施不再是当初那个处处受制于人的小女孩，而是拥有了按照自己心意生活的权利。她可以控制她的孩子，控制他们今天穿哪件衬衫，学英文还是学钢琴，放学后可不可以吃零食，睡觉前能不能得到一个故事；她也可以掌控自己，要不要拍片，要和谁拍片，什么姿态去露面——那个"不能说名字的人"所给予她的，除了三个孩子、数目不明的财富、远超一个普通女演员所能受到的关注，还有这样的权利。人们或许还记得，当7年前这个姑娘敲响她的"战鼓"时，我们都听到了震耳欲聋的声音。

靳东：我不是大器晚成，我在导演就踏实了

文 / 秦筱、曾妮　编辑 / 露冷

　　见到腾讯娱乐记者前，靳东刚刚结束一个杂志的封面拍摄。"最近采访太多了，多到我已经深恶痛绝。"他脱下为拍摄而准备的质地精良的风衣，露出枣红色圆领毛衣，一屁股坐到摄像机对面，做了这番开场白。气氛变得有点尴尬，但他泰然自若。

　　如果不是《伪装者》和《琅琊榜》的热播，靳东应该正利用进下一个剧组前的"假期"在家带孩子。可现在，他已经连续一个月，每天在密集的通告之间奔波。他的微博粉丝量在半个月内从 63 万涨到了 137 万，并且第一次拥有了公司专门配备的经纪团队，以应付纷至沓来的工作。

　　杂志拍摄是很早之前约的，已经"拖得不能再拖"，索性一并完成——反正也不多这一项任务了。入行 22 年，靳东还是没有习惯"拍大片"：拍戏时人是流动的，但拍照不一样，在规定的空间做规定的动作，任人摆布，他受不了。"事实上我也不是特别清楚这些照片拍来做何用，只是觉得既然谈了这么久，大家希望我有一些图片出来，那我就配合一下吧。"

　　他也几乎从不翻看自己的"大片"，只有一次例外：2011 年为某媒体拍摄的一组写真，由于种种原因没有刊登，时隔一年，他跟摄影师要过来，发在了自己的博客上。他说，之所以念念不忘，是因为摄影师给这组照片起的标题《演员，靳东》，他喜欢这个定位，简单、准确。

　　照片上，靳东穿着剪裁利落的灰色西装，除了身后白色背景布上映着自己和一丛竹子的投影，画面中别无他物，简洁得像是对他的一个隐喻：即使是最铁杆的粉丝，也只能历数他扮演的

一个个角色，而对银幕下的靳东知之甚少。这是他多年来刻意为之的结果："十年前我就说过，作为一个演员，你把生活中的自己隐藏得越深，观众才越有可能相信你所塑造的人物。"

但如今，他的过去、家人、爱好、日常生活点滴，通通被媒体翻了出来，反复追问，而他所"深恶痛绝"的正是这一点——有人擅长将自己与这些因素打包，做成一个叫"明星"的商品，奉送到大众眼前，但靳东并不打算这样做。他抢在每一个记者开口前与其约法三章："咱们还是围绕戏来谈吧，为戏做宣传是演员的义务和责任，戏以外的还是不要聊了。"

他觉得，这阵子的"火"很快就会过去，除了让更多人知道"靳"字怎么读外，并无更多影响。到时候，他就又能躲回一个个角色背后，做那个隐藏者了。

一直都在"暗火"

"冲着胡歌来，没想到被靳东迷倒了。"这是靳东的新粉丝们津津乐道的段子。

提到这事，他有种好像占了什么小便宜似的愧报，因为自己挑了最好的角色——"这个戏里能称我心的就是明楼了。"明楼表面上是打入汪伪政权高官阶层的军统特工，实际上却是共产党的地下情报员，同时还是家庭中的大哥、主心骨，坚毅、睿智又风流，三重身份纠缠在一起，复杂，难演，演好了却最容易出彩。

人们先是被靳东"完美的侧颜"和低沉的声线所惊艳，然后被他"举手投足都是演技"所倾倒，"实力派帅大叔"一朝成为"国民男神"。

在39岁的年纪突然红起来的演员，往往会被人们安上四个字：大器晚成。但靳东不同意用这个词来形容自己。在电视圈内，他一直都有一个"暗火"的名号，他从来不缺戏拍，"不管哪个导演都会对我说，靳东，你来了我心里就踏实了"。制片人侯鸿亮则告诉记者一个圈内传言：只要靳东来演个几十场戏，哪怕不是主演，这个戏一定会大火。两人合作的《闯关东》《伪装者》《琅琊榜》，都是有力的证明。

圈外也不是没有铁杆粉丝，靳东称他们为"戏迷"。这些人大多是从话剧时代开始认识他的，先是跟着他的演出从北京追到武汉、从武汉追到深圳，然后去电视剧剧组探班，而后则是在他的每一条博客下留言，以"靳东哥，你好！"开头，以"祝好！盼复！"结尾。"大概有那么五六万、七八万人吧。"靳东如是说——对任何一位小有名气的演员来说，这样的粉丝数量都不值一提。

而大多数时候，在机场被人认出来，对方喊出的都是角色的名字：《温州一家人》里的黄志雄，《狼烟遍地》里的牧良逢，《到爱的距离》里的第一医院院长凌远，《闯关东》里的龟田一郎……他觉得"特别自豪"，但戏迷们着急了：靳东哥啊，你怎么一直戏红人不红呢？

从中央戏剧学院毕业的头三年里，这个问题也一直困扰着靳东。他的起点并不低：大三时便凭借电视剧《五色场》中的壮族少年角色，成了金马奖少数民族题材作品单元的最佳男演员；毕业第二年，第一次担纲主演的电影《秋雨》又获得了雅尔塔国际电影节金奖和华表奖优秀新人提名，并被吴宇森称赞为"一个会用眼睛演戏的演员"。

对于这些褒奖，年轻的靳东照单全收，并无半分惶恐。大学做了四年班长，他负责为班级的每次排戏分配角色。"每个人都想演周萍（话剧《雷雨》主角）、方达生（话剧《日出》主角），那好，每个人都来演，大家投票，谁演得好谁上——我往往是胜出的那一个。"同学们都爱跟他搭戏，因为"和靳东排练的戏一定能保留"。毕业大戏《屠夫》代表中国参加国际戏剧节演出，四五十个演员在舞台上穿梭，他演男一号，一个50多岁的奥地利人，贴着胡子、佝偻着腰、哑着嗓子撑满14场，场场掌声如雷。

至今，靳东仍觉得那几年是他最有激情的时候，"上了四年大学，看了无数个大师的剧本，学了那么多戏剧的理论，就是想把自己学到的东西都呈现出来，得到所有人的认可"。

然而，赞美声始终局限在小圈子里，想象中的大红大紫并未到来——有才华、有演技的演员遍地都是，但"半年前还在食堂里臭贫，半年不见，结果火了"的运气，只发生在大他三届、小他三岁的"师姐"章子怡身上。纠结了三年，靳东想通了："人大多数时候生活在一种无奈的状态下，能不能成名，能不能获得你们所谓的成功，并不是你能够掌握和决定的，我只要自己踏踏实实地去做就好了。"

娱乐圈老首长

但在圈内人看来，靳东明明有更早成名的机会。不时有人找上门来："靳东，你演完这个戏一定会火。"剧本看到一半，他给人家退了回去："不演。"

推掉的戏里面，确实有一些捧红了别人，但靳东冷眼旁观："不是我错失了机会，是我放弃了这些机会。我有我的原则。"

他的原则包括，古装戏不接，"飞来飞去没什么意思"；偶像剧不接，"情节太单薄，往往就是卿卿我我"。入行以来，他拍的大多是严肃题材的作品，理由是，学了四年莎士比亚、契诃夫、莫里哀、斯坦尼拉夫斯基，整天琢磨"戏剧在整个人类的历史长河中起到了什么作用"，不是为了上微博热搜榜的。"人的生命很短，我希望能在我有限的时间内，尽可能多地去做一些对我们的社会有贡献，对我们生存的这块土地有意义的事情。"他说，语气颇似保尔·柯察金。

"责任"二字反复出现在与靳东的对话中，频率仅次于"但是，作为一个演员……"。

"我认为，无论电影、话剧还是电视剧，都应该有一种社会责任感，要用作品传达一种思想。"

"你是面对全国的观众，用你的形象给观众养眼，培养他们的审美情操，所以你要对他们负责任——如果总拍烂片，观众怎么办？"

他还肩负着教导粉丝的职责："你们年龄也不大，跟着我到处跑，买戏票、买火车票都是花父母的钱，可不可以等自己有经济能力了再来做这些事？现在我们可以在博客里面聊一聊，以文会友——但是，不要占用上课的时间。"

靳东与粉丝之间还有一个约定：如果一定要送礼物，那就送书。于是他们就跑到机场，在他登机前或落地后送上一个小纸袋，里面放一封信和一两本书。在剧组的时候，这样的小纸袋往往由导演转交——靳东不允许粉丝们大张旗鼓地去探班，他们便只好联系导演，在拍摄场地外远远地观望半天，再悄悄递上礼物。

在演艺圈，另一个为粉丝立如此"规矩"的是霍建华。他连书信上系着的蝴蝶结都会取下来还给粉丝，曾放话说如果有人想送自己豪车就"打死她"，还有人目睹他在片场外把两个深夜前来探班的小姑娘训了足足一个小时。

"你知道大家叫你们俩'娱乐圈老干部'吗？"记者问。

靳东嘿嘿笑："不不不，我跟他不一样。"《琅琊榜》在上海开发布会时，演员们齐坐后台，靳东一走进去，王凯就说，老干部来了。胡歌说不对，哥，霍建华才是老干部，你是老首长。后来这帮人再见面，就有了固定的开场仪式：靳东一说"同志们辛苦了"，大家便集体敬礼："为人民服务！"

在片场，"老首长"也有老首长的做派。他常常在对手戏演员念错台词的时候把剧本一扔："导演，你们把事情搞清楚了再叫我。"然后上楼睡觉。在他接受的科班教育中，最重要的一点就是"戏比天大"，而"台词是最基本的东西，你连这个都搞不清楚，还谈什么对戏的尊重？"

有时候一天的戏拍完，演员们会结伴去KTV，靳东也很少参加，"这给我的感觉就像上班时玩游戏一样不专心"。他往往用这个时间来为第二天的戏做准备。《伪装者》中汪曼春的扮演者王鸥曾看到过他的剧本，标注密密麻麻，细致到了每一场戏该有的情绪和语气，有的地方还写着"大提琴""钢琴"……问过后才知道，原来那是他认为适合的背景音乐，有助于演戏时更好地代入情绪。

但靳东觉得，自己的脾气已经缓和了很多。30 岁之前，他看到这种"跟我的价值观不相符"的情况会破口大骂、暴跳如雷，甚至直接找到制片人要求换人，结果是，很多制片人不再敢跟他合作。后来他慢慢发现，"作为一个演员，你真的没有办法掌控所有的事情"——比如自己不也曾碍于情面接过"裤裆藏雷"的"抗日雷剧"吗？只是事后被侯鸿亮笑话："你拍一雷剧还那么认真。"

"至少认真这一点是我能决定的。"他说，"就当是为学弟、学妹们做个表率吧。"

理想主义者的胜利

没人想到《伪装者》会这么火，包括靳东、侯鸿亮以及导演李雪。但这也在情理之中：侯李两人此前合作的作品《闯关东》《生死线》《北平无战事》等，部部制作精良，广受赞誉。2012 年三人在《温州一家人》中第一次合作，靳东便获得了亚洲电视剧彩虹奖的最佳男配角。

"你觉得这是理想主义的胜利吗？"记者问。

"当然。"靳东毫不犹豫地回答。

在他眼中，侯鸿亮"是个死倔的人"。他的影视制作公司一年只拍两三部戏，每部戏策划做完、剧本写好后，他要给导演至少三个月的时间琢磨剧本，再给剧组三四个月拍完，加上后期制作，基本上要花一年以上的时间——这几乎是业界制作一部电视剧平均时长的三四倍。曾经有部戏因为时间仓促，只用半年便制作完成，他一直耿耿于怀，"挺粗糙的，不是市场觉得过不去，是我内心过不去"。

作为侯鸿亮团队御用导演之一，"李雪自然也是个死倔的人，一直在坚持和坚守"，"我本人更是死倔死倔的"。靳东觉得，"死倔"是 70 后这一代流淌在骨子里的理想主义，"干什么就得有个干什么的样儿"。

小时候他也调皮捣蛋过，"比较叛逆，没有方向"，因为不知道自己想干什么，干脆什么都去尝试：在歌厅唱过歌，在酒吧当过服务生，后来念了个中专——在当时已经算是不错的学历，出来后找了份工作，第一个月工资就有一百零几，而一般人当时才挣几十块钱。"要是没被人发现，我可能就安于那样的生活了吧。"他说。

突然有一天遇到一个好久不见的发小，说靳东你都长成这样了，会演戏吗？"演什么戏？""拍电视。""好玩儿吗？""好玩儿好玩儿，特别好玩儿，你跟我去试试。"

就这样，17 岁的靳东出演了自己的第一部电视剧《东方商人》，演少年高显阳，20 集的戏他出现了5集，成年版的演员是当时刚刚成名的高曙光。

"嘿，这东西真挺好玩儿的！"在"好玩儿"的催使下，他又拍了七八部戏，都是演男一号的青年时代。

1998年，靳东第一次出演男一号，在电视剧《母亲》中扮演岳红的儿子。电视剧在全国30多个频道播出，他的片酬与收视率一道，"噌噌噌"地上涨，人也变得有些飘飘然了。"有一天我碰见岳姐，她轻轻地对我说了一句，你应该去上学、读书，这对你的将来有好处。"他敏锐地意识到，岳红是在委婉地提醒他，不要妄自尊大。

一年后，23岁的靳东考上了中戏表演系。他还记得入学那天，一个高高瘦瘦的学生走过来问，哥，你哪个班的？我叫李光洁。开学后课间打篮球，小他两岁、大他三届的刘烨对着大喇叭解说："现在我们看到，靳东正在带球过人。靳东这位同学啊，是中央戏剧学院有史以来最老的新生……"

这位"最老新生"比其他人更明白自己想要什么。23岁到25岁，一个年轻演员的黄金年华，他把自己藏在校园里拼命吸取知识。"没有一天早于一点半睡觉，每天睡眠不超过5小时，别人交一篇作业，我主动交两篇。"与隔壁班的女友交往了两年，没有陪人家逛过一次街，"心思全在排戏上"，后来就分手了。

"那时候真较真儿，真嚣张啊，就觉得自己要做一个很牛的演员。"39岁的靳东感慨。随后又笑称："其实现在也是一样。"

我就是明楼那样的"霸道总裁"

入行22年，靳东觉得，自己真正做到了"不改初心"。火了会有什么影响？他给出了意料之中的标准答案："不会有任何影响，还是照样挑好的剧本，塑造好的角色。"

对他影响最大的事发生在这两年间。他结了婚，当了爸爸，开始反思这些年是不是对戏太过投入——"有时候拍戏回来近一个月了，我都有些恍惚，还觉得自己是戏里的角色，你的生活习惯，包括很多小细节、小动作，都还是戏中的样子。"有时候他也会问自己，哪一个才是真正的靳东。

家庭让他找到了自己的位置。如今他会把儿子带到剧组，看着儿子的笑脸，便回到了父亲的角色——如同任何一个普通父亲一样，心被他的一颦一笑而牵动。

这个面对女粉丝的表白，会回复"好好学习、天天向上"的"老干部"，在妻子的生日、情人节，也会买花、昂贵的手表以及她最爱的相机做礼物。"我其实没有那么不解风情的，但是我不愿意在外面表露出来。"

说到这儿，话题又被他转到了角色上："你们说明楼是'霸道总裁'，这其中有多少是现实生活中那个叫靳东的演员的成分？起码我的价值观是，不管我在外面有多辛苦，我希望我的家人快乐。在家里面我们不谈工作，只谈家人的感情；在外面我也不提我的家人，把他们藏起来，保护起来。明楼也是这样的，这本来不就是应该的吗？为什么还要造一个流行词汇来形容他？"

这些天的密集采访中，靳东接受了太多流行的玩意儿。除了知道"霸道总裁""老干部"这些称呼外，他还"被迫"在一档访谈节目中拍了人生第一张自拍照。在女主持人的逐步指导下，他伸直手臂举起手机，45度角对准自己，然后微微侧脸，点下了拍摄键。

主持人调侃："你的粉丝说微博关注量涨到多少多少就让你发一张自拍照，你会答应他们吗？"

他呵呵一笑："还是不要谈这个条件了，要是每天翻开微博看到的都是这张脸，自己都会看吐了，真的。"

消失在银幕上的时候，靳东会去打打网球、看看书和电影、听听京戏，或者骑着哈雷摩托车去"跑山"。多年前在美国，从洛杉矶开往拉斯维加斯的公路上，他驾着汽车被三四十辆哈雷超过，当时就被震惊了，"那是一种完全不同的生活方式，自由，奔放，既是一项个体的运动，又是一个团队的集体行动。"

如今，靳东对哈雷摩托车的型号如数家珍。天气好又空闲的时候，他会约上车队的好友，从北京出发，经过怀柔、密云直到河北，一路上经过很多崎岖不平的路段，身体在体会高速压弯的快感，头脑中则闪出各种念头："如果这时候有一颗很小的石头，可能人和车就全飞出去了，特别致命。这也像生活，生命就是直播，没有录播，没有了就没有了。很多事情往往瞬间改变命运。"

这是靳东生活中难得的，隐去所有的角色与身份，单独与自己对话的时刻。

张晋：太太蔡少芬像我的小粉丝是她的智慧

文 / 付超　编辑 / 露冷　摄影 / 薛建宇

　　从"蔡少芬老公"到"马三"，张晋走了近十年。从"马三"到张晋，他只花了不到三年。2015 年 6 月 18 日，《杀破狼 2》正式公映，在这部荷尔蒙爆棚的动作片中，张晋凭借优雅的身形打法脱颖而出，成功抢走吴京和托尼·贾两大主演的风头。真正意义上，让人记住了他的名字。

　　影片上映 10 天后，我们在北京某酒店和张晋深聊起这段绵延十几年的平凡之路。这个至今还不太谙熟回答技巧的 41 岁男人，语调轻柔、语速缓慢，见到记者身上也有文身，他抬起腿，露出右脚脚踝的一圈纹身。那圈纹身由一个十字架图案和象征基督教教义精华的"信、望、爱"三个字组成。

　　那和银幕上的他截然不同——无论是马三，还是典狱长，都是出手辛辣，招法阴毒，邪得狂狷。卸下角色的他，却如此祥和。

　　花了一分钟左右补完妆，他呆坐着有点儿无所适从，助理退到一旁回信息，化妆师盯着天花板在神游，他眼神飘过我，找不到焦点，房间开始静得像一场生死决斗的开场。先沉不住气的，倒是从小在武术队就习惯了这种氛围的张晋，他拿起脚边的水，灌了几口，咕咚声起，他脸上的表情舒缓了一些。

　　之前也采过动作演员，出身片场武行的他们，鲜少这么安静。成龙像个没架子的帮派老大，对你嘘寒问暖；吴京说话像吐子弹，声音高亢，每个字都带着滚烫的荷尔蒙。张晋太例外了，他消瘦的身形里透着自幼习武的精气，与他人并无二致，但他就静坐在那里，像株靠光合作用就能静谧生长的植物。

你可以想象，在过去的那数十年里，他也是如此安静地等待着、蛰伏着。等待一个机会，一跃而起，然后，一击而中。

张晋叹口气，用下面这句话开启了整场采访——他说："这一路上，信仰帮助了我很多，要感谢的人也很多，但是不要忘记感谢自己。"

信：一直明白动作是在表演之后的

2014 年 4 月 13 日，第 33 届香港金像奖，还有 36 天就将迎来自己 40 岁生日的张晋初次入围便斩获最佳男配角奖。发表获奖感言时，他不卑不亢地回复那些多年来拿"蔡少芬老公"调侃他的人："我要感谢我的太太蔡少芬，是的，我的太太是蔡少芬。"为自己正完名，他深情致谢："很多人说我这辈子都要靠她，没错，我这辈子的幸福都要靠她。"语毕，蔡少芬在台下哭得梨花带雨。

和所有带有励志成分的故事的开场一样，选演员这份工，是张晋幼年时代的理想。祖籍重庆的他，9 岁起就加入武术队，原因有两个："第一是为了讨生活，我当时是农村户口，进武术队可以变成城市户口；第二是为了自己，那个时候我就想当动作演员。"

张晋没想到，这一想，就是十几年。

武术队期间，张晋最接近演员的一件事儿，就是模仿动作片给自己的武术套路里编排进不少夸张的动作。"我当时也不知道有吊威亚这回事，就在武术动作里设计了几个腾空飞跃的动作，结果每次都摔下来了。"不知道这个小插曲是不是冥冥之中的一种征兆，1998 年从武术队退役后，24 岁的张晋进入影视圈，就做起了武术指导。

那时候张晋还在《小李飞刀》中给焦恩俊做替身，被著名武指袁和平相中，加入袁家班。这个当年把自己摔得狗吃屎的愣头小子，就此在《卧虎藏龙》中，担任杨紫琼和章子怡的武替，还为她们设计了武打动作。不仅如此，周润发的太极拳，也是他手把手教会的。那时候的周润发是有多喜爱张晋？戏拍完了，他送给张晋一套名牌运动服，写着："学生周润发送给张晋老师。"

虽然依旧还只是名武指，但换成他人，有着这样的人脉积攒，就此拿下一两个小角色、转行成演员，似乎是件再正常不过的事情。但张晋不好意思地笑了："那时候非常想做演员，但在他们面前从来没提过，即便是对八爷（袁和平），我也从来没有说过一次。在这方面我是比较害羞，不太会去表达。"

事后回看，这一句"不会表达"，让张晋离抵达现今的荣光又荡出去了十几年。张晋正式从幕后武指转行为演员，要追溯到 2000 年。他在一部名为《武林外史》的电视剧中演了个名叫驴蛋的角色。从角色名就不难得知，这是个彻头彻尾的小配角，"那部戏里的每一个人我都不认识，没有人推荐，自己找的"。再往后，他靠着这种不会来事儿的害羞劲儿，费劲地在演员这条路上摸爬滚打。

在外人看来，十几年前的这种错过，无异于打飞一记绝杀点球，但张晋却更愿意从中看到更积极的东西，而这一切，依旧出自他"想做一名演员"的初心。他说："我觉得也不是坏事，可以从最底层做起，就好像说一来就做主角可以有机会红，但是也有可能做不好啊，我做小角色其实也是一种对表演的锻炼。"

这段路人甲生涯持续了很久，甚至可以说持续到了接演《一代宗师》前。虽然中途也主演过《水月洞天》《灵镜传奇》等电视剧，但张晋一直离成功很远。没有混人脉的情商，张晋质朴的勿忘初心，却一直让他在有些挣扎的演员之路上，一直保持正确的方向。作为一名动作演员，他很清楚自己的优劣势在哪儿，并不断去努力扬长避短——"动作演员能打不能演，好像已经成为一种常识了，但我从想当演员那时起，就明白表演是打头的，动作是在它之后的。"为此，他经常会在看到一场好戏后，去琢磨："如果是我做，我会怎么去做？"和蔡少芬在家时，两人最爱干的事情之一，就是"经常在洗澡时对着镜子演一段戏"。

这种清教徒式的修炼，没有捷径可走，但足够磨砺人。所以，当《一代宗师》的机会来到时，张晋抓住了它。也有人不屑："就是运气好，能打的人多了。"张晋倒也终于不再谦虚："片子拍完后，有一天我对导演说，谢谢你。王家卫说，不，谢你自己，如果戏不好，我也不会用你到最后的。"

这或许很好解释了，他最终为何能凭借动作演员的身份，拿下许多同行都梦寐以求的金像奖。

望：低谷时根本找不到人去诉说

张晋曾经在某期访谈节目里说过一个小故事。

当时事业困顿的他心态十分浮躁，每次拿到剧本就抱怨："戏好少啊，台词能再多点吗？"一旁的蔡少芬劝他："戏少点好啊，可以轻松点。"结果张晋当场就挤兑妻子："你一出来就是主角，当然觉得戏少好了，够轻松嘛。"

再回头看路人甲的十几年演员生涯，张晋不想把现在已经能凭一己之力站到镁光灯下的自己打造成一位成功学大师。他老实交代："现在大家都觉得我是好好先生，但我原来也没有这么好……最低谷的时候，我根本找不到人去诉说。"

对做演员这件事如此渴望，不希冀成功是个太冠冕堂皇的谎言。但羞赧的性格，注定张晋在这条成功之路上要付出更多的忍耐，承受更多的煎熬。

大约在2006年，接连拍完《水月洞天》和《灵镜传奇》后，和公司解约的张晋独自来到北京，像个新人一样挨个剧组投简历。蔡少芬说起这段，字眼里满是心疼："那段时间我就开着车带他去各个公司，在车里等他，他回到车里后问他怎么样，他摇头，特沮丧地说就那样吧。"事业上长久的停滞不前，使张晋的情绪难免有起伏："有时候我会想，为什么我没有机会？经常会反问自己，我长得比他好看，为什么给他做替身呢？他还不如我呢。"

压力不仅仅来自于此。2008年，他和拍摄《水月洞天》时结缘的蔡少芬秘恋四年后正式结婚，那应该是他第一次上头条——以"蔡少芬老公"的身份。婚礼次日，港媒就在嘲讽张晋没钱，以至于举办婚宴的酒店都地处偏远。此后，各种质疑男方的声音不断。再忆起那段难熬的岁月，张晋的脸上依旧带着苦笑："真的是抵抗力快到极限了，本身事业上就没有起色，这样的负面新闻还会抹杀你本就不多的机会，真的是有一点冤枉。"

"蔡少芬老公"这个头衔伴随了张晋很长一段日子，即便到现在，去搜索张晋早期的相关新闻，都少不了"蔡少芬"仨字的陪伴。对此，张晋从没有回避自己的自尊心："肯定有落差，两人又都是干这一行的，难免被人拿来做比较，一开始她还安慰我，到后来实在是安慰的话都说完了，就什么也不说，陪着我。"说起这段往事，张晋皱着眉，带些戏谑般地笑，是那种隐忍多年后终于扬眉吐气的感慨。

最沮丧的日子里，朋友每次跟他说"又有你的新闻了"时，张晋就会痛苦地回应说："现在对我来说，没有新闻就是最好的新闻。"而他因为经济窘迫，甚至没钱买机票去探蔡少芬的班的故事，也是关于这段困顿日子流传颇为广泛的段子之一。

幸运的或许是，张晋是个隐忍的金牛男，在熬过这段人生暗黑期后，这些诋毁与低潮，都成为他人生修炼中的重要财富。《一代宗师》的马三，给了张晋一个摆脱女尊男卑尴尬的机会。但这个时候，依然没有太多人知道他的名字。张晋清楚地记得，电影宣传期去影院跑站，"第一个厅跟观众见面，我说大家好，我是张晋，结果没有任何反应。到第二个厅，我就补了一句我是马三，现场就有很多掌声"。同样的故事还发生在休息室里，张晋跟来看片的张艺谋打招呼，对方听到"张晋"一脸茫然，得知"就是演马三的"后，才恍然大悟："哦，是你演的。"——张艺谋

肯定也不记得了，2002年自己拍的《英雄》里，就是这位"演马三的"，为他设计了那场精彩绝伦的棋馆大战。

张晋承认："《一代宗师》之后，找我的片约多了，说不开心是假的，做演员毕竟要有成就感。"不过他又补充："我还是会看卡司和剧本来挑选，不会冒进。"

人红是非多，张晋深知这一点。但已过四十不惑年纪的他，在各种可能的诱惑面前，已经摆正了自己的价值观。他说："因为害羞的性格，我在圈内的朋友不多，大多数都是圈外的。"这可以让他远离急功近利的骚扰，依旧延续数十年如一日的苦行僧式的行走方式，"我今天有这个工作已经很幸福了，就是不管观众是否认可我，我也可以赚到钱，可以做演员这件喜欢的事，至于知名度，那是额外的奖励"。

顿一下，张晋悠悠地说："我不想假谦虚，也不想真骄傲。"

爱：以后希望有更多风景可以同路

谈及张晋这一路走来，不得不提他的太太、贤内助蔡少芬。有句老话怎么说："每个成功的男人背后，都有一个女人。"

两人相识于《水月洞天》剧组，张晋吸引活泼外向的蔡少芬的注意，依旧是因为他天生的害羞性格。蔡少芬回忆说："当时全组除了陈法蓉，只有他会广东话，我看他经常闷坐在那里，好可怜，我又比较喜欢照顾安静的人，就老找他玩。"

跟所有的爱情故事一样，张晋和蔡少芬的爱情开始也充满戏剧性。张晋回忆说，自己最早对蔡少芬有感觉，是"当时她在煮面，我从后头看着她，觉得这要是我女朋友该有多好"。那时候，两人在剧组天天泡在一起玩儿，岁数都不小了，但彼此对两小无猜的把戏乐而不疲。在一次跳远比赛里，张晋甚至玩得兴起，折断了自己的左手某只手指的骨头。"她当时还捂嘴嘿嘿笑呢。"回忆起这段甜蜜，张晋满脸宠溺。

2007年，蔡少芬给港媒发手写公开信，正式公布和张晋的恋情，并表示两人即将完婚。谈及这段过往，张晋又开启了害羞模式："信特别肉麻，我觉得有点儿过了，但喜欢的人夸自己，就这样吧。"彼时，事业上无法助力妻子更多的张晋，倒更像个贤内助。两人一起上综艺节目，张晋罕见地跳起霹雳舞和骑马舞，一旁的蔡少芬全程星星眼，舞毕，不顾怀着二胎的身体，冲刺到张晋背后怒吼一句"厉害"！甜蜜温情，羡煞全场。

但在张晋看来，低谷时妻子的陪伴并非是让他最感动的，对方对自己性情潜移默化的改造，反而是一笔可贵的财富。比如信奉基督教，就是受蔡少芬影响，日后，这股信仰支撑他度过了无数难熬的日子。张晋本身的少年心气，也被打磨得愈发温润——他坦言，自己刚跟蔡少芬好时，"看她跟别的男人在一起拍肩膀、搂在一起拍照都会吃醋"。现在，他对此已泰然自若，"最重要的还是沟通"。

当一个男人能把嫉妒这枚毒药的毒性都消减殆尽，还有什么扛不过去？

对于蔡少芬多年来的相濡以沫，张晋也不是没有回报。也正是在拿到金像奖最佳男配的舞台上，张晋当着所有人的面宣誓："我记得结婚时我跟你说过，以后我们要风雨同路，风雨我们有了，以后希望有更多的风景可以同路。"如果这篇文章是部电影，这里可以接进一个蒙太奇——时光再回溯到两人的婚礼现场，性格一直内敛到有些极端的张晋，在婚礼上看着蔡少芬一袭婚纱向自己缓缓走近，忍不住边唱着歌边痛哭流涕。

这应该是不善表达的张晋仅有的两次秀恩爱。蔡少芬懂他，她忆起婚礼上张晋那次痛哭，满脸幸福："他一直都是情绪内敛的人，很少当众情绪失控，更别说哭了。"

2015年元宵晚会上，张晋和蔡少芬一起，献唱了一曲《平凡相恋》。这应该是两人第一次以对等的身份，在公众场合共同亮相。从"蔡少芬老公"到做自己，张晋完成了人生蜕变，这对贤伉俪，将要面临的是新的身份转变和挑战。

同年5月的《鲁豫有约》里，蔡少芬就主动谈到了这一点："现在找他出去玩的派对多了，他会说又没有叫你，你就不要去了。我就会觉得为什么不找我呢？我的心态也需要慢慢调整。"

如今张晋在业余时间基本不碰武术了，"前几十年接触武术的东西太多了"。现在他觉得更需要做的是陪伴家人，"生活中很多东西过了就没有了，我女儿大了，我就不能再送她上学，我太太老了，就看不见她年轻时的样子。我每天活在当下，应该要去做的就是陪伴家人"。

对话：社会是分等级的，我很习惯

腾讯娱乐：从《一代宗师》到《杀破狼2》，用三年时间拿到金像奖、有了主演的票房过5亿的作品，自己现在是什么心情？

张晋：《一代宗师》之后，片约多了很多，这是我一直向往的，这是一定要承认的。我今天很高兴，但我一直告诉自己，这两个角色都不一定非我不可，还是要平和一点。

腾讯娱乐：蛰伏这么多年，现在终于红了。感觉爽吗？

张晋：没那么红吧（笑）！倒也不是爽，就还是有演员的成就感在里面。

腾讯娱乐：很多人都把你的成功当成一个励志故事来解读，这一路走来，你更愿意把它当成一个什么样的故事？

张晋：有一句话一直会鼓励我，就是"要学会等待"，还有一句话就是，"忧虑不会让事情变得更好"。所以励志不励志我觉得还好吧，就是没有戏拍的时候，会觉得有一点苦。

腾讯娱乐：还记得第一次见你，是当年金像奖后台，蔡少芬都哭了，感觉比她自己拿奖还高兴，像个小粉丝一样，婚后那么多年，感情怎么保持得这么好的？

张晋：可能别人觉得她像小粉丝，但我觉得这是她很大的优点，说白点是她的智慧。她看过一本书叫《男人要尊重，女人要爱》，她从中学到妻子应该怎么对丈夫。我觉得她很聪明，我反而没她做得那么好。很多人觉得我是好好先生，但其实我有时候不是那么好，我会努力。我觉得她是个聪明的傻女人，我都不知道我在说什么了（笑），她真的很好就对了。

腾讯娱乐：其实跟她结婚那么多年，之前在事业上相对于她来说，可能你稍微弱一些，但你也知道做男人都有这种自尊心，你那段时间怎么调整自己的心态，毕竟在事业上当时没有妻子那么红。

张晋：我之前也说，不要拿工作去比较，但是那种声音就是一直不停地来，听多了你也会觉得挺烦，我觉得最重要还是怎么去调整这个。比如说她拍了《甄嬛传》这样的好戏的时候，我是真心替她高兴，如果我有一丝的嫉妒，那说明我的心态真的是不健康的。

她从没有让我觉得是我在事业上比她低一等，在家里也应该低一等。我们俩把工作和家庭是分得很开的。就算我以后知名度比她高一些，或者她比我高一些，都不会影响到我们在家庭里面的相处，我们俩都是这么认定的，也是外界不会影响到我们的一个原则。

腾讯娱乐：蛰伏的这段时间里，从来没有想过转行演偶像剧之类的吗？毕竟，你的颜值不低。

张晋：这一行里帅哥太多了。王家卫也说过，如果你走那条路，导演会有成百上千个演员，你走张晋的路，可能只有一两个人可以选择。时间是不可能倒回去的，其他演员也不可能倒回去从9岁开始练武术，所以这是我的财富。以前我可能觉得它是包袱，毕竟大家都觉得会打的不会演。

腾讯娱乐：一直觉得你在演员这个行业里很害羞，这种害羞的性格是不是跟小时候在武术队集训有关系？就是小小年纪也不着家。

张晋：可能还是天生的吧。11岁之前我还是蛮开朗的，后来离开重庆去成都，每年只能在家待20天，那时候性格开始转变，变得内向，因为太想家了，那个年纪的小孩子都该在父母身旁撒娇，可是在队里不能说虐待，也是非人的训练，就变得不太爱表达。

腾讯娱乐：您是怎么看这段时间的？

张晋：有好有不好。不好是在童年的时候和父母没有一个正常的相处时间，好的就是现在的身手，还有一个好处其实是磨炼了自己的毅力。其实那时候比现在拍戏要苦很多倍，所以现在再累再苦，我都可以坚持下来。小时候经常累到哭都不敢哭，没用，今儿要做完的必须做完。现在不算什么。

腾讯娱乐：感觉一路走到今天，你的性格也帮助你不少。

张晋：我早几年不是这样的。刚做演员的时候，那时候我觉得，为什么我没有这个机会？为什么给他做替身呢？他还不如我呢！就经常会有这种声音反问我。后来真的是靠时间打磨的，现实就是这样。

腾讯娱乐：您在片场本身也是安静的吗？

张晋：基本上是。正常工作上的沟通肯定会有，但是比较少去打闹或者开玩笑。而且我有一个习惯，是喜欢在现场进入角色的状态，因为我不是那种演员，就是说三二一，啪地眼泪掉下来，停，开始笑，我需要一段时间的酝酿，所以在现场我尽量是在那个角色里面。拍《一代宗师》的时候，我在现场让助理给我一根烟，坐那儿抽烟都是在找马三的感觉。拍《杀破狼2》的时候，没戏时我也穿着西装马甲，按角色那种感觉坐着。我很享受这个过程。

腾讯娱乐：这是你一直以来演戏的状态，不分角色大小，也要尽量投入。

张晋：当然，演那些小角色的时候，更需要你动脑筋。因为你不动脑筋，你本来有句台词，导演说不要就不要了。所以你要跟导演说，这句好，我可不可以加一句，那时候要用更多这种反应的能力。所以我说，其实也是一件好事。

腾讯娱乐：这两年不断有作品面世，今后媒体又开始纷纷过来采访你，你有什么感觉？

张晋：对，艺人就是跟媒体分不开的。我觉得是一个很正常的现象。以前我在运动队的时候，冠军有冠军餐，没有得到冠军的前六名的有前六名的餐，没有名次的有没有名次的餐，就是分等级的，这就是一个很正常的现实。所以我绝对可以接受这样的东西。

我太太经常说，起飞容易，但说不定哪天你就又跌到比以前还低的位置，那人家又会变了，这是一个很正常的规律。

腾讯娱乐：倒是真的很好奇，工作之外，你有什么兴趣爱好？

张晋：只要不是功夫都喜欢。真的，前几十年接触武术的东西太多了，演员需要丰富，不能单一。再有就是，生活中很多东西过了就没有了，我女儿大了，我就不能再送她上学，我太太老了，就看不见她年轻的样子。我每天活在当下，应该要去做的就是陪伴家人。

包贝尔：我逗大家开心，不代表我本人也在开心

文 / 方芳　编辑 / 露冷

　　"我以为采错人了。""原以为是我自己的问题，get 不到他的幽默感。""节目中的逗比都是假的？我觉得他很闷，很严肃。""他真的是演员，可以台上台下分得很清。"

　　这是四个最近采访过包贝尔的记者在一次圈内聚会上关于他的讨论。

　　《奔跑吧兄弟》第二季（以下简称《跑男 2》）开播后，不少专访过包贝尔的记者都有同一种感觉——反差。想象中，节目中随时随地能拿自己开涮的包贝尔会是一个出口成段子，全程自带表情包的逗比。现实中却是，"生活中我是宅男，很闷"，"我不太愿意上访谈类节目，有点排斥"，"我不知道为什么要做这些（接受采访），你问什么我答什么吧。"

　　采访当天，记者也体会到了这种反差。由于采访空间狭小，其他工作人员都被请了出去，摄影师在一旁调整灯光和角度，事前的寒暄全权交给了经纪人，包贝尔一脸疲惫，用有限的等待时间低头玩手机，专注的表情在三人的房间里形成了一个看不见的隔离间。话筒递到手上，似乎也没能让他振作精神。在换地方拍照的途中，他一语不发，安静地在边上等待着摄影师选景。

　　节目中"自带搞笑模式"的包贝尔，可以在电视上没脸没皮说自己是"哈尔滨吴彦祖"，敢冒着被网友围攻的风险熊抱 baby，会掰着手指算初中数学题，伴随着让陈赫傻眼的神逻辑："20只鸡，12只兔子，鸡抬起两只脚，兔子放下两只脚……"电视机前的你，会觉得这个脑子灵光的光头可爱极了。一脱离电视节目，虽然还是呆萌的面孔和标志性的"眯缝儿眼笑"，但他已经

回到另一个包贝尔的世界里，这个世界中的他，状态和节目上相差巨大。

包贝尔承认自己这种反差："我逗大家开心，不代表我本人真处在开心的状态。"

上"跑男"有私心

包贝尔这哥们儿打哪儿冒出来的？这是很多人的疑问。

没颜、没刘海、没大长腿，也没有太多叫得响的作品，从明星量级上看，只能算二线，凭什么挤走王宝强，硬生生成了时下最火综艺《跑男2》中的一员，还和节目里的"兄弟"邓超、郑恺、陈赫、baby看上去很熟的样子。

能上《跑男2》的原因，坊间传言五花八门，有人说节目组看重他人缘好，大部分"兄弟"都是他哥们儿；也有人说他聪明，先把其他兄弟都摆平了，兄弟们又帮他去摆平节目组；也有人分析，包贝尔表现出的逗比、豁得出去、玩得起的性格比较适合这个节目，其中当然不会少了阴谋论——说包贝尔靠抱邓超大腿上位。

包贝尔自己将这个谜一样的"上位史"说得风轻云淡："就是和节目组联系了一下，见了面，聊聊天、吃个饭，也没聊具体细节。""这么优秀的节目，这么优秀的团队，落我身上肯定是幸运，就像天上掉馅饼，吧叽扣我脸上了，天上掉馅饼当然是好事，我自然要接着。"他补充道。

他对上《跑男2》的认识显得很理性："我的爱好是演戏，上了'跑男'一定会有更多人找我演戏，会有更多机会演我喜欢的角色，各种理由，我都应该去。"

在《跑男2》第一期中，包贝尔的接入缓慢，存在感并不强，当大家纷纷对其表现出失望时，他在第二期节目里迅速翻盘。首先是在"密室逃脱"环节中成为最早一个逃出来的人，再用"神算法"帮陈赫解鸡兔同笼题，这个环节也成为当晚微博热议话题，让不少观众高喊"路人转粉"。在后面的节目中，也只有包贝尔用"明修栈道暗度陈仓"的方式迷惑对手，R王牌明明在自己身上，还悠闲地待在复活区打掩护。观众被这种憨憨外表搭配聪明头脑的组合所吸引，它充满了有趣的冲突感——与此同理的是，聪明的脸搭配蠢头脑。

"跑男"兄弟团们对这个新成员的看法和观众的感觉颇为一致，邓超评价包贝尔的第一个词是：聪明，郑恺则夸包贝尔私下很有想法。他的IQ有152，152是什么概念呢？普通人平均IQ是100，超过130分你就可以考虑一下参加门萨俱乐部（世界顶级智商俱乐部）的考试。

为了熟悉节目，包贝尔把《奔跑吧兄弟》第一季全看了，还看了20多期韩国原版的《Running Man》。他觉得自己在用自己的方式适应和融入《跑男2》，"我说自己是哈尔滨吴彦祖，宣扬我颜值爆表，其实也是不自信的表现。"他说自己嘴笨，不会撕名牌，在录制中也找不到任何技巧，"没有超哥好看，没有晨哥壮，没有 Baby 机灵、聪明，不太需要体力的（游戏），我可能还比较行。我不知道自己可以归为哪一类，就只敢保证我一直都在认真地去做。"

当《跑男 2》进入后半程，再回头看包贝尔在其中的表现，既没有被神话的《跑男》包装成新一代红星，也没有成为某些人吐槽的"一枚炮灰"。包贝尔十分清楚综艺节目对于自己的实用功能，"《跑男》等于是我的一个捷径，就像一直在登山，突然有一个电梯告诉我说：'登上这个电梯，你可以很快看到更好的风景'。我为的是那个风景，而不是为了站到那个山顶。我的目的是让更多的人认识我，可以演更多我自己喜欢的角色。我希望自己是演员包贝尔，不是'跑男'包贝尔"。

在演员圈占好了一个坑

电影学院的老师对包贝尔的评价也是："脑子太好使了。"

和那些耗费十几年做准备，一心想要上电影学院的同学不一样，包贝尔考电影学院是因为母亲要他一定得考个大学。他的青春充斥着抽烟、打架、谈恋爱、没日没夜地打游戏，加上外貌不出众，所以从来没有过什么明星梦，想过当科学家，后来又觉得当网管才最好。没人相信包贝尔能考上电影学院。

他还记得当年第一个考题是"等公车"，别人演的都是探头探脑焦急的样子，他演了一段如何在公交站搭讪美女，搭讪方式是："美女我背好痒，你帮我挠挠。"第二个考题是"烧香"，大多数人演的都是"磕头作揖，求考上求父母健康"，他演的是"衣服被香烧了"，满场灭火。

在包贝尔的人生里，实用很重要，他很少有脱离现实的幻想。他清楚地知道自己不是帅哥，个子不高，也没有阔爹，从电影学院毕业之后，他用了看似最笨的也是最直接的办法求职——抱着无数份简历，死皮赖脸地跑了上百个剧组，跟人说："要演员吗，给句台词就行，你要演员吗，我不要钱，我可以演戏，免费演戏。"连续三年，包贝尔一直在剧组当"螺丝钉"，演太监、小弟、警察、神经病……各种面目模糊的角色，只要有戏拍，只要给他台词就行。

有一次从某副导演屋里出来后，他发现自己的笔忘到屋里。转头回屋，却看到副导演正在撕他的简历，并顺手扔到垃圾桶。他没有前去理论，而是默默转身就走了。第二天他又去找了那位副导演，把新的简历递给他说："导演昨天我看你把我的简历撕了，这新的，我用塑胶密封了，没法儿撕，但可以垫屁股，还能扇风。"

入行 10 年，包贝尔不知道用过多少这种"奇葩"的坚持，换来了一个又一个的小角色，再靠这一个个小角色"兑换"重要角色。一位资深的记者记得这样一个段子：包贝尔和媳妇包文婧约了某导演吃饭，初次见面包贝尔非常客气，也非常有礼貌。突然包贝尔对包文婧笑着说："媳妇儿，快去坐导演的大腿，他会给咱们好的角色。"这只是一句玩笑，但这句玩笑迅速解了第一次见面的客套尴尬，场面一下子活跃起来。那位导演事后对人说，包贝尔的反向思维让他印象深刻。

为什么会走上"喜剧"之路，这是又一个实用型选择。从表演范畴来看，喜剧其实是最难表现的方式，包贝尔自知不能靠脸吃饭，就选择"以退为进"，接一些轻松幽默的角色，再加上面容憨态可爱、天生喜感，一些小角色被他刻画得入木三分。跟着包贝尔三年做宣传的 Z 姑娘评价他："他是很清楚演艺这条道应该怎么走的人。"

如今，只要有"长相憨厚、脑瓜聪明，一副不讨人厌的搞笑"的角色很容易联想到包贝尔。从最初《决战刹马镇》中的"绿毛裤"，到后来《宫锁珠帘》中忠心耿耿、脑瓜好使的苏培盛，再到《致青春》中那个一副妇女之友做派，游离在各式男生和女生中间的老张……从表演行话来讲，包贝尔已经占好了一个坑。在演员圈，能占好一个坑的，专业户、特型演员，都不缺戏。

我必须不断拍戏

记者前后采访了包贝尔两次。第一次是《跑男 2》开播前，他回答问题保守，对自己的状态有着明显的未知感；第二次是在节目开播后，连轴上各种通告，不断接受采访的他在电话里说话直接："我始终不明白为什么要接受采访，我是演员，我应该在演戏，比起抛头露面，更愿意在家窝着，看书，磨剧本"。

"那有没有想过任性一把，来一场说走就走的旅行？"

"如果不接受采访，我怕娟（经纪人）会抓狂，我的团队会难堪。"他回答的声音带着无奈，"我有我的责任，我一个人任性没有问题，但我有团队。比如我明天什么都不想干，我的剧本就会拖延，无法交工，会耽误所有人的工作，男人要考虑的事情很多。"

他并不是到了而立之年才习惯考虑很多，他从 10 岁开始就要为自己打算。

包贝尔出生在一个艺术世家，父亲是哈尔滨儿童艺术剧院的经纪人，母亲则是皮影戏大师。生在剧院里长在戏曲中的包贝尔从小阅戏无数，但这样的时光到他 10 岁时就结束了。10 岁那年，父母离异，他变成了一个"多余的人"。爸爸南下，妈妈独自去了日本，把包贝尔留给了小脑萎缩的奶奶和一个管不住他的保姆。

这样的境遇让少年时期的包贝尔想成为妈妈"心头那根刺"，成了问题少年，抽烟、打架、早恋，用最简单直接的方式为自己取暖。在日本伤透脑筋的妈妈只好对他经济封锁，不给他一分钱。"当时我就四处寻找兼职赚钱的机会。第一份工作是送牛奶，每天早上3点半起床，骑着自行车到奶站，装上80瓶牛奶后再挨家挨户送，到了7点才往学校赶。送一瓶牛奶赚一毛多，一个月能挣200块。"到了假期更是包贝尔赚钱的黄金时间，送牛奶、送报纸、在西餐厅做学徒、在迪吧当服务员……他把自己投到形形色色的工作和人群中，为自己赚一份可以自由支配的零花钱。

包贝尔坦承曾恨过父母，但恨意随着年纪的增长越来越稀薄。"高中毕业后妈妈带我去日本，我以前以为她把我扔家里，自己过舒服日子，到了日本看着她住在巴掌大的房间里，吃喝拉撒睡的地方不足十平方，恨意瞬间就荡然无存。"

后来的故事大家都知道了，浪子回头，成功考上了北电，开始了新的生活，再后来父母也各自有了自己的家庭。但生活在2011年再次出现波澜，有一天他突然接到姨妈的电话："贝尔，你妈妈的检查结果出来了，是子宫癌。"包贝尔说自己当时眼泪"哗"地就淌了出来——半年前继母患直肠癌去世，继父前年刚刚做完直肠癌切除手术，父亲年后被查出了肝癌。他顾不得卸妆，带着满脸油彩飞回北京。

幸运的是妈妈的手术成功，只有3%的复发率。这让包贝尔拍戏的理由又多了一个："我必须不断拍戏，因为我要照顾我爸妈、我姥姥和我继父。"

你们只看到我吸粉没看到我被骂

据我们的一个调查，包贝尔2015年的网络热度比2014年增加6倍，片酬也翻了十倍。

记者对他的第二次补采，从约访到成行等了一个礼拜，追到了长城脚下，但最后也没见着面，经纪人抱歉地解释："头天晚上录节目到两点，今天上午跟着'跑男'做公益，下午做完这次'长城跑男'活动，就得马不停蹄奔机场到外地了，至于什么时候回京真说不好。"

实实在在地红了，包贝尔自己却莫名烦恼，"毫不享受粉丝的尖叫，我已经过了想要让所有的女孩都扑向我，让所有人都冲我尖叫的过程。现在不想当明星，当了明星吃路边摊都很难，前几天我们去楼下吃烧烤，大家拿着手机追着我的脸就拍，我的感觉很不好"。

外界形容"郑恺拍了十年戏不如一个屁"，也认为包贝尔苦心经营了十年的演艺之路，远不如三个月的《跑男》之旅。但成名对他而言是把双刃剑，"别人只看到，哦，最近你吸了好多粉，可没看到我微博收到了上千条私信，骂脏话，'也不照照镜子，你看你长的那样还腆着脸抱Baby'等各种人身攻击的话，听完以后我自己心里其实挺难过的"。外界的反应甚至让他考虑不再上综艺节目，"这的确是一条捷径，可这条捷径的背后，也付出很多代价。"

他经历过那种被人尖叫、哄抬的时候，也经历过更多被人哄抬之后的失落，他慢慢地总结出来，觉得总被这样的事情去影响情绪和生活太傻，他找到了另一种信条："我希望拍出来的东西观众能够认可，业内的人能够认可，这才让我有真正的自豪感。"

当年在北京电影学院的那一班29个同学，只有两个人还在这个圈子，其中一个就是包贝尔自己，"奋斗了十年，能够坚持下来，我觉得不单单是一部戏，还有机缘、能力、努力的程度，包括如何选择戏等方面。我很清楚自己要什么，也一直为这个目标在努力"。他也清楚观众要什么，"你（在微博上）看到的那个人不是我，那是我想让你看到的我和我想给你的感觉，我希望看到我微博的人或者看到我演戏的人都开心，但不代表着我开心"。

孩子让我逃离忧郁症的痛苦

我们喜欢说想得多的人不容易快乐，而日本作家太宰治说，"悲伤的人总是在笑"。在喜剧生活中插科打诨擅长搞笑的，往往私下严肃，有趣的人皆可怜，他们无法逗笑自己。

妻子包文婧聊到包贝尔的喜剧天赋时总是毫不留情地"揭底"："他所有的喜剧灵感都是我给他的，他外面逗大家，在家里是我逗他，因为他真的很闷，他把所有情绪都用在了作品中。"

孩子出生后，包贝尔有了一些新的变化，用那句流行的话来说就是，有了软肋，也有了盔甲。生孩子前看到有朋友在朋友圈里拼命晒孩子，他称对方为"晒孩子狂魔"，还挤兑说"我说'除了孩子难道没别的了吗？'但是我现在好像也步入这个行列了，反正这两天发的朋友圈都是跟孩子有关系的"。

孩子出生后不到一个月，包贝尔到腾讯做客《大牌驾到》节目，完成给未来的一封信时，他心里默念的是："牵挂最多的是孩子。"多次谈到孩子时他眼眶湿润。他对记者说："在人生最低谷、最迷茫的时候，迎来了饺子（孩子的小名），是他让我逃离忧郁症的痛苦。"

"还想要一个孩子吗？"有记者问。

"一直想要，但这回看她（包文婧）生完孩子之后，觉得有点不太想要了。好辛苦，就算了吧，别折磨她了。"

除了"小"，还有处软肋就是"老"。那个曾经想要报复的人，现在"最怕她的眼泪"，他们的关系变成了"知己"，什么话都可以拿出来说、摆出来笑。包贝尔自嘲说自己长得不好看，妈妈就笑着问他："长得不好看你难受不？"他难得有空回家，偶尔回家也最多只能坐上10分钟，喝杯茶，然后被妈妈强行塞一个剥好皮的水果，走时妈妈总是站在窗边向他挥手，一直挥一直挥，每挥一下包贝尔的脸就会抽搐似的笑一下：红旗飘飘把手招啊，红旗飘飘把手招。

"姥姥现在总说我和我妈大没大样，小没小样，我倒觉得这样挺好。多年母子成知己，而且是'红颜知己'，我赚了。"他和自己的青春和解。

TFboys：不可能不恋爱吧，希望你们把持住！

文 / 秦筱　编辑 / 露冷　摄影 / 薛建宇

从宾馆走廊传来的追逐嬉闹声越来越近。"砰"的一声，房间门被撞开，蹿进来三个少年。前面跑着的是王源，后面紧追的是易烊千玺和王俊凯。他们更广为人知的名字叫作"TFBoys"。

"咦？怎么打不开？谁把我的电脑给关了？"王源手握鼠标喘着粗气喊，脸上的笑意一下子变成了微微的愠怒。

等候许久的摄影记者赶忙道歉，是他刚才调试机器时关了电脑。

"什么嘛，我的东西都快下载完了。"少年不看他，嘟着嘴抱怨。

"下载的什么？"

王源低头不语，一旁的王俊凯对记者做了个鬼脸，拖长声音："他的游——戏——"

"好了好了，这有什么呀？小孩似的。"公司的工作人员笑嘻嘻地推了推王源的肩膀，她看上去比他大不了几岁。后者又笑起来，似乎立刻忘记了不快，转而撒娇："饿死了饿死了，去给我拿麦当劳的辣翅！"

很难把眼前的天真少年与过去媒体勾画的形象联系起来。在大部分报道中，这三个男孩被描述为"乖巧""一脸疲倦却习惯性地露出甜美笑容""全程站着接受采访"，见到记者就"姐姐好"，回答问题一律"谢谢粉丝""我们会努力的"。

"大场面见多了，就变'油'了。"一位见过 TFBoys 多次的记者这样评价他们。

但过于谦卑乖顺和过于真实率性都不是娱乐圈的生存之道，在二者之间找到平衡，才是每个明星的必修课。

显然，三个平均年龄不足 15 岁的少年还未熟悉名利场的规则，便被一把推到了聚光灯下。有数据为证：过去半年，关键词"TFBoys"在百度上的平均搜索指数为 133327，是"周杰伦"的近 3 倍，只比"杨幂"低一点点，尽管一年半前这个词还没出现。

一次意外的走红

2013 年 8 月 6 日，TFBoys 正式出道。没有开记者会，没有出通稿，只在网络上发布了一个时长为 3 分 49 秒的形象宣传片《十年》。

10 月 4 日，组合首张 EP《Heart 梦·出发》的首唱会在重庆日月光广场举行，简陋的场地甚至未设观众座椅，仍吸引来近千名粉丝。他们席地而坐，手中挥舞着五颜六色的气球，在男孩们入场时发出尖叫。场外，等待签售的队伍从五层排到一层。

短短两个月，三位少年诠释了什么叫"一夜爆红"。谈及当时的心情，王俊凯连用四个"很"字："很惊喜，很意外，很开心，也很感动，没想到会有这么多人喜欢我们。"

事实上，他们的整个成名过程就是一连串意外的堆积。

2010 年，重庆蟠龙小学五年级学生王俊凯与大部分同龄男孩一样，生活在教室、篮球场、家的三点一线上，崇拜周杰伦，向往的职业却是飞行员，因为"觉得当明星（的愿望）太不真实了"。所以在学校上厕所途中被星探拦住时，他故意留错了电话号码。"我多聪明啊！哈哈！"他对腾讯娱乐记者说。

蟠龙小学往南约 19 公里，是王源就读的大江小学。从小学民歌的他正梦想着成为王宏伟、宋祖英那样的民歌歌手。"也不是想当明星，"他解释，"因为大人们一直灌输说你看他俩唱得多好，我就……"

三人中真正做过明星梦的是易烊千玺。

"你 7 岁就开始参加各种选秀节目？"记者问。

"5 岁。"这个湖南男孩表情严肃地纠正。

2009 年，9 岁的他与两个不到 8 岁的男孩组成"飞炫少年"组合，打着"国内最年轻偶像团体"的旗号在 CCTV 和全国各大卫视露过脸，却与之前的种种尝试一样，以失败告终。

如果没有时代峰峻公司，三个男孩的人生轨迹也许永远不会相交。

2009 年 8 月，北京时代峰峻文化艺术发展有限公司成立，并将大本营设在重庆。巴蜀地区盛产草根明星，各类选秀节目中都能看到重庆和四川选手的活跃身影。2010 年起，公司开始在网上发帖，同时在重庆各中小学周围散发传单，招募 "8 到 12 周岁、外形阳光、有志向艺术或明星领域发展" 的男孩。

时代峰峻毫不掩饰自己要做 "中国的杰尼斯" 的野心。成立于 1975 年的日本杰尼斯事务所被誉为 "亚洲最牛的美少年梦工厂"，专门招收 10 到 14 岁的少年进行演艺培训，几年后打包成组合出道。近 40 年里，它几乎垄断了日本的男艺人市场，木村拓哉、泷泽秀明、龟梨和也等国民偶像都是 "杰尼斯制造"。

打电话找不到王俊凯，时代峰峻辗转联系上了他的父母，并成功说服他成为 "TF 家族"（意为 "The Fighting Family"、奋斗的家族）首批练习生中的一员。一年后，他们又将车开到王源家楼下，用诚意打动了其父母同意儿子接受培训。

两位少年并未意识到人生的另一扇大门即将开启。王俊凯是抱着 "学一门才艺挺好" 的想法进入公司的，此前他从未碰过吉他。王源则形容自己 "纯粹是傻、愣"。"哎呀，免费培训这么好的事，我一定要来"，王俊凯哈哈笑着用重庆方言模仿他们第一次见面时王源说的话。

经纪人 Yuna 认为，正是这种平常心让他们坚持了下来。不是所有男孩都能忍受成名前的寂寞。尽管培训免费，公司还提供每月 500 元的补贴，仍有很多人因看不到希望而退出。

第一批招募的 9 名练习生合同到期后，只有王俊凯选择了续签。4 年来的所有周末和寒暑假，他都 6 点多起床，坐两个小时的公交车到公司，9 点准时开始声乐、舞蹈和吉他课，直到晚上 5 点训练结束，再坐公交车回家。"我留下来的原因就是太天真了，" 他说，"当时的想法就是只要一直练，就一定会练到最好。"

时代峰峻也做好了长期投入的准备。练习生们在选秀节目上表现平平，2012 年王俊凯参加湖南卫视《向上吧！少年》，甚至被评委直指唱歌走调。"毕竟他们实力上有所欠缺，也很稚嫩，这肯定是个漫长的过程。我们的目标不是制造童星，而是打造未来的超级偶像。"Yuna 说。为此，公司决定让练习生们成年后再出道，并以极大的耐心等待着他们的成长。

一次意外打乱了这个计划。2013 年 6 月，王俊凯、王源与另一位练习生鼓手王译锋合作的翻唱 MV《洋葱》被五月天成员阿信转发，几天内收获了超过 3000 万的点击量，并被台湾《中天新闻》转载，瞬间走红。突如其来的巨大成功让时代峰峻老总李飞觉得，"是时候了"。

他为 "得意门生" 王俊凯、王源找来了一位搭档——在北京化工大学附属中学读初一的易烊千玺。这又是一次机缘巧合：后者与王俊凯同时参加《向上吧！少年》被淘汰，却因精湛的舞艺和考过年级第一的"学霸"经历被李飞注意到。

至此，组合阵容终于落定。媒体人孙翔拿他们类比 20 年前最火的偶像组合小虎队：一个帅气，一个可爱，一个动感。"队长王俊凯走吴奇隆那款路线，帅气耍酷，吸引喜欢硬派偶像的粉丝。王源对应的是苏有朋，阳光可爱，暖男，话痨，同时讨少女粉和妈妈粉的欢心。此前不是 TF 家族成员的易烊千玺空降后直接出道，他对应陈志朋，舞蹈出众，全能学霸，激发小粉丝的崇拜之情。这种铁三角搭配，确保覆盖了主流粉丝的喜好。"

两个月后，TFBoys 正式出道。接下来的一年里，三位少年迅速实现了成为"超级偶像"的目标：吸粉 600 万，拿到最具人气歌手奖，登上国内一线综艺节目舞台，代理广告额两亿，单曲《魔法城堡》刚一上线，就打破了《最炫民族风》保持多年的 MV 点击量纪录。

令人唏嘘的是，被粉丝们视为"改变 TFBoys 命运"的《洋葱》MV，当初却是以"为弃儿王译锋'寻母'"的名义传播开来的。如今，王译锋依然是 TF 家族一名普通的练习生，除了"他跟他妈妈后来有见面"之外，Yuna 不肯再多说，因为"不方便透露没出道的成员的情况"。

一场谨慎的赌博

从某种角度看，王译锋的遭遇是必然的——偶像培养是一场赌博，只有无数人的失败，才能堆起少数人的成功。即便是号称"想捧红的明星没有失败例子"的杰尼斯，也只能维持两到三年推出一个团体的速度，而它每年招收的练习生多达 200 人。

时代峰峻对这点再清楚不过了。于是，它尽可能地笼络更多怀有明星梦的男孩，为他们设置层层关卡和考核，然后将所有赌注押在最后顺利通关的人身上。考核内容直奔"偶像"主题：人气。

进入公司之前，残酷的淘汰赛就开始了。在三个月的试训期内，男孩们的训练视频和照片被公布在微博、论坛、贴吧上，浏览量、点击量、粉丝数和网友的评论意见将直接决定他们能否通过人气测试，签约成为正式的练习生。

相比传统的造星流程，这种被称为"养成模式"的偶像培养机制是一场更为谨慎的赌博。它在最大程度上避免了"花大力气培养出一个艺人却红不起来"的风险，因为讨好大众的阶段被挪到了最前面：你们喜欢谁，我就培养谁；你们想让谁红，谁就一定能红。

TFBoys 就是被选中的幸运儿。

在早期练习生的合照中，王俊凯和王源的位置并不醒目，甚至有时坐在人群最后，露出一张模糊的小脸。这一阶段，TF 家族推出了好几首单曲，都反响平平。直到 2012 年初，王俊凯个人翻唱《囚鸟》的视频首次登陆优酷首页，随后与王源合唱《一个像夏天，一个像秋天》又得到范玮琪转发，在网上掀起了一阵小小的高潮。

时代峰峻终于开始在这两个小男孩身上下注。这个一直靠自家工作人员和一台小摄像机搞定所有视频的"抠门"公司，破天荒地请来了重庆当地小有名气的MV导演黄墩。他为王俊凯和王源量身打造的第一部翻唱MV《当爱已成往事》在重庆的公交电视上反复播放，还上了QQ弹窗推荐，一名粉丝称，她就是通过QQ弹窗第一次知道这两个男孩的。而黄墩的第二部作品，就是促使他们提前出道的《洋葱》。

一套自己的规则

但出道并非偶像成熟的标志，这是养成模式的另一特点。

这三个年纪小小、唱功平平、长相也算不上惊艳的男孩子，为什么会这么火？也许从TFBoys的粉丝团名称"四叶草"中可以看出端倪。这个名称取自他们首张EP《heart 梦·出发》里的一句歌词"四叶草在未来唯美盛开"，同时还是幸运的象征。但更重要的含义是，TFBoys是三个人，代表三片叶子，而粉丝就是第四片叶子，陪伴他们一起成长。

是的，"参与感"和"成长感"是养成模式的秘密配方。时代峰峻完全移植了杰尼斯的经验，从男孩们进入公司的第一天起，那台小摄像机就忠实记录下了他们训练、休息、吃饭甚至参加选秀节目的场景，除了发到网上测试人气外，也是未来成名后供粉丝深度挖掘的材料。"搜着偶像十二三岁初入娱乐圈的懵懂视频，看着现在偶像已经二十来岁在演唱会上光芒四射的表演，能完全激起一种共同成长、励志向上的正能量。"孙翔写道。

公司还为TF家族所有的成员注册了微博与贴吧账号，让他们与粉丝分享自己的生活点滴。王俊凯、王源、易烊千玺的微博粉丝量均是7位数，随随便便一条状态便能收获20多万条转发和评论。"参与感"在2014年6月7日达到顶峰，那是王俊凯中考前夕，粉丝们在微博上留言40多万条帮他复习中考知识点。"堪称140字版的《五年中考三年模拟》。"有人形容。

少年们并不知道自己正出演现实版的《楚门秀》。他们与电影中的楚门一样，毫无心机地活在自己的世界里。大部分时间里，他们的身份仍是学生，依然会跟好友去街边吃烤串。在人人都本能粉饰自己的娱乐圈，他们完全不按"规矩"来。

当记者问他们唱《当爱已成往事》时是如何运用情绪的，两人的回答令人啼笑皆非。王俊凯说"就是把自己六年级和同学分离的感情拿出来"，王源则更直截了当，"就一个字，装，原唱那些视频怎么唱，我就怎么装，装得很像很懂，其实一点也不懂"。

不能说这是经纪公司的失职。事实上，时代峰峻正慢慢建立起自己的一套偶像法则，那就是"真实"。"他们跟日韩那种酷炫的偶像天团不一样，他们就是邻家小男孩，就是这个年纪的孩子该有的样子。"Yuna 说。

这种真实为 TFBoys 赢得了众多粉丝，那段关于"装"的采访就看得一位大学女生"真真儿被他们的单纯美好打动了"。

甚至早期 MV 中那些不加修饰的粗糙镜头都戳中了粉丝们的萌点。他们在网络上欢乐地吐槽：公司没有专业的录音设备，没有专业的拍摄人员，甚至后来请来黄暾，开出的 MV 预算都低到得让导演自掏腰包；TF 家族的"大片"中，男孩们穿的是 30 元一件的淘宝爆款女装；大部分翻唱视频是在训练房里拍的，俗气的装潢让它看上去像个简陋版的 KTV，更过分的是，用孙翔的话说，"敢至少把后面的拖把收起来么？"

除了时代峰峻老总的身份，李飞还是北京房地产圈子里有头有脸的人物。早年，这家公司还没对自己的背景讳莫如深的时候，曾有工作人员在接受媒体采访时表示："经济实力不济的培训公司往往要被拖垮，这对我们来说反而是机会。"言下之意，时代峰峻并不像看上去那么寒酸。

但这家没有一个初创人员有娱乐圈背景的造星公司，还是意外地走出了一条或许让他们自己都惊讶不已的成功之路。音乐界人士 L 先生如此感叹："条件、重金打造、华丽视觉、精美编曲、国外优质团队都没有，连渠道推广都没有，就往网上一贴，就能有这么多粉丝，为什么？人家费多大劲，成熟公司花了多少人力和财力？从业者们在震惊之余更要重新思考。"

互联网创造了机会。Yuna 毫不讳言："我们只能好好利用新媒体。他们跟成年艺人不同，平时要上学，没时间参加传统媒体的活动。为了保持曝光量，我们在他们上学期间利用周末做一些自制剧、综艺节目放在网上，就会引发粉丝的关注和讨论。"

甚至有专人收集粉丝留言，并根据他们的意见来调整男孩们的服装、造型。"听着是不是很熟悉？对，这个就是当年小米做 MIUI 火起来的模式么。有点互联网思维的意思。"身在高新科技行业的粉丝 meow wang 说。

粉丝们一边吐槽这个"穷得差点倒闭的公司"，一边更加心疼这群"怀揣着梦想的少年"。"要不是因为公司这么不专业，粉丝也不至于这么铆足了力气一定要怎么样，战斗力可能就不会这么强了。"粉丝 Jenny 曾这样告诉媒体。

2014 年 4 月 15 日，无数"四叶草"靠不停地刷新、播放、点赞、评论、下载 TFBoys 的歌，将他们推上了音悦台 V 榜年度盛典"内地最具人气歌手奖"的领奖台，而"音悦台"是全球最大的音乐视频网站。粉丝瑞卡写道："我们做这些只是想看到你们的笑容，知道你们不服输所以不让你们输，把你们送上更高更大的舞台，看你们发光，成为真正的爱豆（idol，偶像）。"

一个非典型的偶像

时代峰峻完全清楚男孩们的吸引力在哪儿。乐评人邹小樱在一篇文章中透露，TFBoys 刚出道时，时代峰峻曾找她帮忙推荐新歌《Heart》，"我也没当一回事，反正就帮个忙吧，随便网易云音乐、百度音乐什么的推了推"。后来他才知道，这首歌的 MV 当时已连续几周占据音悦台 V榜榜首，而"当时已经在音悦台内地榜冠军的他们，竟然连其他的试听平台，如百度、网易什么的，一点渠道都没有"。"人家就是精准。只有视频，才是展现小鲜肉最好的平台。"他总结道。

根据新浪娱乐的调查数据，TFBoys 的粉丝 90% 为女性，其中绝大多数是 80 后、90 后。她们在今年的互联网上创造了两个现象级的概念："姐姐粉"和"亲妈粉"。

在一些人看来，TFBoys 是搭了"腐女文化"的顺风车。

一名"姐姐粉"认为，翻唱《一个像夏天一个像秋天》的成功让公司"开始意识到可以走卖腐的路线"，紧接着，《当爱已成往事》"把王俊凯和王源的颜、萌、腐发挥到极致，借哥哥的《霸王别姬》暗喻王俊凯和王源的感情"，成功俘获了一众腐女的心。

2014 年 2 月，时代峰峻的自制剧《男生学院自习室》开始在弹幕网站 bilibili 上播出，每周五更新，王源、王俊凯担任主角（易烊千玺因在北京上学而缺席）。"这剧台本渣表演更渣，但在情节设置上故意让两个男主角之间有一点点若有若无的小暧昧，立即引起了轰动。"孙翔写道。

但不可否认，的确是从这段时间起，TFBoys 的百度搜索指数暴涨。二次元的腐女们用满屏的弹幕幻想两位俊美少年的"恋情"，自封"凯源党"，进而成为"三小只"的粉丝——她们对 TFBoys的爱称。背靠这些 80 后、90 后女性的支持，三个少年终于从出道前受欢迎的小圈子迈向了大众。

随后，他们以飞快的速度加冕"内地最具人气歌手奖"，受邀参加《快乐大本营》的录制，唱电影《我就是我》的主题歌，代言步步高家教机，一举登上了国民偶像的宝座。

如今，在淘宝上输入"TFBoys"，能搜出 7.75 万款商品，从王源同款帽子、易烊千玺同款卫衣到印有三人照片的抱枕、杯子、书包，应有尽有，甚至一款表带为四叶草形状的手表都被打上了"TFBoys 手表"的标签。在他们的官方淘宝店里，售价 49 元的"2015 年 TFBoys 官方水果台历"上架 20 天，卖出了 3 万多件。

章子怡点名他们参加冰桶挑战，张杰公开表达对他们的欣赏，杨幂叮嘱王俊凯"晚点恋爱"，陈赫则发微博调侃自己："在机场遇到了 TFBoys……以及一个过气谐星孤独的身影。"配图中，他一个人倚在垃圾桶上喝咖啡，远处是大波为 TFBoys 接机的粉丝。

娱评人狠狠红认为，对于成人世界的偶像来说，TFBoys 是一种微妙的存在。他们对名利场似懂非懂，相比需要靠实力打拼天下的成年明星，这些"养成系"少年存在的更大意义在于被围观、制造幻想，因此不会对他们的地位造成威胁。天真、单纯、无害，而且红成这样，简直谁不知道他们就 out 了，于是，"提一下'TFBoys'就像偶尔来句'挖掘技术哪家强'一样，成了展示自己紧跟潮流的标志"。

出于同样的理由，她认为音乐人梁欢根本没必要追究 TFBoys 的假唱问题。"三位正太的萌点从来都不是'声色双全'，他们唱歌、出专辑、上节目、演出的意义在于提供一种可以被消费被买单的产品，而并不是证明自己的水准、实力。"

"妈妈粉"们对男孩的爱护甚至让看多了"脑残粉"的人们大呼不解。比如粉丝"饮茶灵"在梁欢微博下的留言："看完最后一期 TF 少年 Go 第二季，来你微博下冒个泡儿。谢谢你指导，儿子全场真唱与你不无关系。对我们这些音饭老阿姨们来说，听凯源好好唱歌真的是莫大的幸福。再一次谢谢你。"

一个未知的约定

刚出道时在重庆日月光广场举行的那场首唱会，是 TFBoys 第一次在真实世界里被数量庞大的"姐姐粉"和"妈妈粉"所包围。但 Yuna 说，"对这个粉丝群，我们多多少少还是有点意外的"。

如同 TFBoys 探班《康熙来了》时蔡康永问"你们表演的时候台下都是小女生吗"，公司最初对男孩们的定位是"少女杀手"。在出道后第一张专辑的 MV 中，他们还在对着一个女孩唱"糖果和你的嘴角，什么味道"。

曾为 TFBoys 写过《街舞少年》和《Heart》的词作者徐若风曾向媒体透露，时代峰峻对歌词的要求非常严格，逼着他"一直改一直改"。Yuna 承认这些歌词有打擦边球之嫌，"会给青春期的少男少女一些猜想"，但她表示，以后 TFBoys 的歌中不会再出现这样的词，"因为粉丝构成的变化，也会相应调整他们的发展方向，比如在音乐上，对妈妈粉来说不能太幼稚，对小女生来说不能太成熟，还要区别于一般的成年艺人，符合他们的年龄"。

如今，时代峰峻的目标是将 TFBoys 打造成"中国特色的少年偶像"：有爱心、有理想、勤奋好学、传递青春正能量。为此，他们参加各类公益活动，谨慎选择代言品牌，还有几个月就要参加中考的易烊千玺甚至会短暂中断演艺活动，"像小凯当时一样，闭关学习"，易烊千玺望向王俊凯，后者伸过手来拍了拍他的肩膀。

采访间隙，女助理还借媒体的摄像机拍了几段短视频。对于"XX 网的网友们，大家好，我们是 TFBoys"这样的问候，三位少年已驾轻就熟，紧接着面对镜头号召大家"抗击埃博拉"时，脸上的笑容还没散。"这是公益片，不能笑！"女助理反复提醒。NG 四次，终于通过。

但无论时代峰峻多么小心翼翼，TFBoys 还是不可避免地招来非议。2014 年 10 月，网上疯传 TFBoys 因"为青少年树立了不良榜样"被有关部门"封杀"。尽管该传闻后来不了了之，仍是时代峰峻如今不愿谈及的话题。

巧合的是，几乎在同一时间，他们为某品牌家教机拍摄了一部励志广告。"谁说梦想和学习不能兼顾，很多人说我们不务正业，但我们只是用其他同学玩的时间，做着自己的梦"，这句广告词更像是三个过早成名的少年面对外界争议的自白。

"梦想"是 TFBoys 最重要的关键词，笼络粉丝的秘密武器。在出道视频《十年》中，TFBoys 就以一个十年的"梦想之约"打动了无数"四叶草"："如果睁眼便是十年后，你希望自己变成怎样的人？

如果睁眼便是十年前，你希望自己会去做什么？

如果梦想有捷径的话，那么这条路的名字一定叫坚持。

我想，如果我从八岁开始坚持一件事情，那么到了十八岁，我是不是便有了十年的坚持？

十八岁到二十八岁，与八岁到十八岁，一样是十年；

即使十年后我们没办法成功，我们也离梦想靠近了十年。"

说这话时，王俊凯 14 岁，王源和易烊千玺 13 岁。

"那你们的梦想是什么？比如，希望自己 20 岁时会是什么样？"腾讯娱乐记者问。

三个男孩愣了片刻，嬉笑着推搡对方作答。王俊凯先开口："20 岁时会是一个……比现在成熟一点的一个人吧。然后会比现在……帅！"说着，笑嘻嘻地把话筒推给王源。

"20 岁的时候我觉得……就是会很帅，"王源先是很迟疑，然后又下定了决心似的抬高声音，"对，肯定比现在帅，比现在有知识有学问。"

易烊千玺的回答最长。他说："我觉得 20 岁大家会有一些成长，会有很多方面，不会像现在这样是一个……嗯，不太成熟的组合。实力各方面会有所上涨，会是一个越来越好的组合。""那你自己呢？"

他想了想："做到心里最棒的那一个，长高个。"

桂纶镁：胸小话少表情屌

文 / 付超、窄窄绿　编辑 / 露冷　摄影 / 薛建宇

　　《封面人物》的采访，是桂纶镁当天的压轴通告。两个通告的间隙，循例是补妆时间，只是随行化妆师把工具包落在了二楼，急急跑出门去拿吸油纸。桂纶镁一脸"干嘛那么大惊小怪"的憋笑表情，随手扯两张身边的抽纸就往鼻子上按。身旁的工作人员见怪不怪，大伙儿脸上默契地集体挂起无奈又好气的笑容，"她就这样，我们也懒得管了"。

　　在其他媒体笔下，也有类似的"桂纶镁细节"，比如自己一个人开车去采访地，哪怕在大街上行走也没有帽子、墨镜的武装，她甚至曾把自己私人手机号留给记者。这些细节指向的是同一个地方，那就是在桂纶镁的世界里，没有那么多的"女明星行为准则"。2002 年以《蓝色大门》出道，从事这个行业十多年，她仍然被准许有那么一点"个人风格"，而身边的人，也如此呵护并鼓励着她的"个人风格"。

　　对于很多演员来说，路线是一个不得不考虑的问题。他们分析市场，寻找自己的市场分类，由此决定应该接什么样的戏，做哪般打扮，接哪些品牌的广告，对媒体说什么样的话。但在桂纶镁，这完全不是问题，因为她的风格从一出道就被封印了。

　　这可能是一种幸运，个人气质被大众接受、喜欢，且还有商业变现的可能，但也可能是不幸，对于一个演员来说，她必须长久地停留在一种形象里。她的所有突破和努力，都会被理所当然地被忽视，甚至被认为是"瞎折腾"。

台湾制造小清新

在对桂纶镁的审美上，有两派人很难达成和解。一种是觉得她普普通通，不算特好看，演技嘛，也没觉得多突出，怎么就当了明星，怎么就红成现在这个样子了？另外一派人则觉得，这太容易理解了，她多特别啊，她和什么什么志玲不一样，和什么什么子怡、冰冰不一样，当然也和什么什么亦菲、幂幂不一样。

在豆瓣，桂纶镁的小组名不是简简单单的"桂纶镁"，而是叫做"桂纶镁这样的女孩"——对于加入这个小组的人来说，关于桂纶镁，不仅仅是审美观的问题，差不多快成为价值观的问题。要不要喜欢"这样的女孩"，要不要成为"这样的女孩"，还有，要不要找一个"这样的女孩"做女朋友？

"这样"是一个比较玄虚的词语，导演们有时候也不太能达成共识：桂纶镁 19 岁出演处女作《蓝色大门》，易智言说："她有那种青涩的感觉。"24 岁主演《不能说的秘密》，周杰伦说："她身上有初恋的感觉。"31 岁出演《触不可及》，赵宝刚感慨："她有江南女性身上那种特有的知性感觉。"相形之下，时尚行业倒是更能直击靶心——时尚博主 gogoboi 形容桂纶镁穿深 V 礼服的感觉是："即使领口几乎开到肚脐，也没有丝毫肉欲，甚至连性感都没有，只让人觉得无嗔无我、无欲无求、心无杂念。"

她在如今的台湾女演员中独树一帜，以男友戴立忍的话说是："小镁是具有国际市场的人，可以飞得很远很高。"他曾非常抗拒在媒体面前提到她："跟她在一起，若不能为她加分，就不需要多提。"

2012 年，桂纶镁拿到了台湾金马奖影后桂冠。在这十年里，除了她，还有两个台湾人获得过这个奖。一个是舒淇，另外一个是杨贵媚——凭借的都是港片。唯有桂纶镁，靠的是一部100% 纯血台湾片，没在内地上映过，叫《女朋友·男朋友》，男主角是张孝全和凤小岳，导演是杨雅喆。是的，这又是一部靠拿着台湾行政院辅导金拍出来的典型青春片。

青春片一直是台湾最主流的电影类型。二十世纪八九十年代，台湾青春片的类型偏于现实，以《风柜来的人》《牯岭街少年杀人事件》为代表，这些电影一向在影评人眼里地位崇高，但在商业上一败涂地。2002 年，《蓝色大门》给了青春片一种新的可能性，它以校园恋为线索，放弃了过往青春片里令人煎熬的问责和反思，取得了在当时看来令人难以置信的票房成绩。

自此，新的类型片形成，大多是讲述少女少男间淡淡的恋情——偶尔是少男和少男间的，音乐是淡淡的，海边、阳台、校园、麦田、走廊是主要的场景地，扑面而来是茂盛的绿色、稻穗的金黄色，还有垦丁海岸线的蓝。它们的主要投资来自政府的辅导金。

因为《蓝色大门》，桂纶镁几乎成为这类电影所有女主角的原型。她奠定了这类电影的基本审美观：平胸比大胸好，短发比长发好。用影评人唐书钰的话说就七个字："胸小，话少，表情屌"。青春片、桂纶镁、小清新，构成了简直堪称是三位一体的关系。桂纶镁的气质等于青春片的气质，以及小清新的气质。除她之外，不做第二人想。

那么，十年后，顺理成章地，桂纶镁终以此类角色封后——某种程度上，可以说这是台湾的自我诠释与自我肯定。

节制而自控的叛逆

对于《蓝色大门》，桂纶镁自己下的定义是"特别甜蜜的负荷"。她极度肯定它对自己进阶起到的重要作用，但她同时也很清楚，这个宝贝背后有更巨大的阴影。

和桂纶镁一同从《蓝色大门》里"毕业"的陈柏霖，就曾无奈地表示："困扰是肯定有一点的，她一直被'文艺'这个词绊住了，很多来找我的片约，也不是想找陈柏霖，而是想找张士豪（片中角色名）。"身为今年台湾金马奖形象大使的桂纶镁，前几天刚拍了一个宣传短片，还是和易智言合作，还是在用"重回《蓝色大门》里的第一次"概念作梗。

桂纶镁很清楚："我可能要花比别人更多的努力，去摆脱这个形象或它赋予我的概念。"

但这个形象的建立，并不仅仅和《蓝色大门》有关。桂纶镁家境优渥，自小学习芭蕾和钢琴——这完全是名门淑女式的打造方案。父母对她的职业规划是："不是外交官、新闻主播，至少也得是个白领。"某些方面，桂纶镁可谓从未离经叛道，但她也一直通过小小的叛逆，来体验着对自己的操控权。比如把校裙改短，把应该要扣满的扣子解开两三颗、T恤衫里特意不穿打底的背心就直接露出胸罩、补习班逃课、交男朋友、玩 Hip-Hop 等等——在那次改变命运的西门町捷运换乘时刻，她正穿着肥大的裤子、篮球背心，头发乱乱的，因为刚和男朋友吵过架，所以正臭着一张脸。

在偷偷参加并通过了《蓝色大门》的试镜后，她向父母请示了这次"出轨计划"。当天的饭桌上，父亲对她拍了桌子后愤而离席。桂纶镁带着父亲去见了导演易智言，在双方达成"吻戏点到即止，最多只拍三条"的协议后，父亲终于给她开了绿灯。

拍那场吻戏的时候，父亲一直镇守片场。易智言遵守承诺，只拍了三条。

小小叛逆，但并不离经叛道。中学毕业后，桂纶镁选择了升入台湾最著名的私立大学淡江大学读法语，成为古龙、朱天文以及后来用一部《女朋友·男朋友》将其送上金马影后宝座的导演杨雅喆的学妹。彼时她还有另外一个选择，是台北艺大的戏剧系。

选读法语系并不是因为对法国有特别感觉，单纯是因为这个专业招生不用参加大学联考。没滋没味地读了两年后，桂纶镁去法国做交换生。在法国的日子里，她常一个人背包旅行，被电影院的银发族观众感动，为背着闹事球迷静默的警察感悟，甚至还在深夜遇到过性骚扰。太多的见闻和感触涌入，接着被吸纳、发酵、丢弃，再回到台湾，"整个精神状态就很兴奋，感觉整个人回归到了自己。比如学习，所有不喜欢的课就不太去上了，过关就好，没有感觉的事情，为什么要再去做它？"

对于赴法留学给自己造成的影响，桂纶镁如此阐释："我现今的价值观，对自己的思考，跟存在主义的紧密联系，的的确确都是在那段时期、那个地方建立起来的。"嗯，视法国为精神家园——这也是小清新模范生的特质之一。但无论是视西蒙·波伏娃为偶像，还是奉行"不逛景点"这样特立独行的旅游方式，这都无法解决桂纶镁表演上的困境。

她其实并不是没有机会接触到其他类型的角色——因为小清新特质，所以导演认为若是让桂纶镁"反小清新"将很有看头。徐克在找她来演《女人不坏》和《龙门飞甲》时坦言："大家一致觉得她很文艺，这两个形象可以带来突破。"她还在《圣诞玫瑰》里变成被性侵女孩，在《白日焰火》里演萧肃的少妇——但这些转变，都难以用"很成功"来形容。

总是演不好的情欲戏

正在热映的《触不可及》里，桂纶镁饰演一名舞蹈老师，苦候真爱，痴守多年，不用多说，这是一个太熟悉的桂纶镁式银幕形象；但在这份熟悉里，她又供奉了新鲜的陌生——民国装，上海女人，以及一段情欲感十足的狂野探戈。

"你们两个，要有那种做爱的感觉，要按照那个感觉来演。"导演赵宝刚对桂纶镁和孙红雷说。

这段戏在网络上被调侃为"桂纶镁高潮脸"，微博上说："当孙红雷一靠近桂纶镁，她的脸就扭曲得很厉害，也不知是痛苦还是享受。"桂纶镁对自己的表演很失望，"我觉得（自己的）那个表情是不对的……那个是有缺陷的，"她嘟嘟囔囔地反复自我检讨，"我觉得我没有做好那个，因为已经顾不及了……这只是借口，是我自己的问题，有点可惜。"

努力把自己变成戏中的那个人，这是桂纶镁习惯的方式。除此之外，桂纶镁不懂其他的表演方法。她曾经演一个很爱打扮的上班族，于是在生活里也尽量去靠近这个人物，在机场也踩着高

跟鞋，背着香奈儿的包，穿着短裙，不像她平时的风格。她的身边人也习惯了她这种忽然间的转变，都问她"你是有新角色要演吗"？

但表演出情欲的张力，怎么能靠努力和态度就可以轻易突破的呢？

这种沮丧不是第一次出现，在《女朋友·男朋友》中有一段床戏——需要背部全裸女上位，导演杨雅喆这样描述桂纶镁在片场的表现："二话不说，胶布贴一贴就上了，从早演到晚。"一开始，她还在片场披着一块毛巾，后来连毛巾也不要了，就这样光着，走来走去。三个演员对着摄影机的镜头演做爱场景，大家都很认真，所以"动静好大"，拍到后来，摄影师受不了了，喊cut："拜托你们停下来，我好尴尬。"

桂纶镁对于这么努力去演的这场情欲戏感觉很糟，"拍了一天，一点都不浪漫——完全没感觉，好像洗衣服一样"。面对了一天的床单，她想到的只是电视里的洗衣粉广告。

"文艺男中年"杀手

影评人史航对桂纶镁的称呼是"桂纶镁老师"，他觉得她尤其像"地理老师"。他用很文艺的说法来解释这种感觉："她的心在远方，而且让我们也爱上远方。"在史航眼里，桂纶镁的魅力来自于她的正经，因为正经，所以才有幻想空间——"她像温度计，你得握着她，她才会变颜色"，简单粗暴地说就是——她很性感，"但女人可能不懂那种性感"。

史航记得他主持的一次《白日焰火》发布会，桂纶镁谈有一幕戏，她抬头望向一无所有的天空，竟感觉到有金黄色的微粒，漫天都是，"我看得非常专注，心里非常激动"——说到这里，史航打断了她，调侃她说："怪不得说你是文艺女王，饿得眼冒金星都说得这么文艺。"

"不是故意要破坏她的文艺气场，"史航解释，"就是本能地接了这个下茬。"

专栏作家韩松落也喜欢她，赞她"干净""清爽"，他眼里的桂纶镁是恍惚中撞见的旧日女同学，"有点冷清，但你知道她过去，有点亲切，是女学霸的亲切。即便盛装出席活动，也是女同学仓促上阵的样子"。看来，桂纶镁对这些文艺男中年们杀伤力十足。

戴立忍也是一名文艺男中年。2004 年，桂纶镁接拍《经过》，演台北故宫博物院的助理研究员，暗恋当年学姐的男友、性格冷漠的李东——李东的扮演者便是戴立忍。两人的第一场戏，戴立忍便让桂纶镁震惊，"虽然只是很短的一场戏，但那时第一次有一个演员能让我感受到，两个人冲击出来的那个状态是多么地……令自己都会吓到。"桂纶镁在这场戏里，完全忘了自己努力背下的那些台词，沉浸在剧中。

那一年，桂纶镁 21 岁，戴立忍则将近不惑。很快，两个人一起出双入对的照片被媒体拍到，跌碎无数人的眼镜。不过，就像桂纶镁是很多文艺男青年心中的朱砂痣一样，戴立忍也是不少文艺女青年举头的白月光——他以演员出道，2002 年以一部导演作品《台北晚九朝五》开始自己的创作之路，编、导、演全才，2009 年凭借《不能没有你》拿下金马最佳影片、最佳导演等四座奖杯。外界都觉得他们"文艺相投"，这么多年，两人传过情变、也传过戴立忍因为"老拍文艺片不赚钱遭对方家长嫌弃"，但还在一起。桂纶镁说："相知相惜、能不能走下去，是和人本身的特质有关，而不是和年龄有关。"

2009 年，戴立忍获得金马奖，忍不住在镜头下将桂纶镁搂在怀中。无数灯光与镜头之下，桂纶镁在男友怀中闭上了双眼。2012 年，桂纶镁金马奖封后，在采访里说："最了解我的人就不用特别指名道姓，他应该特别明白。"

影后桂纶镁仍保持着那些韩松落说的"女同学"特质——她在片场和张孝全比谁的胸大。张震谈起她就会笑："别被她外表骗了，小动作特别多。"她总是纵容自己的情绪，想哭，金马领奖时就哽咽得像一个拿了小学生书法比赛冠军的小朋友；想玩，《女朋友·男朋友》香港宣传时，她拉上张孝全、凤小岳出门扫街，决议每个酒吧来一杯，最后"茫了，厕所清洗完出来，在舞池摔了个狗吃屎，所有人都看到了"。

仍然是那么符合所有人对"文艺小清新"的想象。

我就是少了女人的韵味

腾讯娱乐：《触不可及》里第一次演民国戏，大家印象里那时的上海女人，要不是《色·戒》里那种有风韵的熟女，要不就是知性的大家闺秀，你这次的角色，似乎两者都不是很靠？

桂纶镁：确实，我觉得可能要再给自己多几年的历练或积累，才能呈现女人风韵的这一面吧。包括我自己没有办法在这一次实现真正很上海女人的样貌，会有点小失望。整个造型，不甚好看，但过得去吧。

腾讯娱乐：电影中那段跳探戈的戏情欲贲张，尤其第一段，是在用跳舞在表现情爱，但感觉你的面部特写表情，似乎不很到位。

桂纶镁：这段舞，导演说戏的时候就说明了，你们两个就要像在做爱。我看了片花，觉得我的那个表情是不对的，是有缺陷的。但现在也没办法再去采集素材了，我觉得没有做好它，但已经来不及了。我觉得就是少了女人的韵味，它在这样重要的场合应该是能够被秀出来的。

腾讯娱乐：这种韵味也许让舒淇来演，分分钟就出来了。觉得自己可能会在某一天具备这种风韵吗？

桂纶镁：它是一个内在散发的东西，一来跟你的装扮、发型、化妆、服装有关，二来跟你底蕴里有没有这个东西有关。我也不知道未来会变成什么样的人，韵味也不是说我坐端庄了，坐十天半个月就有了。可能我十年二十年后还是现在这样，举手投足间还是没有女人的韵味，我不晓得。

《蓝色大门》是甜蜜的负荷

腾讯娱乐：暂时无法拥有女人的韵味，或许因为你一直都是文艺咖，而这种气质，从《蓝色大门》就开始了。作为处女作它给了你很高的位置，但十几年来又一直在桎梏你的形象突破，你自己怎么看这种尴尬？

桂纶镁：我跟易智言导演一直都觉得，《蓝色大门》是特别甜蜜的负荷。我直到现在十多年有表演的机会，很大程度上是来自于这部电影，它永远是我的宝贝，我不想摒弃它，甚至会一直把它抱在怀里。我可能要花比别人更多的努力去摆脱这个形象，但没关系，因为我在它这里得到的东西太多了。

关于文艺的部分，很多人会觉得是我的包袱，但我从来没有刻意去塑造这个形象，它可能就是我，我就是喜欢做这些事，看这些东西，它可能会散发所谓文艺的气质。

腾讯娱乐：但很多人可能会觉得，你这几年的银幕形象比如《圣诞玫瑰》里被性侵的女孩等，都在努力摆脱文艺形象？

桂纶镁：我哪儿有那么幸运啊，想演什么就演什么（笑）。我只是会继续拍我想拍的电影，它可能会越来越文艺，也可能会越来越商业，未来对我来说有太多可能性，它们都是我的包袱、负荷，但都没关系，我其实并不在意，也没有刻意地背在身上，我还是继续往前，继续玩继续闯。我接角色纯粹是我喜欢，我想做，我想玩。

腾讯娱乐：关于表演，你似乎有个习惯，就是在拍完戏后，要花比较长的时间从角色里走出来。一般用什么方法从角色里走出来？

桂纶镁：我有时候非常地自虐，会把自己关在一个没有人的空间，一个礼拜不出门，不跟人说话，就是睡觉看电影，什么也不做，让自己每天哭到不行。或者去旅行，到一个完全陌生的地方，其实就是换一个地方生活，去到一个没有人打扰你的地方生活，我不会去博物馆、不会去逛街，就只是像生活在那里的人，去市场买东西吃，回家喝酒，或者去公园走走，把情绪遗留在那个城市。

我不想未来的生活传统保守

腾讯娱乐：你崇尚于佩尔，喜欢波伏娃，其实波伏娃本身就很女权，加上存在主义，你自己也推崇比较独立的女性意识？

桂纶镁：我自己本身就不太习惯依赖别人。我希望是我自己亲身去解决，这也是你能够成长的一个因素。另一部分，是我觉得有时候男生能做的事情，女生其实也能做的，虽然会有本质上的差异，但你千万不要放弃你能做的可能和机会。

我倒不是说要跟男性去争执或打架，说"你能做的我百分之一百也能做"。这不是女权，是我觉得男生女生都一样：你去试着尝试做，不要被所谓的传统说你不行你就真的不做了，那很可惜。

腾讯娱乐：说起来，波伏娃后来搞女权，一部分原因是小时候被父亲管得严。你出身的家庭也是很传统的环境，现在性格如此，是不是也有家庭影响？

桂纶镁：我完全相信，孩提时期的影响会对一个人的成长影响深远。你提到的关于自由、独立这件事，完全是因为我来自于一个传统保守的家庭，我不想我未来的生活也是一样的传统而保守。

腾讯娱乐：这种独立空间作为明星很难去维系，对媒体你的态度是什么？记得你之前做过一个名叫《恐惧》的装置艺术，似乎表现了一种对媒体的恐惧。

桂纶镁：那个装置艺术还是更多地讲关于尊重、关于礼貌，当然，也希望大家能体谅我们的感觉。至于对待媒体，比如遇到你这样一些可以好好说话的记者，就会变得非常轻松，开始知道有人相信你，或者觉得可以放心地把自己交给对方，对方写出来的稿子不会是杜撰。但他如果出来的稿子让我很失望，我就是还会伤心一阵子："啊，人性啊！啊，这就是记者的工作啊！啊，体会吧，就原谅他吧！"（笑）

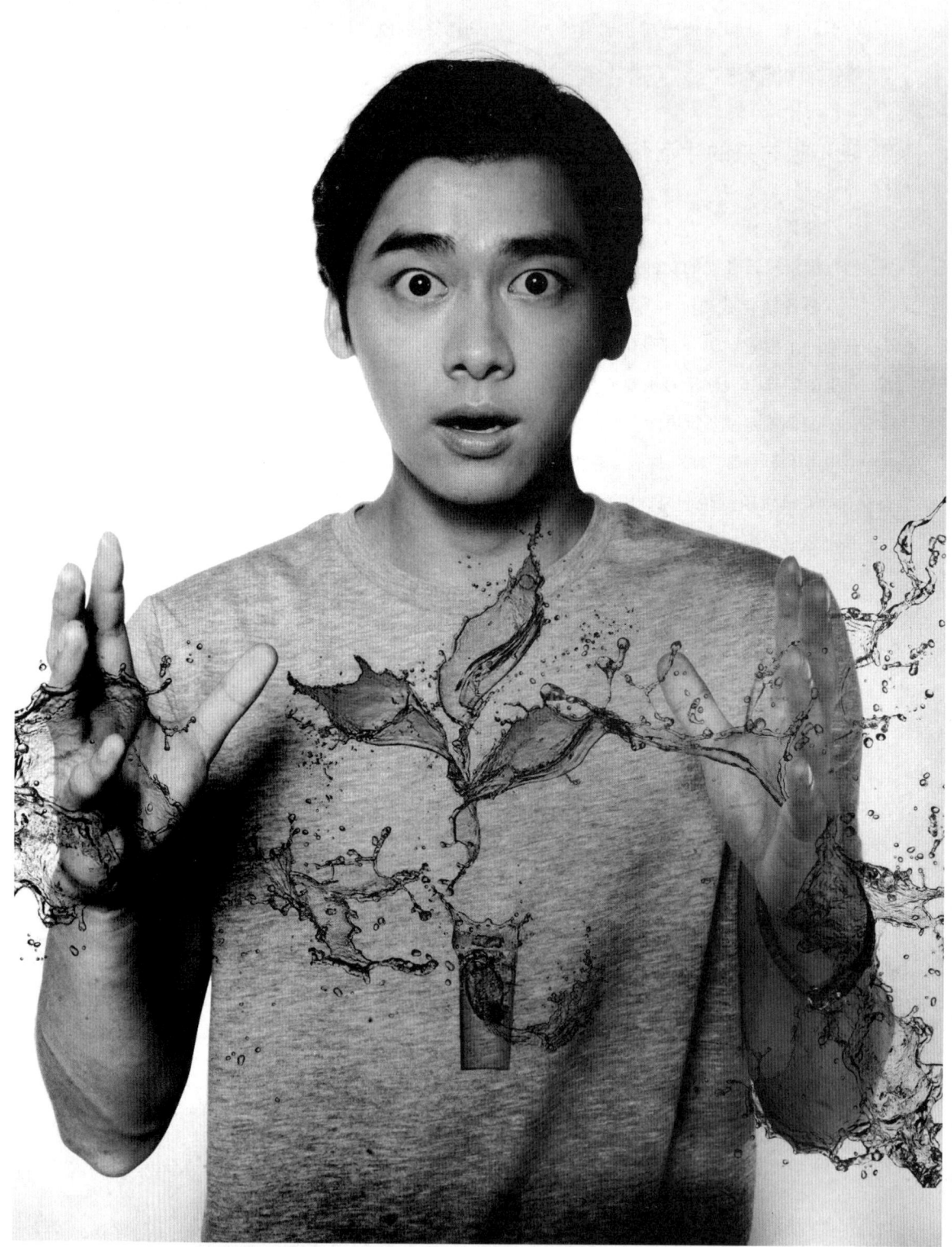

李易峰：苏苏不是巅峰，我还会更好

文 / 胡梦莹、姜宇佳　编辑 / 萝卜　摄影 / 薛建宇

你发现没？几乎每一年，娱乐圈都会出现这样一个人：出道多年不温不火，颜值高，但大多出演一些面目模糊的角色，靠一部戏或一档节目瞬间"咸鱼翻身"，一个月上头条的次数超过他们出道以来的总和。今年，这个"配额"落到了李易峰身上。他的发展正在被看好，除了已经播出的《古剑奇谭》，电视剧《盗墓笔记》的男主角也将由他出演——该同名原著小说有三千万粉丝。

1987 年出生，已经出道七年的李易峰自然不算"小鲜肉"，不到而立之年就红了，你也不能说他是大器晚成。这两个近年来最常用的标签在他身上都不适用。李易峰身上有同代偶像明星的特质，比如更懂粉丝的心。

他们知道社交网络上最流行的话题是什么，进可小清新、退玩重口味，会玩弹幕会逗贫。你说卖萌？那早已不再是新本事，自黑、"卖得一手好腐"是他们的新技能。于是乎，我们看到了《古剑》男主们在微博上的互相调戏和满满基情，看到了李易峰抱着马天宇的照片，配 CP、写段子，他们全方位满足粉丝大开的脑洞。

他的粉丝们也不喜欢"厚积薄发"、"蛰伏"、"破茧"这一类形容词，因为听上去"挺老气的"。

他们这一代，玩法不一样了。

从小活在光环下？
"我说'是'，你会觉得烦吗？是！"

《古剑奇谭》开播后，李易峰的专访量翻了好几番，已经连续一个月，每天通告满额，只有三四个小时的睡眠。他的微博随便拎出一条，转发量都过五位数，"苏苏嫁给我"、"我要和你生猴子"也一度成为热门话题。但每次采访前，随行宣传都和记者说"他不是一夜爆红"。李易峰自己也不喜欢这个词。

问他是不是从小就活在光环下，他稍事思索，"如果我说'是'，你会觉得有点儿烦吗？"停了一下，"是！"

小学二年级，李易峰收到了人生中第一封情书，然后长期霸占传达室收信量第一名。有小女生跑到他家楼下送爱心便当，李易峰觉得挺不好意思的。更让他不好意思的是，初中时收到了一封来自同龄的男生的情书。

到了高中，进了校篮球队，人气就更不得了。"早上我骑车上学，放好自行车走进教学楼，哄闹声一片。抬头一望，四面教室的楼上楼下，一楼二楼三楼，全部都是人。"长得好看加爱运动，完全符合少女心中纯情小说男主角的设定。

几个有生意头脑的女同学拿李易峰做起了买卖——悄悄卖他的照片。由于销量不错，照片从最初的5毛成本价，涨到50元一张，李易峰的作业本最高卖到100元，擦过汗的纸巾能卖到150元。是不是觉得眼熟？这些场景通常出现在明星和粉丝之间。

"每一次他在操场上，就会有很多女生躲在草丛里，等待看他。我穿校服去其他学校门口超市买东西，有几个女生就问我你认识李易峰吗？我说认识啊我同班同学，她们就很激动。"李易峰的高中同学陈雪佳回忆。

和外界的热情形成鲜明对比的，是李易峰的"闷"。同学小A（化名）甚至很少看到李易峰笑，"至少我每次看见他的时候都是臭脸，眼神更不会跟你交汇"。

"一个陌生女生跑过来，说'你好，跟你交个朋友吧'，我就会很紧张，我不知道话怎么接，我也不知道手往哪儿放。我觉得有点儿尴尬，然后我就说谢谢，埋着头走了。听到有人喊我名字，会很不自在，去打招呼很傻吧？你不打招呼又很没礼貌。我一直在想这个，还没想明白人就已经在教室坐着了。"这就是李易峰的内心戏。

外貌如此出众，众星捧月般的长大，在刚上大学那一年，父亲和李易峰说，你应该出去看一看，人外有人、山外有山。

腾讯娱乐：收到男生的情书是什么心情啊？

李易峰：我就还是挺淡定的，我说哦，看了，表现很正常。

腾讯娱乐：没有被吓到？

李易峰：没有被吓到，但是会有一点点那个感觉很奇怪，就，就看到他就绕开走了。

腾讯娱乐：后来还有追你吗？

李易峰：没有没有，我觉得他也还没搞清楚自己。我不知道现在搞清楚了没有，现在应该搞清楚了。

腾讯娱乐：小女生追你，肯定有不少送你吃的，都吃吗？

李易峰：是这样的，就是在我收早餐之前，我的同桌很瘦，后面就变胖了（笑）。

腾讯娱乐：太残忍了。同学们"投诉"说你小时候不爱笑。

李易峰：小时候其实没有现在那么爱逗贫，小时候可能会更闷一点，我觉得我是这样的。

腾讯娱乐：之前采访貌似话也不太多，最近感觉改变还挺大。

李易峰：也是跟大家熟了嘛，跟腾讯也熟了，跟很多其他媒体也熟了，然后可能是慢慢长大了，拍戏也会去打开自己的内心，所以会比以前话多一些了。

有过低潮期？
"那时我晚上会失眠，就想我是不是该卷铺盖回家了。"

2007 年，才上大一的李易峰报名参加了《加油！好男儿》。那是一档全国性的男生选秀节目，选手全都是"小鲜肉"，整个节目都蹦跶着青春的荷尔蒙。

选手组的工作人员小玉（化名）已经不太记得起李易峰参赛时的样子，因为他在人群中并不扎眼，个子不高，沉默，独来独往。和其他选手最大的不同是，李易峰很少主动亲近人，"不会太黏人"。在她看来，李易峰个性强韧，"不像其他孩子，告诉他往东一定往东"。

但在同届选手乔任梁眼里，李易峰只是"闷骚"，"他包里放着吹风机，随时随地弄发型。""我们还会故意调侃他，'你就是校草，就唯独一棵，多么珍贵，我们都是陪衬的嘛，衬托出你这个校草的光芒四射'。他听了就坏坏地笑，他当时还挺自得其乐的。"

在电视上，李易峰"冷面 + 俊俏"这两大杀手锏依然吃香，从前的"校草"头衔升级成了"国民校草"。李易峰最后排名第八，却被公认为当年"好男儿"中最具争议和话题性的选手，其极具战斗力的粉丝团"蜜蜂"成为全国赛中最大的新闻点。

说起这茬事，小玉直摇头，"他的粉丝真的很疯狂，马天宇那时候人气是最高的，他的魅力仅次于马天宇。我们的车子都被粉丝砸过，她们把车身堵住，堵在他酒店门口，几天几夜不回去，就为了看他一眼"。《上海电视》记者甘鹏至今还记得，在上海911公交车的后座，有人用小刀刻满"还我李易峰"密密麻麻的小字。在上海一幢专卖日韩偶像周边的商铺楼中，有一面墙上铺天盖地写满了李易峰的名字。

很多人认为这是李易峰的光辉岁月，他说："其实我在学校时候就感受过这样的感觉。"

没过多久，李易峰签约由胡海泉出任董事长的EQ唱片公司，在北京开始另一个人生的战场。

这一年七月的某个早上，甘鹏见到的李易峰是被热醒的——空调坏了，卫生间也没有自来水。李易峰打电话给物业，物业告诉他，今天大楼停水电，早有通知贴出来。李易峰滔滔不绝地对甘鹏和经纪人诉说着"惨剧"，"我现在没有刷牙也没有洗脸哦"。

"北京很好，走到大街上几乎没有人认识我"。李易峰抽空会在小区和那些不认识他的人打篮球。"但生活还是很单调，有录音就去公司，有通告就去做，剩下时间我都在家自己待着。"开始，李易峰还出于礼貌去参加一些饭局、K歌，后来觉得"不好玩、没意思"就不去了，也没有什么新朋友。当时他身上所穿的一身衣服还是在成都买的，"我在北京几乎不逛街"。

2009年到2010年，唱片业整体滑坡萎缩。选秀带来的高人气都被渐渐消磨，李易峰首张专辑《小先生》销量不佳，从EQ转会到索尼，事业仍不见起色。"起点虽然不错，但要在那么多人中找到独属于自己的成长之路，他挺迷茫的。"前老板胡海泉说，李易峰如同许多刚出道的新人，没有清楚的人生规划。

李易峰回忆："我当时挺迷茫的，比如开专辑制作会，让我聊自己的性格和爱好，或许我在沟通上也有问题。开完会，他们就觉得你没性格、没爱好、没想法。"着急的经纪人问他："你是不是不要当艺人了？"

"我不知道该做什么，说什么都是错的。他们会说你有想法说出来，可你把想法说出来后，又会说你怎么有这样的想法。"

在公司的安排下，李易峰去主持综艺节目《超级大赢家》和《百科全说》，因为话少被嘲"冷场王"、"省话一哥"。公司又建议他学魔术、架子鼓或是弹吉他，用来活跃节目气氛。李易峰很茫然。"我开始陷入一种怪圈，讲不出、做不好，更讲不出，更做不好。他们认为我是故意不配合，我是一个不听话的艺人。"

腾讯娱乐：还记得转型时期的状态吗？

李易峰：就不知道我要做什么该做什么，晚上有时候会失眠，就想我是不是要回家了，我不知道我应该做什么，我又不喜欢变成一个综艺的主持人，也去尝试过主持的。

腾讯娱乐：主持的感觉如何？

李易峰：有一段时间，我每次主持的时候，我就感觉特别对不起那些导演组，他们都会举一个牌，李易峰多说一点话，活跃一点。其实你看到那个，心里会有一点心酸，我不是说我不努力，我只是说我真不是很喜欢，李易峰坐在这儿干什么呢？

可能有一点不太专业，既然你来了，你做这个主持，你就应该做好，可能大家会去想，但是我真的不喜欢逼自己做不喜欢做的事情，而且我也做不好。

所以从歌手转为一个演员那段时间应该是我最低潮的一个时期。

腾讯娱乐：低潮期有收入吗？

李易峰：没有工资，就是你跟公司有分成的比例。就是你出去工作，然后你挣的钱就跟公司分就是了。当然不会很有钱。

腾讯娱乐：后来就转型做演员了？

李易峰：就是也慢慢地对拍戏有了兴趣了，我记得我也说过，去过横店，剃过光头。

七年后翻红，到人气巅峰？
"我觉得还会更好吧！"

作为前老板，胡海泉曾一直希望李易峰能转型去拍戏。他把李易峰引荐给制片人、导演，但李易峰显得谨慎、排斥。"我当时想他只是想当歌手吧，就没有太强求。"

从不做歌手，到对拍戏有兴趣这件事，并没有李易峰说的听起来那么容易。

拍第一部戏时，李易峰很抓狂。"刚开始拍的时候，我真的不知道我在干什么，也不知道怎么去配合有经验的演员，很怕自己演不好。之前听说张孝正导演，如果演不好就会扔东西、打人。"李易峰可能不知道，制片方的工作人员透露，老板曾私下称赞他腼腆害羞但做事认真。搭档明道也注意到了李易峰。"他内心有火。真的蛮不容易在镜头上找到特别有自己的味道的一个人。"

可李易峰还是怕。他承认自己当时心态不成熟，每一次进组去到陌生的地方，一待就是三个月，每一次都觉得快要了他的命。他担心周围有很多陌生人，担心住的酒店会不会像第一次那样糟糕，担心助理会不会不好。他不停地和周边工作人员抱怨。

李易峰最看重的作品之一是《真爱谎言》。他认为是这部戏让他真正对表演产生了兴趣。他的角色是一个患沟通障碍、饮食起居都需要他人照顾的自闭症少爷。面对陌生环境的恐惧，善良却略显偏执的性格，李易峰都拿捏到位地诠释出来。如同每个演员，在事业生涯中都会经历这样一次顿悟。

"可能因为从小受到光环包围，我之前不太能接受别人的批评。当见识了更多，接触了更多优秀的人，再回过头看当时的自己，会质疑：明明自己很不好很不对，可过去就是不愿意去改变。"李易峰笑说，金牛座的他认死理到近乎偏执，别人和他说，他很难体会，一定要自己感受了、经历了，才会义无反顾去改。

去年拍剧版《小时代》时，乔任梁与李易峰重逢了。他感到李易峰的性格沉稳了很多。李易峰还把之前电视剧的正版碟送给乔任梁，乔任梁哈哈笑，说一定好好收藏，回去供起来。他希望和好兄弟分享，见证他的成长和变化。他们私下交流的时间并不多，但彼此都感慨，当初怀揣着音乐梦登上舞台，现在却都在演戏。"但是嘴上都不说。男生嘛，好面子。"乔任梁呵呵笑。

拍了一票剧，李易峰反复告诉自己别着急，"男演员三十岁以后才刚刚开始"。然后遇到了把他捧成人气王的《古剑奇谭》，工作人员反复对外强调李易峰现在的心态很平静。"2007年是天上掉馅饼，我一下就被砸晕了。这次是积累多年的爆发，我不会再晕。是选秀改变了我的生活，而现在则是又一次启程。至于人气巅峰？我觉得还会更好吧！"

腾讯娱乐：刚刚你提到了拍戏剃光头那事。

李易峰：对，特别逗的一件事，就是我还在跟以前的经纪人商量，要不要接这个戏？他说你是偶像了，你要剃头，那我们尊重你的意见。OK，我说那我想一想，我还在考虑的时候，突然告诉我已经答应了要拍这个戏了，让我去把头剃了。哇，挺难受的那个感觉。

腾讯娱乐：难受到什么程度？

李易峰：就是感觉问了我，但是你自己又决定了，我觉得很不受尊重。那个时候好像还没有真正的有演员的素质，所以还是会担心：我剃了头，我后面的专辑，我想发唱片，我怎么做造型，我怎么办？而且那个时候心理也没那么强大，然后就去拍了，拍完过后就反而变好了。

腾讯娱乐：喜欢上了？

李易峰：就是剪完头你也是把自己"打散了"。

腾讯娱乐：偶像包袱？

李易峰：对，偶像包袱丢了。

腾讯娱乐：《古剑奇谭》这个角色其实有好多人竞争，有人说你是一个保送生？

李易峰：保送生不是说我这个人，是苏苏在天佑城里面的感觉。我觉得就是他们有眼光，现在可以说这样的话了。

如果之前你采访我，《古剑奇谭》没有播，我可能也不知道。那现在我觉得播出来的效果不错，然后真的是百里屠苏（剧中角色名）跟我的性格还很像，他们很有眼光，看到了我没有看到自己的一些潜质。

腾讯娱乐：当时是怎么竞争的？

李易峰：竞争，操场上跑了两圈了，看谁跑得快。（笑）

腾讯娱乐：今年其实算是你一个大年，《古剑奇谭》和《活色生香》是男一号，接下去要演《盗墓笔记》。

李易峰：我有一部分的运气，我觉得是今年都有这么多好的戏拍了、播了，还有要拍的，我觉得也是我准备了七年，是抓住了这一次的机会。

腾讯娱乐：靠什么抓住的？

李易峰：用手啊。（喂！能不这么逗贫吗？）

我觉得有可能在三年四年前，遇到这个角色不一定会有这么好，因为演戏还是一个需要状态和经历的东西。三年前如果让我拍这个戏的话，我觉得可能不会那么好，就是刚刚好。

生活中是特别二吗？
"太多人说自己二了，很无聊"

和乔任梁，和许多高中同学、大学同学一样，杨幂最初也觉得李易峰特别沉默寡言，不爱开玩笑，"熟了后发现他挺贫的，特别损，有时候自我感觉真好。总的来说，他是个爱开玩笑，还有点欠打的大男孩"。

"因为刚出道的时候什么都不熟悉，比较害羞，慢慢长大了，打开自己的心，话就比以前多了。"何止话多，拍《古剑奇谭》时，好友杨幂吐槽李易峰是全组最娘炮男演员，李易峰立马还嘴："让她去喂养下一代。"后来，他不止一次感叹，由于自己语速慢，斗嘴上比杨幂这个北京妞儿很落下风。马天宇说起李易峰是一肚子委屈："他每次被别人黑完后，就黑我，非得把我拉下水。可能我太好欺负了，他总反击我。"

在负责其宣传事务的孙于夕眼里，李易峰还是个"好动儿童"。"有一次，工作结束后团队约好一起吃饭，李易峰试驾了一位同事的车，结果吃完饭上车一开收音机，整车人都被吓坏了，因为他下车时故意把收音机开到最响。还有次，李易峰来公司正好赶上团队开会，于是坐在一旁听，大伙儿以为他在听工作的事，还想让他做总结发言，没想到李易峰挨个模仿大家开会时的小动作。"去长沙录节目，收工后团队聚在李易峰房间里吃饭。一位工作人员想夹起一块鱼，但鱼哧溜一下就滑了，她知道李易峰很爱干净，生怕鱼掉下把地毯弄脏，一个激灵用双腿把鱼夹住。"夹得又快又准，那鱼头正对着她。她大喊：'啊！快救命啊！快给我纸！'我不紧不慢地说，'先别！快给她拍照！'"李易峰说起来眉飞色舞。

李易峰说，他身上其实有分裂的一面，但能发现这种分裂的人太少。

腾讯娱乐：大家都说你私下很逗贫，我们刚做那套心理测试题，你的逗贫技能是菜鸟级别。

李易峰：任重而道远。知道自己是菜鸟的时候，我有一种如释重负的感觉，就是证明我还是可以继续做偶像。

腾讯娱乐：说你很二，你会接受还是排斥？

李易峰：否定，因为太多人承认自己二了，很无聊。

腾讯娱乐：之前在发布会上，你对那些负面回应挺大方的，这一点和杨幂挺像的。

李易峰：我没有跟她讨教过，但是我觉得有些东西你是避不了的，你有不好的地方，那大家看到了，你还要去遮遮掩掩，反而不是那么大方。而且现在照片通过网络就一传十十传百，大家都看得到，所以就正面去接受大家的批评。

腾讯娱乐：这么大方，那在感情上呢？

李易峰：就随缘。

腾讯娱乐：默默守护的类型？

李易峰：不会，我一定会让她知道，我现在不会默默地，要抓住每一次机会，你真的喜欢就让她知道，就要告诉她，然后不要错过那个机会。茫茫人海中，你看见她一眼，然后让你心动了。

腾讯娱乐：会要电话吗？

李易峰：要，当然要了！

腾讯娱乐：有过这种经历吗？

李易峰：有。

腾讯娱乐：然后呢？

李易峰：然后就要到了。然后就没有然后了。

腾讯娱乐：居然没有了！现在在微博上，姑娘们都在狂喊"李苏苏嫁我"。

李易峰：我要跟你生猴子。

腾讯娱乐：还说要驾着七彩祥云来迎娶。

李易峰：娶我，我现在不想娶也不想嫁，我还没有到年纪呢。

腾讯娱乐：你觉得需要什么条件？

李易峰：最重要的是我喜欢，我不喜欢没办法，不能强求。然后对方也很喜欢我，可以互相包容。

腾讯娱乐：那什么时候年纪才到？

李易峰：还早，我觉得可能 35 岁以后再考虑。（刚好又是一个七年）

采访手记

还是忍不住要问："现在还有歌手梦吗？"李易峰笑笑说："没有以前那么强烈了，不过还是想把喜欢的音乐介绍给大家。"他不知道自己的唱功有没有退步。"去 KTV 唱歌的时候感觉还好，但你知道的，舞台上和 KTV 是不一样的。不知道大家还愿不愿意听我唱歌？"

李易峰回想起 2008 年的上海演唱会，那是他人生中的处女秀。那一夜，上千名粉丝到场助威，李易峰双膝跪地感谢歌迷。他至今还记得那晚的激动心情，"看到下面的灯牌，乌泱泱的一片人，最初脚有些抖，就连说话都微微在抖。唱到后面你放松了，跟大家玩嗨了，就不想下来，就觉得二十首歌怎么这么快就唱完了呢？"

李易峰说，很希望可以再开演唱会："你们愿意来听吗？"

第三部分

幕后高手

侯孝贤：电影没什么了不起，绝不因它折杀了人

文 / 曾剑　编辑 / 露冷　摄影 / 隋希

侯孝贤老了。

被要求站起来拍照，被要求聊他的少年时代如何去"打架"，被要求去各种对谈活动，出现在人们面前的侯孝贤总会给人一种无辜、可怜兮兮的感觉。这个 68 岁的老头看上去并不十分享受这些事情，但他也不试图反抗，他的态度似乎就是："好啦，配合一下你们好啦。"

侯孝贤斜挎着一个双肩包，总穿着那件黑色的风衣，里面的 T 恤不是白的就是黑的，普普通通的牛仔裤和免系鞋带的球鞋使他看上去颇不起眼。

侯孝贤看人的眼神，既不温和也不严厉。不管是面对媒体，还是面对特意从台湾赶过来和他对谈的老友张大春，他的眼神都差不多是那个样子，直接望过来，既不为了让对方放松而特意变得柔软起来，也不是武侠小说中那种"眸子中放出精光来"。他看人总是硬硬的，像一块干透了啃不动的面包。

因为《刺客聂隐娘》，侯孝贤这一段时间总是在接受采访。他总是被问一些已经被问过很多遍的问题，他回答时举的几乎也是同样的例子。很难捉摸他心底到底在想什么，"这个世界好无聊""我怎么这么有才华？""什么时候可以收工？""明天去哪里跑步？"

看懂侯孝贤，最好从《刺客聂隐娘》开始。

贫导事人不事鬼神

看上去，侯孝贤对于神秘的东西没有多大兴趣。

裴铏的《聂隐娘》是志怪，但《刺客聂隐娘》并不是志怪电影。

在书里面，聂隐娘的后脑里可以藏一把匕首："吾为汝开脑后，藏匕首而无所伤。用即抽之。"孙悟空能钻到牛魔王的肚子里，聂隐娘也掌握了这门技能："隐娘当化为蠛蠓，潜入仆射肠中听伺。"《鹿鼎记》中，韦小宝有化尸粉，聂隐娘也有："精精儿已毙。拽出于堂之下，以药化为水，毛发不存矣。"聂隐娘还能用纸片变成驴，不骑了就把它收到背包里，比现在的折叠自行车什么的强多了。

这些东西多好玩啊。电影《刺客聂隐娘》里都没有。

侯孝贤对这些神神鬼鬼的东西没有太大兴趣。电影中道姑公主的一句话勉强可以为侯孝贤解释："贫道事天不事鬼。"侯孝贤也是，他要拍的，并不是一部奇幻的、志怪的、从人世间跳脱出来的电影。哪怕原著提供了丰富的素材也不管。"贫导事人不事鬼神。"

李安对道教很感兴趣，徐皓峰曾经对《卧虎藏龙》做了一个解读，认为电影中其实暗含了道教中的"人元丹法"。《聂隐娘》原著里其实有丰富的道教元素，如果是李安，不知道要拍出多少暗藏机关的东西来。但是，侯孝贤对这一点并不是很感兴趣。至少看上去是这样。

小说里，带走聂隐娘的是"尼"，到了电影中，却变成了"道姑"。为什么会这样，是不是暗含了侯孝贤对宗教的态度？

然而，侯孝贤的解释却很简单，他说，在唐朝，因为皇帝姓李，道教很兴盛，佛教就没那么兴盛了，皇室的女性归隐一般都是当道姑，而电影把聂隐娘的师傅设置为公主的身份，因此，就让她做了道姑。

镜子是电影中反复提到的，公主娘娘说了一个青鸾舞镜的故事，聂隐娘喜欢的小伙是一个磨镜少年。这个"镜子"后面总会隐藏一些什么东西吧，比如说，道教里的"镜道"。然而，侯孝贤说，只是因为原著中他就是一个磨镜的少年，所以就让他身上带着镜子，并没有真的在镜子上琢磨什么。

嗯，那好吧。

你们怎么评论，跟我毫不相干

《刺客聂隐娘》是侯孝贤第一部在内地公映的电影，与其他来内地拍电影的香港、台湾导演一样，侯孝贤都会被问到种种感受，是否有票房压力，面对商业化与文艺片的冲突怎么办，如此等等。

侯孝贤有时候会说一些场面话，有时候，他也会真情流露。

戛纳电影节接受记者的采访，侯孝贤就表示，哎呀，找投资好难啊，这部电影投资好大啊，好有压力啊。

然而，这些不过是场面话而已。在谢海盟所写的《行云纪》中，经常能读到这样的例子，侯孝贤搔抓脑袋，似不甚满意："这场戏放在这里太刻意，好像安排的一样。"

如果想出来的每场戏，都带有作用和目的，这个场景引起下一个场景的发生，下个场景又搭上下下个场景，一个连一个的，侯孝贤立刻就显得不耐烦："太假了。"

书里还说，之前拍摄精精儿的面具，给了个特写暗示它很重要，侯孝贤看了看监视器，自嘲道："我怎么会拍出这种商业片镜头来？"

看完电影《刺客聂隐娘》，再去看这本近乎工作手记的《行云纪》，就会发现这种奇怪的做法：先是不厌其烦不遗余力地给每一个人物打造一个身世，这个人为什么要做这件事，后面一定要有充分的理由，到了电影里，却把叙事的线索给除掉了，留下的就像是一段段浮云，飘来飘去。

用侯孝贤自己的话来说就是，打造了很多座冰山，但却只留下浮在海面上的一点点。

考虑票房？考虑大陆观众的口味？别逗了，你们真以为侯孝贤会考虑这些东西。

在腾讯电影沙龙上，侯孝贤说，有一件事非常重要，我们一定可以坚持我们要做什么。"你们要有什么评论，跟我毫不相干。多看几遍吧，真的，而不是要去想这个电影是什么电影，根本不需要。坐在那儿看，就看吧，不要判断，不要用经验判断，不需要，就是去看。"

在电影资料馆的映后交流活动上，结束的时候侯孝贤来了性情，夸起了《刺客聂隐娘》："难得一次我自己看了这个片子还真好看，真的，我看电影很挑剔的。"

这个自信满满的侯孝贤比那个愁叹找投资难的侯孝贤，更像侯孝贤一些。

一个没有同类的人

"一个人，没有同类。"这句话快成了《刺客聂隐娘》的slogan，也快成了侯孝贤本人的slogan。

在侯孝贤身上，有一种看上去有点费解的对立统一。一面，就是上述的所谓"没有同类"，一面，侯孝贤能非常快地融入到人群中去。

侯孝贤很早就体会到这种孤独。在各种讲座中，他曾经多次提起他少年时关于偷芒果的记忆："小时候自己爬到城隍庙边上的芒果树上偷芒果吃，在树上就明显感觉到时间和空间，感觉到一种寂寞的心情，好像都停了下来，你能感觉到你身处的时间和空间。"

到了《刺客聂隐娘》这里，这种孤独感被演绎到一个极致。这部电影里几乎没有人不是孤独的。这部电影的孤独感就和它令人压抑的沉默感一起垂落下来，重重地落在人身上。

公主是孤独的，青鸾是孤独的，道姑公主是孤独的，聂隐娘是孤独的，张震是孤独的，周韵又何尝不是孤独的。不孤独的，看上去只有桃花源的那些村民，乐呵呵地看磨镜少年磨镜。

而侯孝贤又是非常能融入人群的。拍戏的时候，他可以随便和谁就喝酒，那酒往往都是廉价的。

更重要的是，侯孝贤见不得人受苦。他总是随时有一种路见不平拔刀相助的冲动。侯孝贤自己也说："做任何事情，（只要）是痞子、混帐欺负人，我绝对不放过，我就是敢说，敢跟你拼，不管当官还是什么的，不管，我不怕！"

和侯孝贤接触过的人都感叹他这一侠义的精神。谢海盟说，侯孝贤经常在台湾帮助弱势群体进行维权，麻风病人拆迁问题、台湾外籍新娘问题、甚至连动物被虐待问题等都有参与，因为媒体嫌这些事太小，报道发出来也就豆腐干那么大，但侯孝贤看到了就一定要管。

腾讯电影沙龙为侯孝贤准备了一间单独的休息间，然而，侯孝贤一脸诧异地问："为什么要单独的休息间呢，大家在一起就好了嘛。"在侯孝贤心里，他可能觉得一间单独的休息室是对其他人的不尊重。

一个导演怎么看待人，在电影中往往是会表现出来的。在侯孝贤的电影中，基本上不会有坏人，人总是堂堂正正的。回头去看侯孝贤的这么多部电影，找不到一个变态的、阴暗的、扭曲的、分裂的角色。换言之，他的电影中只有人，而没有人渣。

《悲情城市》那样的大时代里小人物的电影，也很难找到一个坏人，大家都在做自己该做的事而已。坏的可能是时代。《最好的时光》《恋恋风尘》这些以男女感情为淡淡的叙事线的电影更是如此，谁爱谁，谁不爱谁，都坦坦荡荡，不猥琐不矫情。

聊到这一点时，侯孝贤说，他相信"人之初，性本善"，"哪怕是一个邪恶的人，他的内心其实是怎么形成的呢？他的行为表现在外面，但是我们要往他里面钻，我认为善才是他的本质，只是他被扭曲了。都值得同情。"

侯孝贤总是对人充满了兴趣。

在《红气球的旅行：侯孝贤电影记录续编》中，朱天文说，侯孝贤问今村昌平："拍电影是为了什么？"今村昌平回答："是因为爱生活，爱与人有关的一切。"

别人怎么看侯孝贤呢？黄文英说，侯孝贤既世故又单纯，看人能看很深，但不多说，他有趣的地方是带点单纯的俗气。

不能折杀了人：电影没什么了不起

侯孝贤对人的态度当然反映到他是如何带团队的。

作为管理者的侯孝贤，管理方式似乎相当简单，一是来者不拒，二是从不开人。光从这两点看，他看上去是在做慈善，而不是在做电影。

"来者不拒"这一点，侯孝贤经常举的一个例子是，负责海外宣传的人，就是当年侯孝贤过马路的时候"捡到"的。侯孝贤过马路的时候，他突然闯过来，说自己怎样怎样，侯孝贤就说好，那你留个电话，后来就联系上了。这个人在侯孝贤的公司里越做越在行，《刺客聂隐娘》在戛纳宣传时，媒体方面所有的对接全是他一个人在负责。

"从不开人"这一点，例子则是李屏宾的摄影助理。侯孝贤说，他实在不喜欢那个人，但是每次都还是他过来。而侯孝贤又绝对不会去跟李屏宾说。"他有一些毛病，拍片的时候不管别人，那个皮尺不管在干嘛就撒，有时候把李屏宾气得，但是你也没办法。"

侯孝贤不喜欢开人的一个原因是，他觉得每一个人都会有用，只是有时候时机没到，不够成熟。给他们时间，慢慢地他们就厉害了。

侯孝贤不喜欢开人的另一个原因是，他觉得这样会折杀一个人，"带着伤一辈子，不知道什么时候能翻过来"。

"我感觉没什么了不起，你做（电影）这个行业没什么了不起，电影也没什么了不起，一定要（把人）怎么怎么样，没有。"

因此，侯孝贤的班底中，时间最久的跟他已经有30年了。侯孝贤经常自嘲，他的公司是"歪瓜裂枣"，什么人都有。

侯孝贤拍戏很慢，他似乎总是在从漫长的拍摄中等待正确的镜头出现的那一刻。对人他也是如此，他也是在漫长的工作中等待人开窍的一刻。有时候，你甚至会觉得，他的电影之所以拍得如此慢，是因为侯孝贤在等他的团队跟上来。

廖青松谈到侯孝贤的时候，会这样形容他的团队："侯导拍戏很慢，所以变成大家都有点散，但都很专注。"

黄文英谈到侯孝贤，则会说，侯孝贤行事有古人之风，言谈总是点到为止，从不赘述。

打造唐朝的冰山

《刺客聂隐娘》的创作堪称在"造一座冰山"，人物展现在电影中的，仅仅是冰山的一角。但是为了这一小角的准确，免不了要打造完完整整的冰山，把海面下隐而不见的大部分造出来，这一大部分，对于有洞察力的观众，可能就能够体悟出来。

《刺客聂隐娘》试图打造一座唐朝的冰山，这座冰山首先非常直接地体现侯孝贤的阅读量来。

侯孝贤说，聂隐娘是个艾斯伯格症患者（Asperger's syndrome，简称 AS，有时与高功能自闭症画上等号），这是侯孝贤看过《龙纹身的女孩》之后产生的想法。因此剧本中强调聂隐娘"说话不看人"，也表现在聂隐娘从小对马匹的痴爱。聂隐娘的另一个身份是杰森·伯恩，即《伯恩的身份》中的主角。失忆的伯恩寻找自己的身份，聂隐娘何尝又不是在寻找自己究竟为谁，以及思考自己在这个世界该如何定位呢。侯孝贤因为喜欢这个系列，当时还打算请该片的武术指导杰夫·依马达来给《刺客聂隐娘》当武术指导。

幼年的聂隐娘，她的来源则包括张爱玲《雷峰塔》的琵琶、古博格·博格森《天鹅之翼》的九岁小女孩，以及女作家李娟。《雷峰塔》的沈琵琶就是张爱玲自己，她在车站送别老保姆，琵琶将手绢整条都压在脸上，闷住哭声，灭火一样。这个动作几乎一模一样地被用在了《刺客聂隐娘》里。

磨镜少年的设定有两个出处，一是昆仑奴，裴铏笔下的昆仑奴，黝黑壮实，精悍而敏捷。另一个出处是，藤泽周平的《黄昏清兵卫》中的《咋咋呼呼的半平》，半平功夫并不高，但他要刺杀的人都是高手，他的办法就是以己之长对敌之短。

聂隐娘和师傅的决战则来自五味康佑的《丧神》，书中的师傅教导徒弟，要将剑术练成抢在意念之前的本能动作。徒弟下山的时候，师傅送行，因背后袭来，徒弟头也不回，凭本能反应一刀斩杀了师傅。

这些还都是出处而已。而在具体戏的编排上，侯孝贤和他的编剧团队更是费了大量的心思。比如，在拍元家派遣黑衣人追杀田兴、聂隐娘黄雀在后追击的这一段戏，编剧们实际工作时间花了大半月，整体耗时则超过半年。

侯孝贤对于年轻人的意见，也是他自己奉行的准则。"万万不要有够了的想法，要看到就拍，只有把东西先拍下来，将自己的冰山建构完整了，才能决定露在水上的部分，那么无论露出的有多少，脉络与逻辑都能非常完整。"

因此，《刺客聂隐娘》从44万英尺胶片浓缩到107分钟。

侯孝贤的冰山还体现在，他追求真实几乎到了一种洁癖的程度。

比如，侯孝贤拒绝在录音间混音，觉得那样的音效太假，他一定要在现场收音。但在现代环境下收古装片的音效，困难重重，如飞机引擎、飙车声都会带来极大的干扰。

侯孝贤除了反对录音间混音，还不太想做特效。比如，鸟群惊起掠过湖面这样的镜头，如果用特效，容易得多，但要拍真鸟，便很困难。等了半天，侯孝贤实在无奈，便用上海腔喊："你们飞起来，我付你们每个一块块人民币。"后来侯孝贤又加价到三百、五百。

侯孝贤追求的是真实，而不要去演。大陆的演员往往愿意去演，不演反而慌了。大家理念不一样，怎么解决？侯孝贤的做法就是，假意让对方试戏，实际上是在实拍，"正面近拍只是在哄他，到时候用的是侧拍的画面，只用他的声音当OS"。

当年拍《悲情城市》，侯孝贤用的是同样的招数。陈松勇也有表演动作一大堆的问题，侯孝贤假意让他试戏实则实拍，看他满屋子走来走去，嘴里唠叨着对白，自然极了。

侯孝贤可能很喜欢这种听上去有点无奈又有点无赖的偷拍手法。拍磨镜一场，剧组请妻夫木聪与群众演员就位来调整机位，妻夫木聪和小孩玩起来，放松下来的妇女和老人们开始闲话家常。这时，工作人员都很有默契地退出去，彼此眼光示意保持肃静以便现场收音。这组镜头偷拍下来后，侯孝贤惊呼："太热闹了！这种生活的感觉谁也演不来！"

拍"大僚抚拍睡梦中的小儿"这场戏，《刺客聂隐娘》的美术黄文英透露，当时小孩睡着后抱回拍摄现场总容易被惊醒，次日侯孝贤就直接让小孩在场景的卧榻上玩，直到他玩累了，真的睡着了，剧组再开机拍摄。

男有刚强女性烈

年纪越大，侯孝贤对女性越感兴趣。

他的早期作品，抛开《就是溜溜的她》这种特别早的几部不说，《风柜来的人》《冬冬的假期》《童年往事》《恋恋风尘》《悲情城市》《戏梦人生》，这一时期的作品中，女性所占的篇幅并不算大。而到了《好男好女》之后，女性的占比开始大幅增加。而《刺客聂隐娘》则是一部完全以女性为主角的电影。

从女性的角色设置来看，早期电影中的女性，基本上都是传统比较隐忍的性格，而到了《好男好女》之后，女性的角色开始变得强大和独立起来，这种强大和独立到了《刺客聂隐娘》则走到了一个巅峰。

侯孝贤对女性的认识有一个变化的过程。朱天文说："侯孝贤早年对女性的印象是从老婆、妈妈和姐姐而来，很传统、很隐忍的女性，后来慢慢有《好男好女》《海上花》和《千禧曼波》，他对女性的印象开始慢慢转变。"

早年间侯孝贤电影中那种"很传统、很隐忍"的女性，代表人物就是《悲情城市》中"梁朝伟"的妻子辛树芬。谈到她时，疲惫的侯孝贤一下子来了精神，他夸她说："坚毅、内敛、传统，太完美了。"

侯孝贤为什么会对女性越来越感兴趣，他自己说，这是因为女性在吸引他。他经常提到的一句话就是"男有刚强女性烈"，这个"烈"字让他觉得很有意思。

侯孝贤想拍的又何止一个聂隐娘，他最想拍的是"合肥四姐妹"，"在大家族里面，她们的妈妈怎么处理妈妈之间和父亲之间的关系，每个女儿都有一个女佣，从小到大跟着她们，她的个性会影响这个女儿，然后就慢慢发展到怎么支持这个家。"

那三道射过来的目光

这样的侯孝贤，之所以能成为侯孝贤，自然不是生来如此。

侯孝贤在少年时代，曾有过叛逆期，打架、爱看电影。他把电影院墙上的铁丝网剪开，爬进去看电影。还在地上拣撕掉的票根，拼起来混进去看。

少年时代给侯孝贤留下深刻印象的是三道目光。一次，妈妈得了喉癌从医院检查回来，由于姐姐管不住他，侯孝贤在家里乱花钱，妈妈整理东西的时候，侯孝贤问她在干吗，妈妈看了他一眼。这一眼的意思是责备。

第二道目光，父亲去世，棺材边有人在唱圣歌，侯孝贤哭了，哥哥回头看了他一眼，意思是说你也会哭啊。

第三道目光，祖母去世。当时家里只有侯孝贤和弟弟照顾祖母。有一天侯孝贤看到蚂蚁爬到祖母身上，才知道她过世了。收尸人来帮助处理，他掀开祖母的身体，发现身上已经流出了血水，他看了侯孝贤一眼。意思是说，你们怎么这么不孝啊。

之后的侯孝贤，开始成为大家熟悉的侯孝贤，先当推销员卖电子计算机，后来给李行导演当场记，接着写剧本，拍了几部票房大卖的商业片，然后拍文艺片，经常拿奖。

回头看侯孝贤的电影，以及他对人的态度，隐隐约约能感觉到这三道目光的存在。或远或近，若隐若现。

对话：和我合作过的演员，之后都好会演戏

腾讯娱乐：小说里这位刺客叫"聂隐娘"，您觉得她为什么要姓聂？

侯孝贤：我感觉这个名字有趣，聂是三个耳朵嘛。我的设定是，她在高处，潜伏在大僚庭院的树上，眼睛闭着，听着所有人活动的声音。听声音听得差不多就直接跳下去。

但是这个没法拍。舒淇恐高，我不知道她恐高，她也不说。就硬跳，每次都惨叫，完全没有姿势了。后来没有办法，就取消了这个设计。

腾讯娱乐：这部电影最打动人的是什么呢？

侯孝贤：就是一个人的孤独，她是一个刺客，但是她杀不了人。虽然被训练成刺客，但是她的同理心太强，她注定是当不了刺客的一个刺客。

腾讯娱乐：您不太愿意让演员试戏。

侯孝贤：我从来都是直接拍，从不试戏。而且我也不建议他们多准备。因为这样的话，在演戏的那一刻他们的专注就不够。让他们专注，我的方式是，一遍遍重来，而且不告诉他们什么。这样的话，他们就没有什么仰仗，就只能面对自己。和我合作过的演员，之后都好会演戏，或许因此。

《刺客聂隐娘》这里，直接是用胶片拍摄，所有的东西都是真的，都要花钱，这个也会迫使演员去专注。

腾讯娱乐：小说里有丰富的道教元素，如磨镜少年，道教里就有镜道这么一说。

侯孝贤：道教喜欢镜子，是他们进入深山的时候，他们背后，挂一个镜子，防邪恶的东西，像照妖镜一样。是有这个，我们都查过。但在这部电影中，镜子的用意就是他是一个磨镜少年，他的工作就是磨镜，他身上有这个镜子而已，并没有太多琢磨什么。

腾讯娱乐：感觉您现在对女性题材更感兴趣。

侯孝贤：男演员还没有找到。张震算一个，但目前他的限制还在，我只想看看能不能让他敞开，把门打开需要时间。以前像梁朝伟这个很特别很厉害，但现在这种男演员不多了。阮经天有一阵子我感觉他不错，但他太嘻哈了一点。可能大陆有好的男演员，但我碰到的不多。

我通常是这样，先有演员，哪怕他（她）不是职业演员，再根据他（她）来设定角色。你

不要设定角色之后再去找，有时候找不到。

腾讯娱乐：您是反工业的吗？

侯孝贤：不是反工业，是没有工业。台湾电影有什么工业？有长期在培养人吗？有大公司在招考吗？早就中断了，早就没了。

市场不够大，电影工业就没办法建立。大陆市场够大，有机会建立工业。这个工业一建起来，我告诉你，我们的电影就厉害了，绝对的。但这个还需要时间。

腾讯娱乐：台湾工业不好，为什么不考虑来大陆拍戏呢？

侯孝贤：拍唐朝很容易，因为谁也不知道唐朝是个什么。但假使我要拍大陆的现代戏，我该怎么办？一定不准确的。父母跟子女之间，男女之间，该怎么讲话，这不是我能掌握的。这个你掌握不了，你拍什么？

为什么要准确？因为这是最简单的，哪儿有比依循现实更简单的？我在法国拍戏都是真实路线，房子找到这里，附近的小学在这里，好，这个小孩就在这里念书，他每天要经过几条路可以回家，清清楚楚。

腾讯娱乐：您刚才说的现实的依循，让我想到了李安对您的评价，他说您的电影是有洁癖的。

侯孝贤：是啊，所谓洁癖就是限制啊。限制其实就是无限，坦白讲，你在被限制的这个空间里，思考的是什么，是深入，是往深处走。

腾讯娱乐：辛树芬，后来您和她有联系吗？

侯孝贤：前年有回来，我们见了面。她演完《悲情城市》就嫁人了，她嫁给她小学六年级的同学。她同学后来去美国了，他们小学毕业后一直有通信。

我找到辛树芬的时候，她高三要毕业了。我一路跟，跟好久，想让她来演戏，从一个戏院跟上去，上路过桥一直跟，把身份证给她看。后来终于拍成了。

她的个性真的很难逢，坚毅、内敛、传统，太完美了。当时应该追她当妻子。

腾讯娱乐：不过当时您结婚了。

侯孝贤：废话。小孩都好大了。

腾讯娱乐：您在乎您孩子怎么看您的作品吗？

侯孝贤：我不会管。她对我的片子爱理不理的，她对我的电影没兴趣。我们倒是会交流，电影的结构啊，这方面谈的比较多。但是她自己要走什么路，我真是一点都不会勉强的。

腾讯娱乐：不希望她参与您的电影吗？

侯孝贤：随便，爱来不来，无所谓。她反而很自由，我也不知道她每天干吗，她还是在做电影的没错啦。

腾讯娱乐：有运动的习惯吗？

侯孝贤：年轻的时候我是足球校队，碰到一米八几的前锋，我速度很快啊，但怎么追也追不上。后来我想算了。

我住天母，旁边就是山。以前有一位外甥住我那，他每天爬山去上大学，有一次我就去陪他走，喘得不行，那时候我不到 40 岁。从那时候我就开始走路，附近都走遍了，现在都成习惯了，不运动感觉很怪。不然你凭什么拍戏，站两个小时就累了，对吧。

我现在 68，体力很好。

采访手记

"《悲情城市》我没有看过，"谢海盟不紧不慢地说，"我妈说那是禁片。"

"禁片？《悲情城市》里没有脱衣服啊。"侯孝贤有点迷惑。

侯孝贤看上去很喜欢吐槽和被吐槽。

唐诺吐槽《刺客聂隐娘》，电影院放这部电影，影院最好给大家发个枕头，让大家睡好。

侯孝贤在旁边听着，是那种习惯了被虐的快乐。

但是小心别被他逮到机会。席间说起 29 岁半的谢海盟看上去像是大学刚毕业，侯孝贤吐槽说："她上学晚嘛。"

侯孝贤有的是让人发笑的一面。

在剧组，记不住忽那汐里的名字，侯孝贤索性叫她"稀哩呼噜"。看到妻夫木聪跑得很快，他开心地叫他"小短腿"，小短腿，跑得快。

阮经天说，剧组拍武打戏时，侯孝贤戴耳机很开心地在监视器那里比划，拍完以后他比谁都开心。

侯孝贤还有萌的一面。

在超市买水果，谢海盟要求他别买和歌山的水果，因为和歌山的渔民捕鲸捕海豚。"欺负动物最没意思了，好，抵制他们！"侯孝贤马上同意了。

之后每次到超市看到水果，侯孝贤嘴里总要嘟囔："嗯，要抵制和歌山。"

（杨瑞春、赵振宗、钟端梧对本文亦有帮助）

龙丹妮：这个时代不会再出现巨星

文 / 狠狠红　编辑 / 露冷

2014 年 12 月 25 日，腾讯娱乐年度白皮书颁奖活动的前一天，作为活动嘉宾的龙丹妮，提出她需要一个演讲台。

在第二天的发布会上，龙丹妮并没有如现在所流行的乔布斯风格一样，在发布会现场走来走去。而是站在演讲台前面，拿着事先准备好的演讲稿，做了一个名为《我就是我》的发言，一共2475 个字。主题是关于这个时代，应该怎样理解明星和粉丝的关系，以及如何造星。

她的同事赵晖评价说：龙丹妮的风格是，所有正式的讲话，都要做事先的准备，包括其中引用的案例、数据等，从不会随意乱说，信口开河。

的确，在造星这个话题上，没有人比龙丹妮更有发言权。这是龙丹妮在天娱的第六年。她和这家公司，在过去的十年里，为娱乐圈直接或者间接地贡献了几百位明星，包括李宇春、张杰、华晨宇等。毫无疑问，这是国内最有效率的造星工厂之一，经常被用来与韩国的 SM 公司、日本的杰尼斯公司比较，龙丹妮本人则被认为是和李秀满、喜多川、秋元康一样的点金棒——他们善于在远方寻找到那些尚未被发现的星星，然后赋予他们名字，把他们挂到人们的窗前和梦里。

但很少有人能够理解龙丹妮此刻的焦虑——这是一个过去所有经验都失效的年代。循规蹈矩很难再现奇迹，永远创新也可能带来的仅仅是一次又一次的试错。时代是一个巨大而庞杂的迷宫，不仅四周遮蔽于层层迷雾之中，且出口随时都可能变化。当整个行业把目光都投向龙丹妮的时候，她却很难保证，自己手中的公式能拆解开所有的问题。

她是如此谨慎，又如此兴奋。天娱这些年，正在进行着不为众人所关注的变化。除了这家公司的地址从十三号线上的柳芳站附近，搬到了东三环的双井，以及即将搬到文艺气息更浓厚的红领巾公园之外，他们还多了一个自我诠释的兴趣——比如举办青年文化峰会、当代艺术展。

如今，天娱自称是一家"青年文化公司"。出乎意料的是，他们的目标既不是成为中国的SM，也不是成为中国的杰尼斯。天娱的首席文化官赵晖的说法是，他们比较想靠近的公司，一家是狮门影业——对，就是那家生产出《暮光之城》《饥饿游戏》的娱乐公司。另外一家，则是VICE。一家打着"世界在下沉，我们在狂欢"口号崛起的另类传媒公司，曾经探讨过达尔富尔的难民营，也曾把罗德曼带到朝鲜为金正恩进行表演。

你怎么能够想象，这会是天娱的理想？

而这些，对于龙丹妮来说，既是兴趣所在，也可能是"不得不为之"。

和年轻人对暗号

湖南广电的员工赵阳（化名）觉得这两年的天娱，时常让他感觉到"惊艳"。他语气激动："就拿他们最近做的那个事情来说吧，一个艺术展，叫《明天的派对》，你看看，这多不一样"——说到这里，他忽然停下，像地下党接头对暗号一样考问记者："你知道'明天的派对'这个名字是从哪里来的么？"

"知道，是从地下丝绒来的。"记者对上了暗号。但赵阳意犹未尽，又重复了一遍："这是地下丝绒的一首歌的歌名，我觉得挺酷的。"

赵阳是85后，喜欢音乐、文字、艺术，是一名标准的文艺青年。三年前他和湖南广电签了一纸合约，成为这家娱乐航母上的一名成员。这艘航母实在太大了，虽然天娱也归属于湖南广电，但他和天娱在工作上并不直接相关。他关注天娱，一方面是抱着"看看隔壁在做什么"的心思，另外一方面，他觉得自己作为潜在受众，"真的被catch到了"，就像他和记者对上了暗号，和天娱之间，他也有一种"来电"的感觉。

地下丝绒，是美国二十世纪六七十年代的一支乐队，乐队的寿命并不长，仅出过四张专辑，不到五年就解散了。但即便如此短命，在那个摇滚的盛世年代，他们的气质也足够特殊，把自己与披头士之类悦耳的大路货区分开来。有一句名言是："每一位朋克、后朋克和先锋流行艺术家在过去的30年中都欠下了地下丝绒乐队一笔灵感的债务。"不过显然，时至今日，地下丝绒的专辑已经很少被年轻人所聆听，但这并没关系，他们留下的其他精神遗产已经进入流行文化的殿堂：那张黄色香蕉的唱片封面——由安迪·沃霍尔设计，已经成为和玛丽莲·梦露头像一样的波普文化符号，被广泛地印在不同价位的 T 恤和帆布包上。

龙丹妮的天娱抓住了这些——《明天的派对》、地下丝绒、安迪·沃霍尔……每一个名字，都是一个符号，也是一种和年轻人"对暗号"的方式。这是一套新的话术，区别于之前的"想唱就唱"、"我最闪亮"这样空洞的口号，不少像赵阳这样的年轻人，觉得天娱正在变得和以前不太一样。

大家能想到的事，我们为什么要去做

开一个当代艺术展，并为这个艺术展取名为"明天的派对"——这些想法，最初都直接来自于龙丹妮。但这个想法并不受欢迎。她的同事，天娱品牌部员工莫力说："在天娱，你说出专辑，开演唱会，这些大家都懂。但是你说要办个艺术展，什么叫作艺术展？最开始，根本没有人明白。"就连公司内与龙丹妮的想法通常最一致的首席文化官赵晖，他的兴趣也不在办艺术展上，而是在举办"青年文化峰会"上——那是天娱十周年活动的另外一个项目。

这是龙丹妮来到天娱的第六年，也是这家公司诞生的第十年。在 2014 年年初，当公司开始讨论如何为公司十周年庆生时，龙丹妮告诉同事，她已打定了主意，要办一次和当代艺术家合作的艺术展，而不是什么"天娱十周年演唱会"——在大家的想象中，十年了，应该有那么一场演唱会，场馆越大越好，那就定鸟巢吧，李宇春、张杰、曾轶可、华晨宇都来了，独唱几首，再合唱几首，串烧几首，粉丝们疯狂地哄抢门票，每人穿着自己偶像的后援服装，挥舞着灯牌，荧光棒点缀其中，其乐融融。

龙丹妮从一开始，就对这种设想不屑一顾："大家都能很容易想到的事情，天娱为什么要去做。"她已经有了对活动的大致想法，虽然细节尚未可知。这个活动的目的是"呈现我和别人的差异化"，要让大家知道，"我的味道跟你不一样"——能把这个项目推行到底，很大程度上是因为龙丹妮的 CEO 身份。她要求公司必须把这件事的筹划写进日程表，她还不时地在公司宣讲这件事的意义——这很像互联网公司里的布道师职位。她说："这就是我们的行为艺术。"

然而，对于这家以经营选秀艺人发迹的公司来说，理解这样一桩行为艺术极其困难。有艺人的经纪团队问："是需要做一个展览吗？那我们是不是应该把我们过去巡演、签售的视频资料整理一下，提供给公司？"莫力不得不委婉地解释："这次展览是一个当代艺术展，并不是公司的回顾纪念展。"

莫力承担了这次活动的具体工作——她三年前来到天娱，此前她是朱哲琴工作室的一名员工，和很多当代艺术家都有往来。她说她来到天娱的原因是龙丹妮"巧舌如簧"，"不知道怎么就被她说动了"。然而，在过去的天娱体系里，并不曾需要一个艺术气息如此浓厚的员工，龙丹妮虽然遥遥地幻想了这样一个员工与她想要的天娱必有契合的一面，但莫力在天娱早期的实质工作，仍然不过是为一些明星的写真书做策划。一直到这个项目，她所有的枝叶才得以尽情舒展。作为项目负责人，她从公司拿到了一笔并不算太多的项目启动经费。在半年多的筹展过程中，她不得不自掏腰包为公司做大大小小的垫付，乃至这个展览正式开始的时候，她所有账户里的存款加起来仅剩 12000 元人民币。当然，所有的垫付项目之后都追加了预算。

"龙丹妮就是这么一个压榨鬼。"虽然略有抱怨，但莫力仍然有着满满的成就感，"你说我们这个年龄的人，有机会能做这么一档事，也挺难得的不是？"作为一家国企，天娱很难给员工物质上的高回报，但龙丹妮成功地让莫力这样的员工，拥有了一种为工作而搏命的精神力。"就是给我们打鸡血呗。"莫力总结道。

一场不为满足粉丝而举办的活动

在天娱最早的合作计划里，除了陈天灼、王子等人之外，还有另外一组名单。他们年纪大一些，也更知名一些。但他们对和天娱的合作疑虑重重，有人直接发问："你们是不是要借我们的名头，去给那些明星增光呢？"天娱很难让他们放弃这种疑虑，所以只能选择暂时转向与更年轻一代的艺术家合作。

但天娱的艺人对这次活动也并不那么感兴趣。陈天灼主动选择了与曾轶可合作——他把这次合作的命题放在了如何将曾轶可轻软的"绵羊音"和他自己那种极具侵略性的视觉风格统一起来。曾轶可对这种摆布觉得很委屈，比如，他逼迫她尝试她并不习惯的造型，曾轶可试图找公司为自己撑腰，但公司的同事告诉她："这是你们的合作，你们可以去争吵，甚至可以打架，谁赢了就听谁的。"曾轶可听从了建议，但接下来，她提出了一个让经纪人"吓得半死"的想法："我要在活动现场，让一千个人给我纹身。"还好，最后这个石破天惊的构思由于执行性问题没有被通过。

华晨宇和艺术家合作的项目是《Cancer Baby》，这是艺术家陆扬做了多年的一个主题，她把癌细胞具化为一个个 Kimo Kawa（又恶心又可爱）的卡通宝宝，并且为此创作了一首癌宝宝之歌，走的是洗脑神曲的路线。所以整个合作项目，留给华晨宇的空间并不大，华晨宇很不解："那样我对这个合作来说，算什么呢，只是一个 vocal 吗？我对癌症的理解并不是这样的，我并不觉得癌症是色彩缤纷、很可爱的样子。"莫力耐心地和华晨宇沟通解释，"这是艺术合作，不是为你个人拍 MV"。华晨宇最终接受了这种合作形式，但是他要求在展览开幕的当天，进行一次即兴的现场表演。那个表演是完全属于他的风格，是他为自己赢回的瞬间。

龙丹妮控制着整个项目的格调，时刻警惕着项目滑向"艺术搭台，明星唱戏"的方向。展览举办地 798 工业园到处贴满了艺术家的海报，让艺术家在大众媒体上曝光，而不是明星——即便如此，这些小众的当代艺术家又何以和选秀明星比粉丝数量与忠诚度呢？所以，涌进来参观展览的，大多仍然是艺人们的粉丝——他们特征明显：有些成群结队，相互给对方在偶像的展出作品前拍照留念；有人则守在播放李宇春视频的 PAD 前面，一旦 PAD 没电，便立刻提醒工作人员进行更换；有人对现场的一个冷极管装置艺术提出了质疑，"火星人的官方色明明是红色的，你们怎么换成蓝色的了？"

粉丝们没有产生爱屋及乌的关心——地板上陈列着明星与艺术家的海报，艺术家的脸早已被人来人往踩成灰色，但曾轶可的脸永远干净如初，她的粉丝会用湿纸巾细心呵护她的海报，绝不让自己偶像的脸上有一个脚印。并不是每个曾轶可的粉丝都会欣赏她与陈天灼的合作作品。"妆还是化得太脏了。"有人这么认为。

所有这些不讨好，均在龙丹妮的意料之中。这原本就不是为了满足粉丝而举办的活动。自然，这也不是为了当代艺术而举办的活动——虽然，尤伦斯方面表示，这次展览给他们带来了超过平日五倍的人流，外地艺术场地的邀展函也纷至沓来，不过对于天娱来说，显然没必要把此事上升为日常项目。

也不是为了赚钱。ASUS 赞助了这项活动——事实上，提出愿意赞助活动的商家太多了，但天娱对他们都谢绝了。商业合作是好的，但不是这一次。若不是因为李宇春的视频作品，需要由 PAD 来播放，ASUS 也可能会被拒之门外。过浓的商业气息并不符合这次活动的调性，龙丹妮胸有成竹。

她赌的是一个未来，让"天娱"这个品牌，在年轻人心目中更有影响力，形象更好玩、更酷，让喜欢或者不喜欢天娱的人，都能张口，感慨——"wow"。

这些，也许是她的同行，亦是她的对手——华谊音乐总监袁涛所始料未及的。

变天了

五年前，你若问行内人，龙丹妮和袁涛谁更值得尊重？那大多数人会告诉你，这个人是袁涛。天娱和华谊音乐，哪家公司更值得艺人投奔？那更多人会告诉你，显然是华谊。

天娱和华谊音乐的关系，在前些年，那可不是暗战的关系——2005 年，张靓颖比赛期间就未和天娱签约，赛后，她选择了刚成立不久的华谊。2006 年，尚雯婕获得当年超女冠军，年末便与天娱提出解约。次年，尚雯婕在赔偿了天娱不少于 700 万元的解约金后，投奔华谊。2007 年，陈楚生，又一个选秀冠军，哪怕是要背负 2200 万元的违约金，他的目标还是华谊。2009 年，何洁与天娱解约，几番周折之后，也来到了华谊。

这真是宿命一样的对手。在 2010 年之前，华谊几乎是所有天娱艺人和他们粉丝的向往之地：他们成功地运营了张靓颖，其手段主要是通过演唱大制作电影的主题曲，以及频频登上各种顶级舞台进行表演。这些资源几乎是华谊独家，作为中国第一家上市的影视公司，华谊彼时几乎领先整个娱乐圈，以袁涛的话说是："当资源多到一定程度的时候，就会形成平台效应。"这些资源如此珍贵，引来的竞争如此激烈，让一部电影一度得分出"主题曲"、"片尾曲"、"首映礼主题曲"、"预告片主题曲"等多个品种，才能勉强让更多人分得一杯羹。

天娱的粉丝无法不羡慕。当张靓颖的粉丝以"不买专辑"为荣时，天娱的粉丝为了偶像的事业前途而咬牙切齿囤专辑。那个时候，"PK"是天娱的惯用手法。哪怕是同一张合辑，也会推出不同明星封面的不同版本，这暗示了粉丝必须想方设法，让自己偶像为封面的版本销量高一点、再高一点，最好能排到第一，这样才能证明偶像具有值得让经纪公司投入资源的人气。

这种处理方式被称为"虐粉"，"虐粉"有时候也会带来激烈的反弹。天娱与粉丝矛盾激化的标志性事件是 2007 年 12 月 9 日，天娱在上海八万人体育场举办"三生有幸"演唱会来庆祝公司成立三周年。对公司来说如此重要的演唱会，场面却极为尴尬：不仅上座率不到两成，甚至每一片看台，都会有显眼的"TYSB"字样灯牌——最大的一块，高达 1.5 米。

那是被天娱所伤害了的粉丝对天娱做出的反馈。而这种伤害，最终，很难不转嫁到艺人头上。浙江女孩兜兜永远记得 2007 年的一个下午——一辆当当的货运车停在了她的家门口，车上，满满地都是她偶像当时刚发行不久的专辑 CD。这是她和她的朋友们发起的团购，几乎每个人都购买了十张以上，目标是为了冲击当当的销量排行榜。然而这些 CD 本身却毫无用处，只能让身为会长的兜兜代为签收——然后，当当的快递员踩下油门，哧溜一下消失得无影无踪。多年以后，虽然兜兜早已卸下会长身份"上岸流失"，这些 CD 却一直堆积在她家的仓库里，任一年又一年的灰尘堆积。

就像是爱的废墟。

这当初被人所津津乐道的"粉丝定制偶像"、"选秀粉丝养成"，其实从一开始就危机四伏。袁涛自然是最早认清其中陷阱的业内人士之一，他很早就认识到了唱片销量毫无意义，粉丝也不可能永远做选秀造星工业的"接盘侠"。2009 年，在刚签下陈楚生不久后的一次采访里，他谈到："人气不等于市场。比赛结束以后就是艺人，而不再是选手。我们不去考虑选秀的时候你喜欢什么样的风格，你已经是什么样的风格。""粉丝无用"、"风格无用"，这是彼时袁涛的观点。

但袁涛也许并没有想到的是，从 2009 年到 2015 年，这个行业——变天了。

我们要如何面对 90 后？

变天了。

李宁或许也会这么想。2008 年奥运会上，藉由李宁本人在开幕式上的表演，这个品牌一度达到辉煌之巅。2010 年 6 月，李宁换标，并推出"90 后李宁"的口号，原本想藉此完成变革，战略上领先于对手，但没想到之后却跌入了困境，2013 年李宁全年亏损 3.92 亿，到了 2014 年，仅上半年亏损就达到 5.86 亿。

这是一家陷入"90 后泥沼"的公司——目前，几乎所有的企业都多多少少患上了"90 后焦虑症"，他们深知，90 后消费者的兴起，对于自己来说，是风险与收益同在的挑战。他们，还有他们所占领的时代，与之前如此不同。如何取悦新的消费者，如何在他们中间建立品牌忠诚度，这是所有品牌都在思考的事情。像宝洁这样被称为"消费品黄埔军校"的企业，甚至专门成立了针对 90 后的营销部门，探索以线上互动营销为主的一系列新模式。

总之，玩法不一样了。但谁也不知道怎么做才一定对，天娱的优势，在这一片兵荒马乱之中，竟显得弥足珍贵了起来——从 2005 年以后，他们手中一直不乏能够直达年轻人内心的产品，包括一代又一代通过选秀而诞生的人气偶像，还有参与投资的包括《小时代》《爸爸去哪儿》这样的影视剧。用营销界的话来说就是："天娱和年轻人之间的黏性度绝佳。"当然，不得不提的是，天娱的优势还包括和湖南卫视的亲密关系——在目前所有媒体里，芒果台的"80后""90 后"标识最为明确。

"风格"似乎比之前更为重要。风格是身份的标识，也是投射的基础。在龙丹妮眼里，"90

后"们一方面"特别独立，特别自我"，另外一方面，"急需寻找到一个内心投射的影子，这是一种饥渴的表现"，龙丹妮从这个层面理解偶像的意义，"偶像就是一个自我投射面的认知"。

龙丹妮也有自己的偶像。她少女的时候喜欢翁美玲，觉得她扮演的黄蓉"亦正亦邪"，"为什么她有那么多缺点和毛病，可是大家还那么爱她"，这样的思考被龙丹妮看作是自己"自我认识的觉醒"。成年以后，龙丹妮喜欢"鬼才导演"昆汀，还有解构了巴赫的钢琴演奏家格伦·古尔德。这些偶像如挂在龙丹妮天空里的星星，帮助龙丹妮寻找到了自己的定位——原来我喜欢那些"颠覆者"。

所以培育偶像不仅是时代之需，也是龙丹妮个人的兴趣所在。2013年的《快乐男声》在收视率上，远不如对手台的《中国好声音》，但天娱并不认为这是一种失败——华晨宇的微博粉丝如今将近550万，这是迄今为止，《中国好声音》最成功选手吴莫愁的两倍，是同年冠军李琦的10倍。

"对于我们来说，只有把人捧红了，他才会有此后所有的东西：唱片、演唱会、商演、代言、电影、电视剧……"天娱的首席文化官赵晖这么解释自己公司的生产模式。2013年快男的前三甲：华晨宇、欧豪、白举纲，如今走在各自不同的偶像道路上。华晨宇是个性鲜明的音乐怪才，欧豪是有着八块腹肌的小鲜肉，白举纲是个性蠢萌的"逗逼"。而他们也被不同的市场所青睐：华晨宇在五棵松开了两场演唱会，专辑被乐评人一致认为"天娱史上逼格最高"；欧豪则被数码、汽车等品牌青睐，还登上了大银幕；白举纲则频频登上综艺节目，未来可能会成为"综艺咖"。

这是所有人都在谈论"粉丝经济"的时代，无论是小米手机，还是网络游戏。这个词已经完全褪去了2005年选秀后初诞时的贬义色彩，而成了一种先进的营销方式。但对于天娱来说，在这个全民进入"粉丝经济"的时代，他们对于粉丝的使用，却更加谨慎了起来。他们不再鼓励粉丝之间PK销量——于湉和张阳阳同期发行EP，但经纪人不再要求粉丝拼你死我活。

更何况，90后的偶像们，并不希望过度开发自己的粉丝。这是完全不同于之前世代的偶像。2013年快男赛后，天娱按照惯例，给这些胜出者们拍摄写真集。1993年出生的白举纲最初并不喜欢这个case，他一直追问公司工作人员："为什么要拍写真？""你们打算印多少册？""定价会是多少？"他甚至直接控诉这桩策划："这会不会被认为是在消费粉丝？"天娱的工作人员向他解释清楚整个策划的用意后，才得到了他最终的配合。

如何面对"90后"消费者，如何面对"90后"的同事——令任何一家公司都头疼不已的问题，同样摆在了天娱的面前。

我们不是领先者，我们一直紧张着

龙丹妮的使命是：让自己负责的这家公司比其他公司看上去距离"90后"更近一点，对"90后"吸引力更大一些。她需要做的是，找到更多的，类似于"明天的派对"这样可以和年轻人对上的"暗号"，让更多的年轻人认同这家公司。

天娱的首席文化官赵晖是2013年加盟天娱的。在此之前，他自己和朋友一起合办了一家公关公司，以做面向年轻人群体的营销为主。他这么描述自己这家公司的价值："现在大部分企业的CEO是60后，市场部的老大是70后，但是产品却要卖给80、85和90后，我不认为一个60后的CEO能够了解90后在想什么，我觉得这是个市场空间。"天娱曾经试图收购这家公司，但在与赵晖接触的过程中，双方渐渐感觉到理念趋同，龙丹妮干脆对他抛出了橄榄枝："既然你对做年轻人营销有兴趣，那为什么不来天娱？"

赵晖也有自己的算盘："在我原来的公司，我是占股不少的股东，我原来的公司经营得非常好，我干嘛要放弃我原来的东西加入天娱呢？"但龙丹妮再次施展了她的"巧舌如簧"，她对他说了一句话，是1983年乔布斯从百事可乐挖来约翰·斯卡利的那句话："你是愿意一辈子卖糖水呢，还是愿意跟着我们改变世界呢？"

实际上，赵晖当时也有其他的offer，但龙丹妮这句话打动了赵晖。他1981年出生，毕业于四川一所普通大学，专业是计算机。他正是那群野心勃勃想要在宇宙里留下自己签名的年轻人中的一个。于是很快，他变卖了公司的股份，加盟天娱。他的名片上印着两个头衔：首席青年文化官、品牌中心总经理。

"青年文化"这个词，被天娱频频提起。事实上，天娱从2014年开始，就已经很少用"娱乐公司"来形容自己，就在越来越多的场合，表示自己是一家"青年文化公司"。

越来越多服务于这个目标的人才，被龙丹妮纳入麾下。方悄悄曾经是饶雪漫的编辑，自己也曾出版过数部小说，是韩寒监制的《one·一个》电子读物的作者之一。在2014年下半年，她成了天娱的一员，负责为天娱发掘各种有可能被年轻人喜欢的IP。她和她的同事们最主要的工作之一就是开会，讨论最近引人注目的话题和作品，分析这些话题走红的原因，看看是否适合为己所用——比如网络小说《朋友圈》曾经一度引起他们的关注，这篇小说讲述的是"S小姐"，如何利用朋友圈的分组可见功能，在中学好友、公司同事、富二代男性朋友面前，扮演不同的角色。方悄悄觉得，这就是年轻人会喜欢的作品。

"我们要做的是青年文化的敏感者，这并不是说我们是领先者，其实我们是一直紧张着的。"

龙丹妮这么理解在这个"90后泥沼"里自己的优势,她赌的是,她比其他CEO更加敏感,而她选中进入这家公司的人,也必须比其他公司的员工更加敏感。

改变世界

龙丹妮一向喜欢"很酷"的人,"很酷"的事情。并且,一直渴望"改变世界"。

在成为天娱CEO之前,龙丹妮最为众人熟悉的身份是湖南卫视超快选秀节目的总导演。事实上,龙丹妮个人事业上的崛起,最早可以追溯到1996年。那时,毕业才两年的她,就担任了大型综艺节目《幸运3721》的总制片。2001年,她策划了全国第一档室内真人秀《完美假期》,这个节目创意来自国外流行的《阁楼故事》《生存者》。12名不同年龄不同职业的选手住进了长沙市区内的一栋3层别墅,他们要在与世隔绝的状态下,共同生活70天,每周所有选手一起投票决定淘汰不受欢迎的选手,最后一个被淘汰的选手,将获得价值50万元的一套房子。36台摄像机24小时不停歇地监视着他们的一举一动,12个胸麦负责把选手间所有的谈话传递出来。他们之间的合纵连横、阴谋、冲突和爱情,被节目放大,传递给观众。

做到20集之后,这个节目因遭受普遍的道德质疑和压力而停播。2003年她又做出了《绝对男人》这样一档男性选秀节目,2004年,她继续深耕选秀,推出国内首个歌唱类选秀节目《明星学院》——正是这些成绩,为她带来了"选秀之母"的称号。

2005年,当《超级女声》红遍中国的时候,龙丹妮又策划出一档《天使爱美丽》。这个节目的原版是美国整容真人秀《天鹅》,挑选若干外形不佳的女性参加,参赛者将获得免费整容。节目组号称对手术过程进行了全角度、零距离、零剪辑播出。节目播放过程中,曾因为"血腥"而被中途要求整改,但跟风者依然甚众,两年后,国家广电总局全面叫停此类整容节目。

毫无疑问,龙丹妮是从"电视文化"的竞争中脱颖而出的胜利者。电视文化本质上属于大众的消费文化——她深谙如何顺从大众文化,也知道如何挑衅大众文化,并且,对大众文化的潮流变迁有着"春江水暖鸭先知"的敏感。

2013年的快乐男声,发生了三件与此前不同的事情。这些事情或大或小,但都几乎不可能出现在此前的节目里的。

第一件事,是左立和他的女朋友熊小玥感情的公开化。在此前,一个选秀艺人的爱情不可能在节目里曝光——比如2007年的陈楚生,他的粉丝在很长一段时间里,都把"陈楚生已经有女友"这样的传闻当作是"有人故意要黑楚生",而陈楚生本人也一直到2013年才承认,有一位交往了 12 年的女友。而在 2013 年，湖南卫视选择了让熊小玥在节目里坦荡出镜，让左立公开示爱。

第二件事，是广州赛区的"玛丽隔壁"组合的出现。四位成员只要出现在公众面前，必定头戴马头面罩，从参加比赛到被淘汰，任何时候都没有摘下过这面罩。他们自称不是为了哗众取宠。其中的一个组合成员私下对节目组工作人员表示："我老爹是福布斯富豪榜上的人，我们四个里面有三个都是超跑俱乐部的，参加比赛根本不是想因为这个事情而出名。"这样一个组合，成了天娱在这个节目上的早期传播重点。

第三件事——也是最重要的一件事：华晨宇的夺冠。华晨宇被称为"火星弟弟"，他和曾轶可一样，属于大众认知里的"怪咖"那一端。但曾轶可只获得了 2009 年快乐女声的第 9 名，而这次，湖南卫视终于有勇气给一名非大众化的选手颁发桂冠。另外，华晨宇家境富裕，是不折不扣的"富二代"。在早几年的芒果选秀里，"富裕"是不折不扣的原罪，典型的芒果式冠军如尚雯婕、陈楚生、段林希全部都以家境贫寒仍努力追求梦想著称，"富二代"意味着与大众脱节，可能激起"仇富"情绪，一切来得太过容易又不能凸显出追梦的励志感。所以在过去那些年的节目里，贫寒可以大书特书，而富裕则要被小心翼翼地藏起。

"这就是 90 后和 70 后，甚至是 80 后的区别，"2013 年的龙丹妮，不用再担心像华晨宇这样的富二代会刺激观众，"现在的 90 后，极度自我，但又极度自卑，他们没有经历希望破灭的过程"，所以，她觉得华晨宇恰恰可以是这些人的偶像，"当华晨宇这样的孩子出来的时候，就直接戳中了 90 后的内心，他们会想，他家里这么富裕，可是他还是能找到自我的归属感。我觉得这就是整体 90 后的现状：追求自我人格和独立精神世界的强大。"

以上，是龙丹妮所感知到的潮流，也是她引以为荣的转变。

但这些改变，在另外一些人眼里，仍然是太小心翼翼，太保守了。

沈黎晖和龙丹妮

"就算到了 2013 年，曾轶可也不可能夺冠，甚至都不可能成为前三，"摩登天空的老板沈黎晖这样对记者说，"因为她唱得实在太烂了，而华晨宇唱得挺好，还是符合大众趣味的。"但另外一个方面，他仍然坚定地认为曾轶可才是天娱最好的艺人，哪怕是华晨宇，也没有刷新他这一认知。

沈黎晖和龙丹妮曾有过多次合作，他是龙丹妮的多年好友，年轻时的龙丹妮是沈黎晖的粉丝——可能很多人并不知道，沈黎晖的个人乐队"清醒"曾经在 1998 年前后出尽风头，走英式风格的他们在当时可谓横空出世。沈黎晖本人是时尚达人，当国内老摇们以生活拮据为荣之时，沈黎晖已经从英国定购衣服了，其话题程度和偶像魅力，与如今他公司旗下的乐队们相比，毫不逊色。

从某种程度上说，沈黎晖可谓是龙丹妮的引路人。他首次担当选秀节目评委就与龙丹妮有关——2004 年的《明星学院》复选时，龙丹妮对沈黎晖交付了自己心目中的晋级参考名单，结果等到沈黎晖现场宣布的时候，龙丹妮大吃一惊：自己看好的人不在晋级人选中，反而希望砍掉的选手得到了沈黎晖的力挺。对此，沈黎晖很得意，"龙丹妮当场就傻了"。龙丹妮希望砍掉而被沈黎晖放行的那个选手叫刘欣。在沈黎晖眼里，她有一种"小混混般横冲直撞的蛮横劲"。刘欣的晋级让湖南当地媒体讨论了整整三周，甚至有读者写信去教育局投诉。最后刘欣拿到了《明星学院》的第三名，大众投票的冠军。等到 2005 年李宇春走红的时候，很多人说，其实刘欣才是中性魅力的鼻祖。多年后，龙丹妮表示，刘欣让她"第一次体验到做选秀节目的最大幸福"。

龙丹妮从这种"比时代快一点点，但不要快太多"中受益良多。这也正是她和沈黎晖是天娱与摩登天空的区别之一。沈黎晖很少考虑所谓市场和时代——从公司创立到现在。没想到如今的市场和如今的时代拥抱了他——他透露，"摩登天空的体量，如果拿音乐来讲，现在跟天娱已经是同级别的公司"，他旗下的艺人：马頔、尧十三、宋冬野……这些民谣歌手，如今在网络上的试听量已经超过了李宇春、张杰这样的歌手，"他们完全是更年轻一代的乐迷，更懂音乐的乐迷选择出来的歌手"，而他们的收入水准也早已不再是人们想象的"穷摇滚"，沈黎晖预计，"三五年内，他们就会超过那些流行歌手"。

如今的摩登天空正处于黄金时代，完全可以预料，摩登天空不需要做任何转型，就会越来越受欢迎——或许正是因此，沈黎晖怀疑龙丹妮所有这些"变酷"的努力，是否真的有意义。"所谓青年文化并不是独立存在的。艺术、音乐、生活方式、审美是相互反映的。一个人不可能在音乐上属于这类，艺术上又属于那一类。你现在看快时尚的品牌，H&M、ZARA 这些，所有这些和年轻人文化有关的，他们放的音乐要么摇滚要么电子要么 indie，但总不会是……"

他停顿了一下，然后选择了一个中性的指代词"那些"。

没有巨星的明天

但至少，在一点上，龙丹妮和沈黎晖达成了一致，他们都相信，这是一个不会出现巨星的时代。

龙丹妮说："这个时代没有巨星，都是自我，碎片化的自我，这个时代改变了。互联网碎片化时代，一切都是高效的、透明的，已经不能让我们人和人之间产生神秘感。巨星就是划时代的人，这个时代出不来这样的明星。"

李宇春也不是那样的巨星。2005 年的时候，李宇春曾经激发起大众对于性别文化意义的讨论，但这种讨论很快就销声匿迹。李宇春并没有把她身上所具有的叛逆价值坚持到底，而她的粉丝，则喜欢强调她身上的"乖"、"干净"。某种程度上这可以算是一种保守，但是龙丹妮认为："我们不要把一个时代重任压到一个人身上。春春本身就是一个非常乖的艺人，包括给她的艺人定位和她在众人面前自我表现的，都是一个很乖的人，没有太多的争议性。"

所以不会再有像迈克尔·杰克逊、麦当娜那样的超级明星出现了——至少，当下不会。

也不会有像嬉皮士运动、punk 文化一样，席卷全球的青年文化运动了——至少，当下不会。

这是我们的碎片化时代，龙丹妮与她所带领的公司天娱，正在努力地为碎片化中的每一个人奉上一份"可视化菜单"。这份菜单力求精致，符合每个人的口味。

她或许能满足你，或许不能。不过你知道，在这个时代，她无法划着船去发现一个新大陆，所有的大陆都分崩离析了，无论是旧的还是新的。她最多只能从一个小岛，到另一个小岛。

冯唐：怕写作能力被老天收回

文 / 付超　编辑 / 露冷　摄影 / 薛建宇

　　采访那天是四月下旬，春到盛时，北京天气难得的好，微博和朋友圈里到处都流传着冯唐的那句"春风十里不如你"，与"面朝大海，春暖花开"一起，成了都市青年们对春天最热门的注解。只不过当天地铁二号线故障，二环上挤满了打车赶着上班的人群。冯唐就在这样的人潮中突然钻出来，一如往常的平头、眼镜、皮衣、仔裤，拎着包低头匆匆往工作室所在的胡同里扎。

　　半个小时后，在位于古庙内的工作室里，他给大伙儿泡茶，聊工作台和椅子的材质，掂着玉僵硬地摆拍照姿势时，不忘坏笑着建议说："咱搞点酒，边喝边聊？"庙里到处是佛像，漫天柳絮飘舞在他身后的光里，映得他似近还遥。采访开始，他思维缜密，往往一套理论接一个比喻，聊得嗨了，还现场学刘震云的口条说段子；他又小心谨慎，带点狡黠，不想谈的，偷换个概念就顺溜儿滑过去了，不落痕迹——比如票房。那天正是《万物生长》上映的首个周末，三天7170万的成绩显然未达预期，一贯自恋的冯唐，把这些全部推给了导演与片方，"我只是原著作者，这不是我该操心的事情"。

　　没开口的冯唐，除了身高，泯然众人。但当他一张嘴，就像摁开了开关，自带光源，浑身发亮，还是镭射的。

　　这个时候，你在他身上，能切身感受到一种时间对人体雕刻的印记。这个44岁男人体内依旧蕴藏着那个表面猖狂内心怂卵的"秋水"的影子，但长年的职业经理人体验又像只晃荡的灯泡，照得他的影子忽闪忽现。

冯唐在《万物生长》再版序言里写道："本来想写出一个过程，但是只写出一种状态。本来想写出一个故事，但是只写出了一段生活。只表现出了一种混沌状态，一个过程的横断面。"

这段话是在自评《万物生长》，但好像也把冯唐自己的人生上半场给总结了。

但截止到记者发稿前，《万物生长》的票房成绩仍未突破 1.5 亿，在它身边呼啸而过的是《何以笙箫默》《左耳》这些 80 后、90 后的青春片。44 岁的冯唐，拒绝再对此发表任何看法。

电影当然不如小说高级

要不是《万物生长》被改编成电影上映，冯唐已经淡出人们视线很久了。电影上映前，他以原著作者的身份，亲力亲为配合参加了几乎所有宣传活动，影片上映后，他自费包场请亲朋好友观影，前不久，又带着影片回到母校协和医大，和师弟师妹共享。

私人渠道，他也卖力吆喝。在宣传期半个月内，冯唐总共发布了 49 条朋友圈，其中，有 28 条是关于《万物生长》的。他很得意："我算不算合格的营销狗？"

对于改编这件事本身，冯唐当然是肯定的。他甚至这样定义这次改编："总体感觉还是挺兴奋的，因为自己第一个小说变成自己第一个电影。这 15 年我自己也发生了好多事，我今年 44 了，感觉上半场结束了，下半场开始了，甚至感觉有点儿仪式感。"

冯唐用"仪式感"仨字定义的事物不多。上一次还要追溯到 2011 年 5 月 11 日《不二》定稿时，他将它作为送给自己四十不惑的生日礼物。后来的事情，大家都知道了，《不二》的情色尺度惊世骇俗，却也因此打破香港文学作品的销售纪录。加上后来的《素女经》，冯唐作品正式从"器官描写"跨入"性主题研究"。

但，不容回避的是，不同于《不二》的纯自我创作，《万物生长》相当于把自己的女儿送去别人家当媳妇，冯唐这位当爹的，多少会惦念她过得好不好。更别说，这还是位俏姑娘，中国作协副主席李敬泽评价《万物生长》说："它是绝对无法被改编成电影的。"

事实也是如此，导演李玉的改动不可谓不大。虽然依旧以秋水为男主角进行剧情创作，但原著中仅有三场戏的女 N 号柳青，摇身一变成了范冰冰饰演的女一号。打乱时空线索、讲述少男成长史的原著，也因此变成了更流俗的三角恋故事。

对此，冯唐怎么可能没有想法？但他已不再是三年前那个提出"金线理论"、愣头愣脑单枪匹马挑战整个文坛的"冯先"，他开始讲究策略。面对这样的提问"电影相较小说改动很大，遗憾吗？"他推推眼镜，清清喉咙，先说了一堆理论："遗憾是这样，来自于我对电影和小说理解的本质区别。小说的话，它的故事性、戏剧冲突不应该特别强，你整天在小说里咆哮'你为什么不嫁我'，这种没法弄。电影相反，戏剧冲突要强，要让人一看就知道主角为什么这么行动。"

末了，他轻描淡写地补了一句："当然，一些敏感、忧伤和诗意的损失，我想这是必然的，任何好小说改编成电影，都会出现这种问题。"

"冯金线"的争议

冯唐这么说，其实一点都不让人意外。

他对于自己写作能力的笃定，从 2012 年提出著名的"金线理论"时起，就已被大众知晓。而某种意义上，从"金线理论"到后续的"少读董桥"、"王小波古文功底差"等一系列关于冯唐的争议史，恰是作品之外，他在文坛声名鹊起的发迹史——对于没时间看作品的人，微博论战，或许是最快认识冯唐的事件。

"金线理论"首发于 2012 年 4 月，彼时正值韩寒"代笔门"热议期间，"方韩大战"方兴未艾。冯唐发表名为《大是》的文章，指向韩寒，他在文中如是写道："文学的标准的确很难量化，但是文学的确有一条金线，一部作品达到了就是达到了，没达到就是没达到，对于门外人，若隐若现，对于明眼人，一清二楚，洞若观火。'文章千古事，得失寸心知。'虽然知道这条金线的人不多，但是还没死绝。这条金线和销量没有直接正相关的关系，在某些时代，甚至负相关，这改变不了这条金线存在的事实……"

简言之，冯唐觉得，文学应该有标准，这条标准就叫"金线"，这之上，可百花齐放，这之下，连门都还没进，没资格谈。

时隔多年再谈起它，冯唐口风不改："其实你跳出来看，这不就是大白话吗？就是行业要有标准……这还用说吗？即便它相对来说不好量化，但它确实应该在那儿。但我后来想过，为什么大家不喜欢，因为太多的垃圾，想认为自己也是金线之上，想偷懒、走捷径。咱们太长时间没有规矩了。"

但不是所有人都站在冯唐这一边，"金线理论"提出后，网络震动。支持者固然不菲，各种杂音也在发酵，有人质疑冯唐在此敏感时期发声的动机，有人干脆直言他本人亦在金线之下。次年一月，韩寒新书《我所理解的世界》出版，封面赫然印着一条金线，韩寒的名字和书名则都印在金线之上，算是沉默的回应。

作为始作俑者，冯唐本人却不再回应，一个很重要的原因之一就是，"金线理论"之后，他很忙。

这个词被当年某杂志评选为年度词，冯唐靠一句自认的"常识"又火了。这是一个美妙的意外，但烦恼相生而来。他早年评价董桥、王小波的旧文被翻出，就像王府井大街上无名小报贩子经常耸人听闻地喊的"刘德华死了"一样，被隔三岔五暴晒，并进行误读。

冯唐对此的应对倒也胸有成竹。关于董桥，他有理有据："不是说不读，而是少读，麻烦把原文拉出来好好看看。"对于挑事儿的媒体，他摆出一副懒得理你的姿态。关于更为人所熟知的王小波，他依旧不卑不亢："他是我最喜欢的华语小说家前三，我只是说他古文修养不如我。"在"金线理论"提出后不到一个月，王小波遗孀李银河女士发文盛赞冯唐，称"当代写作者中王小波第一，冯唐第二"，达成谅解。

后来，在冯唐新书《三十六大》宣传活动中，李银河还担任座上嘉宾，陪冯唐及其好友罗永浩一同到北京东四环某书店跟读者对谈。

我不自恋怎么办呢？

冯唐在文学上的自信，源于他一直宣扬的"幼功"。

1971年出生在北京普通工人家庭，作为三个孩子中的一员，冯唐自述："我爸妈就管吃管喝，一直过着散养生活。"相比60后，"我们没被'文革'耽误"，相比80后，"我们也没被电脑绑架"。那时候没什么东西，"你想要有点心智的愉悦，只能读书"。而因为网络时代还未普及，冯唐小时候读的最多的，就是古文。

他的古文功底很深，《二十四史》《资治通鉴》《诗经》即使达不到倒背如流的程度，也有信手拈来的本事。他一直在自己的微信公众号上坚持念古诗，"冯唐"的笔名，也源自《史记·张释之冯唐列传》中的同名古典人物，他最欣赏的是这位"前辈"的一句名言："鄙人不知忌讳"。事实上，在文坛，他也一直在扮演这样一个角色。

另一方面，他从初二起，便熟读英文。一边硬着头皮读英文原版小说，一边翻着字典查找生词，三年下来，他硬生生靠着这种蛮劲，修炼出现今文艺青年普遍不具备的英文功底。

冯唐从不掩饰自己的得意，他说："其实很多早期的幼功是在初中、甚至小学五六年级打下的……所以我觉得弄下来好欣慰，别人又要说我自恋了，但你来比一比，我就是英文、古文都可以做到不用字典。"

冯唐有自信。他早早就熟读亨利·米勒等作者的英文原版名著，在英文、古文混杂的生长环境下，修炼出了少见的中文语感和某种文字主题偏好。

对于自己的作品，冯唐一直信心满满。关于"北京三部曲"，他说："你见过结构这么完整的、关于青春期的文学作品吗？"关于《不二》和《素女经》，他说："我希望它们有一天的地位，能够跟《金瓶梅》相媲美。"

冯唐自信到自恋的程度，他曾经开过自己一个玩笑："我这么聪明，长得又这么好，基本上完美无缺，不自恋怎么办呢？"好友们也都早对此已见怪不怪。柴静叹口气说："这哥们实在是……"冯唐的邻居，画家冰逸向记者坦承："我不喜欢他的自恋。"另一好友罗永浩的评价或许最接地气，他"带着欣赏之意"扔出四个字说："臭牛逼呗！"

享受成功与权利

冯唐的自信有他突出的履历作为底气。他不仅是个成功的作家，还是个成功的商人。而这两个动作，几乎同时发生。

更重要的是，青年时代的他，确实优秀得令人"竟无言以对"。中学时代，考试"从来没有拿过第二"，这样的成绩，帮助他顺利晋级到"校史就是一部中国现代医学史"的协和医大。毕业后考美国的商学院，"托福考试以后，我跟三个女生打赌，说，我能考满分，她们都不信，结果我赚了三顿饭"。回忆往事，冯唐一脸得瑟的坏笑。

冯唐从协和医大毕业后，考取了美国埃默里大学的商学院，也几乎在此前后，他百无聊赖之间，开始撰写自己的处女作《万物生长》。

严格意义上讲，那时的冯唐是十分彷徨的。相对于他可以预料的商科未来，他的文学创作起步是有点晚的。他自己也不够自信，《万物生长》初版时，他偷偷跑到书店去实地考察，发现就四五本零散地堆在靠近厕所的拐角，"气得回程把手机都落在了出租车上"。到了《十八岁，给我一个姑娘》，他腆着脸做签售，自个儿紧张半天，结果就来了四个人。

彼时，《万物生长》初版只卖了1000来册，销量惨淡。好友、出版商路金波日后也说过："按销量论，冯唐属于第二梯队，比不上韩寒、郭敬明、安妮宝贝这类百万销量级别的作家……但他的书长卖长销，其中最多的再版过5次，最少的再版过2次。"

简言之，在他的书被再版、长销潜质被挖掘之前，而立之年的冯唐，看不到任何靠文学发家的希望。

这样的大前提下，冯唐日后的选择就很好理解了。从小在精英教育下成长，"从来没输过"的生活体验，需要他迅速在另一块战场攻城略地。从埃默里大学毕业后，他进入著名的麦肯锡咨询公司，从基层干起，九年时间晋升为全球合伙人。再然后，跳槽到某国企旗下的医疗集团，担任 CEO，年薪超百万。

他春风得意，在文化圈的饭局上跟朋友们开玩笑："我现在也算是个局级干部了吧？"好友柴静问他权力在握的感觉，"冯唐想了会儿说，大权在握的时候，还是挺爽的。他想了一下，又说，还是挺爽的。然后又说了一句，还是挺爽的。"

婚姻嘛，无所谓

要不是因为去年年初，所在的国企老总因违纪违法被中纪委调查，冯唐或许不会下定离职、重回自由职业的决心。他此前无数次说过，文学和商业是他的人生两大爱好。

具体的辞职原因，他并不愿多谈，不过强调了两点——第一，"在那种体制下，你还是一个螺丝钉，不自由"；第二，自己之所以能全身而退，"是因为守住了底线。比如说不拿一分你不该拿的钱，比如说不输送一分钱利益。"

冯唐去年六月辞职，兜兜转转又重回文坛，因为《万物生长》的改编，再成为新闻人物。这一次，他的的确确感受到了不一样，"我真正觉得自己红了，也就是最近一两年的事情。一个是版税数字，这是最直观的表现。另一个，就是走在街上，认出我、找我签名的人多了。"

《万物生长》上映后，关于主角秋水是否是"渣男"的话题不出意外成为热点。折射到冯唐本人身上，他向来广受女粉丝青睐的老调，又重弹起来。

之前有媒体给冯唐统计过，他 7329 条微博中，有 1099 条是转发女粉丝自拍并配上"今宵欢乐多"的"调戏帖"。好友们对此也都习以为常，李玉开玩笑说："不仅女粉丝多，而且喜欢他的好像都是大胸姑娘。"柴静说："饭桌上，别人说没意思的话他就拿手机拍桌上的姑娘，有人说邪话，他笑得又快又坏。"

这很符合一个文风充斥荷尔蒙、主题冲刺性器官的作家形象，冯唐本人也不避讳，谈起年轻时的情感经历，他带着点羞涩，却更多是"忆往昔岁月"式的感叹说："基本上就很少有两三个星期以上没女朋友的时候。"至于原因，他略带傲娇地给出一个无厘头的答案——"因为，自己一个人待着也很无聊，说白了我特别怕一个人吃饭"。

爱好、事业，还有女人，冯唐获得的是身为男人全方位的胜利。但婚姻并不是。他从不相信爱情长久，"它应该是一个某些瞬间，几天、几个礼拜、几个月这样一种东西"，而婚姻在他眼里，不过是"爱情烧成灰"后的遗迹，"找一个你有原始喜欢、有原始冲动的人开始，但是你别期望这种原始喜欢、原始冲动，它能持续不断。"

就像曾经，"北京三部曲"写了那么多前女友，柴静问他，老婆不介意吗？答："我老婆有一颗博大的心，以前写书一章一章都给她看，可是到了《北京北京》，她就不看了，因为离她很近了，她说你不要给我看了，你写你的。"40 岁生日，写了篇名为《大寿》的专栏，文里半开玩笑又肆无忌惮地怀念说："老婆习惯性成亲人了，初恋幸福地二婚了，以前的花花草草都相夫教子去了……"

所以最终，他与跟在美国读 MBA 时认识的妻子离异，然后，又再婚。经历了这么多，再谈起婚姻观，冯唐仍然是一副可有可无的口吻："婚姻这种事情，是一个社会性的东西。就是，社会有一些规定，有人愿意跟你结，父母也希望，那就做呗。对这事我没有那么强大的好恶，那就来吧，无所谓。"《洛城机密》中说，有人赢得全世界，有人赢得从良妓女和亚利桑那之旅。这世上，大家要的本就不一样。

向中年危机宣战

最让冯唐感觉没把握的东西，终究还是文学。他坦诚地说，自己最怕的事情是某一天，"写作的能力就被老天给收回去了"，担忧之余，也对"下边往何处去"产生疑虑。聊到这个问题，他给出整场采访中最严肃的语调和表情："有很多作家忽然红了之后，基本上最好的应该不写了，最好的可能已经过去了。"

这状态有点儿类似中年危机。冯唐承认："我的危机，在五年前就开始有了。"他自己将中年危机定义为两点——明白了自己的能力半径后，下一步怎么办？体力、原始冲动都在下降，很多微妙的快乐和痛苦都在自发消失，生活体验如何再度兴奋？

在《万物生长》里，冯唐写长大有两种方式，"一种是想明白了，一种是忘记了"。所有的人，都用后一种方式来长大。而冯唐选择迎头而上，把青春期的快乐与痛苦，比如情色——像挤青春痘一样，把这些都挤出来，赶在它们消失之前。他说，这就是他写《不二》的初衷："我记得挺清楚的，写完是 2011 年的 5 月 11 日，赶在 40 岁生日之前。我跟小波一天生日，5 月 13 日，金牛座，大致是这样。"

然而中年危机并没有随着《不二》写就而完全过去。2014 年，冯唐试图再次调整自己的心态，"原来年轻时，把文字当成工具，想用它尽量地实现不朽。但现在我更想把自己的感官打开，当成一面湖水，外面的事情就像石头一样扔进这湖水"，然后，"我就把这咕咚记录下来，把这涟漪记录下来"。

目前，冯唐手头的计划，一本书关于乾隆，这还是他从古文"幼功"中攫取的灵感和资源；另一本，关于他的母亲，"她的这一生简直就是另一个视角的中国建国史，很有趣"。而这，跟"北京三部曲"一样，还是源自生活的半自传。或许自己也知道招法已老，冯唐在写作之外，打算横向发展，虽然依旧是写字，但他编剧的一个剧本就要上马开拍。

这两年，他把写作和文艺在自己生活中的比重从 10% 调到了 40%，而商业则从 90% 下降到了 60%。这就是一个试图以文字获得"生前身后名"的作家给自己的定位——他不仅想赢得这场胜利，还必须姿态轻松，"我现在写东西一还有快感，二想写的东西还大于腹稿"，他再次提及了"金线"这个词，"只要达到自己心目中的金线以上我就发，希望每一两年就能有一个长篇出来"。

想起俄罗斯诗人巴尔蒙特那句传诵度颇高的诗：我来到这世上 / 是为了认识太阳 / 和高天的蓝辉。

等我六十岁之后再骂人吧！

腾讯娱乐：您在某期视频谈话节目里也批评过文学大环境的缺失。

冯唐：从我个人角度，我会持续我的风格，就是假话绝不说，真话最多说到、不说全。但个别我认为大是大非的时候，我该发声可能还得发声。其实我也觉得挺搞笑的，你也知道我说过几个人文章写得不好，一是这对我来说挺明显的事儿，第二，为什么那么多人背后老跟我说确实写得不好，垃圾一样，但他们从来不发声呢？我不想说，因为所有人都不发声，我也不发声，造成别人说，你们这一代的知识分子就是这么躲事儿。别人可能会说你落井下石、文人相轻之类的，但我既然发这个声了，这些噪音承担就是了。

第二个，现在这个时代跟过去不太一样了，自媒体越来越重，坦率讲，那些 90 后、00 后比我们直，不高兴就是不高兴。你终究还是想混出来，你不说真话，整天说假话也不太容易混出来吧？我自己真话说的最凶的还是十几年前，刚出道的时候，所以叫拳怕少壮，总会冒出来一些年轻人说点真话，所以我还是乐观的。

腾讯娱乐：其实您现在话语权足够了，但好像发声反而少了。

冯唐：哎呀，等我六十岁之后再骂人吧，巴金也是七十岁之后才写《真话集》，我先抑制一下我毒舌的冲动。

腾讯娱乐：得话语权再重些才说？

冯唐：不是，其实也不是为了躲事儿，是为了避免一些不太必要的麻烦。我先装扮一点，这才有德高望重之感。

腾讯娱乐：但您微博上的"今宵欢乐多"也让人德高望重不起来啊。

冯唐：那是我创的一个互动方式，玩起来挺HIGH，我觉得我的风格也不是一本正经、简单高冷的。我觉得把我的风格定义为高冷兼闷骚还是比较贴切的。

腾讯娱乐：您女粉丝确实多，但我身边好多女生朋友透露，她们一开始都不看您的书，反而都是她们的前男友们推荐看的。有要感谢前男友们的话吗？

冯唐：咳，我觉得第一，男读者不爱表达，男的整天自拍不是有问题吗？第二，我也过滤了一些男性自拍，因为很别扭。你看杂志封面80%都是女的，因为大家也喜欢看女生。

腾讯娱乐："北京三部曲"再版的前言里，您提到很多当年不红时的小事，比如准备签售，结果只来了四个人之类的。您那时还是自卑的吧？

冯唐：写作这东西，我一直不自信，不知道老天什么时候把写作能力拿走，所以要反复用外界的事来印证。包括我《万物生长》刚写完时，发给我下铺，他四五个小时读完，给我打电话说，以后有小孩，会把书给孩子看。我就很感动，因为身边这种小事，能给我支持下去的勇气。

还有，插一句，说到这里又可以气气人了。有人开玩笑说，一到春天，海边二三线城市都归海子了，内陆都归我了。虽然有人痛恨，但口口相传已经到这儿了，我也没卧过轨，我也没杀妻，能达到现在这种效果我觉得不容易。你不得不承认，作家的突然死亡，对他的作品有促进作用，对吧？绝对是！我这话儿可能又有人不爱听，但是，实话实讲，如果海子和顾城不死，那有可能地位没现在高。

严歌苓：我看重"聪明人使笨功夫"

文 / 叶弥杉　编辑 / 露冷

一年 85% 的时间，严歌苓在柏林生活，用她的话说，她是个相夫教子的普通妻子，有一份写作的工作，在她看来，和会计师做账也没什么差别。一天 24 小时，她用 1/4 的时间工作，闭门在书房从早上 9 点，写到下午三四点。这之外的时间里，她做饭、遛狗、读书，辅导女儿功课与体操，还要留点时间，在女儿睡后，与丈夫喝红酒听音乐地闲聊。

但当她飞行 10 小时，跨越 7 个时区回到中国，她就成了属于公众的"严歌苓老师"，时间全权交给各类合作方，自己负责化着一丝不苟的妆，录视频节目，进高校演讲，采访通告紧凑得像回到了当年当兵的时间表。

单单今年，1 月她在北京图书订货会上推广小说《妈阁是座城》，5 月参加活动配合电影《归来》上映，7 月小说《老师好美》进入宣传期，11 月底的这一趟，除了参加北师大驻校作家入校仪式，还兼顾着电视剧《四十九日·祭》开播。

观众看到的是一部新剧，但对严歌苓来说，电视剧剧本初稿已是 3 年前，距最初《金陵十三钗》的小说，更有 9 年之久。她像一个勤奋的酿酒师，你看她逐次奉出一坛坛新酒陈酿，却不知她背后的酝酿功夫，更不知道她在等待发酵的过程里，又春生夏长、秋收冬藏地备了多少季材料。出版人张立宪说，严歌苓每次回国，空运来的都是耳光：响亮地告诉这群生活在北京的朋友，看啊你们又虚度了多少光阴。

这些年来，每次回国她都讲一些类似的话，比如，不希望再做编剧只想写小说，或者，下次一定要写没法被改编影视的小说。但这些年来，中国影视界仍像抢救命稻草一样追着买她的故事。要是晚一个小时出手，张艺谋就买不到《陆犯焉识》，也就不会有他的《归来》；李少红主动去为她的新书站台：只要有严老师的作品可拍，她愿意食言，在《新红楼梦》之后再拍连续剧。严歌苓自己"只写小说"的誓言来来回回地说，也就成了撒娇，这次她终于一摊手：我有性格缺陷，我没法拒绝别人。

更多改编她的作品，她客客气气地选择不看

严歌苓的朋友常常为她的作品抱屈。张立宪曾说，作为一个小说读者，看到改编的影视剧后往往"非常愤怒"，因为很难理解成这是严歌苓的作品。"如果你是通过影视剧来认识严歌苓的话，那么不妨读读小说，可能是另外一个更加本真的严歌苓所呈现的世界。"

但严歌苓自己，却很少发恶声。在接受采访时，她总是夸奖导演，从他们身上学到很多东西；赞美演员，即便她还忙得没顾上看剧；哪怕原作小说已经改头换面、掐头去尾，她也表示理解：艺术作品的再创作当中，你不知道一个导演会有多少苦衷。

《金陵十三钗》《归来》的文学策划周晓枫说，张艺谋几次感慨，严歌苓是最大气的合作者。采访时严歌苓笑着回应，那可能是因为对自己的作品比较舍得。

舍得也是一步一步过来的。1993 年将《少女小渔》的电影版权卖给李安，是她的作品被改编的开始。这部影片当年斩获亚太影展五大奖项，但原著者看来，也有诸多可挑剔之处，比如电影将背景设置在纽约，而这个故事无论现实或小说都发生在悉尼，气质大相径庭；电影中与小渔假结婚的老头不时闪耀一下人性光芒，而在严歌苓笔下，那是个彻底的"垃圾"：她觉得这样才够体现小渔的善与美。

她曾委婉表示，由小说改编的影视作品当中，她比较满意的是陈冲的《天浴》。剧本是她亲自捉刀，导演是她多年闺蜜，配合默契不说，重要的是"忠于原著"。陈冲后又购买了《扶桑》版权——这部小说写一个看似处在社会底层、跪着的女性，而她内心，却强大得可以饶恕一切自以为站着的男人，因此在学术研讨会上，常常得到男性评论家不喜或不懂的评价——严歌苓改写了英文剧本，但先是陈冲怀孕，而后拍摄资金被挪用，以致这部反映亚洲移民生活的文艺片，至今还在寻找投资当中。

她的所有作品版权早已卖出，乃至只有一个名字时就被哄抢，而如果观众无缘得见其中的

一些，只是它们如《天浴》一样，因为各种各样的原因没有机会搬上银幕。而在一个越来越成熟的影视业制作体系中，原著者的舍得或不舍得，也越来越无效。合同上往往白纸黑字注明，不能干涉演员选择，不能干涉剧本改编。"如果在合同上有你不干预编剧的话，这种坚持（自己的想法）是没有意义的。所以我把精力都放在正在创作的作品上。"严歌苓说。

当然不是没有意见，只不过她不公开表达。改编的问题问多了，她娇嗔又带点不耐烦地手一摊："那我有什么办法啦。"讲到《归来》，她说："我并不知道他只是攫取了后面的那一点，我以为他要整个拍出重大的作品。"更多的时候，对更多的改编作品，她客客气气地选择不看，这或许可能是她所能保持的最好修养，如当年伤痕文学出来，接受文学经典教育的她翻了一下："这是小说吗？"从此不看。

自己可以不看，而对于观众因为影视剧而产生的"严歌苓"印象，她也并不在意。"我已经很感激电影工作者了，因为他们的工作，我的读者群一年年扩大，而读者群扩大，表示他们终究会从小说中来理解我的创作，这对于文学来说是一种福音。"严歌苓说。

唯独影响到她的，是改编剧本占用了本该属于小说的时间。身为美国编剧协会成员，她并不认为自己是一个好编剧，她在创作时所获得的满足感与成就感皆来自写小说："我写小说的那种自如和兴奋，在编剧时完全没有。而如果不达到那种极致兴奋，又怎么能算是最好的创作呢？"

但说过无数次今后只写小说，她的名字仍不时出现在各类影视的编剧栏中，就像现在，她手头的一项工作，就是改写《妈阁是座城》的电影剧本。"我性格有缺陷。"她大咧咧地承认了，带着一种"我就是食言了你拿我怎么办"的无赖与无奈。"我当然希望我把版权卖给你就结束了，但有的时候就是结束不了，人家就是来找你帮忙，那我只好一再妥协了。"

我花的钱和我享受的时间，全是自己挣来的

据说张艺谋晚来三天，《陆犯焉识》版权就给别人了？严歌苓大笑起来："不是三天，他要晚找我一个小时，就可能会考虑别人了。"

写完《陆犯焉识》，严歌苓很得意："哈哈，这下你们没法改了吧。"很多年前她就一直在说，要写有抗拍性的小说，虽然当时她为"抗拍性"举的例子是纳博科夫的《洛丽塔》，而在《陆犯焉识》中，她显然不是用文字，而是采取了另一种形式抗拍：描写了大量的政治事件。

但她同时收到了两封邮件求购版权，然后她选了合作过《金陵十三钗》的张艺谋："跟一个导演建立较为长久的合作还是比较有好处的。"

另一则，她觉得张艺谋拍过《活着》，以其阅历与经验，能拍出那个时代的史诗性作品，"假如一个年轻的导演，他可能不会被感动，而我想张艺谋是我们这个时代的人，他的感动点会跟我比较靠近"。

但她也并不讳言，张艺谋"做人厚道"，"从价钱到待人，都是我打交道这么多的导演中，最为优厚的。我觉得一个人对一个作品钟爱的程度、希望再创作的热情的程度，也体现在给你的价钱上"。

似乎与另一个上海老乡张爱玲一样，严歌苓并不以谈钱为耻。1989年赴美留学，虽然有奖学金，但严歌苓仍需要自己打工挣生活费。她做过看护，洗过盘子。80年代的中国作协成员，90年代拼命在台湾报刊上发稿，无他，稿费高过大陆。

她原本苦行僧似的写作强度，一方面是一个作家的自我修行，另一方面，未尝也没有赚钱的内在驱动。1992年，她在旧金山结婚。先生劳伦斯本是外交官，因为与来自社会主义国家的、有匪谍嫌疑的退伍女军官相爱，不得不辞职，将外交部的门禁卡剪成4块，装在信封里交还给上司。

劳伦斯很快找了新的工作，相比初来乍到时的赚钱压力，严歌苓此时的生活状况有所改善，但即便在亲密关系中，她也是一个警惕于施受关系的骄傲的人，"即便给你一颗钻石，也要想想如果接受的话，你的自主性在哪里"。何况她的婚姻没有钻石，她的先生说，我的辞职难道不是最大的钻石吗？

直到1993年李安向她买《少女小渔》，严歌苓的第一反应是"可以不用做一个穷学生了"。也许因为李安的影响，这一年她卖出了三个版权，还有电视剧剧本找上门来。原本总是光顾旧货市场的清寒学生，从此开始在名牌店买买买的不归路——颇有点像青少年时期总穿表姐剩衣服的张爱玲，赚得稿费后迫不及待定制新衣的心情。职业女性之所以不避讳谈钱，或许她们在挣来的每一块钱上，都足以展示自己的辛苦与骄傲。

"我听一些女朋友讲她们的女朋友的故事，我觉得所有悲剧的根源就是在于经济不独立、思想不自由。问人家讨任何东西，心里都是不舒服的，自己挣自己花，你的享受才是最甜美的。"严歌苓说。到现在，她也保持着一个习惯，在每一本书写完之后带全家一起旅行，在一个城市住上很久，"这是我挣来的，是我靠我的辛苦挣来的消闲。我觉得我花的钱和我所享受的时间必须是自己挣来的，包括爱情，我并没有平白无故地得到什么"。

只是到了畅销作家、金牌编剧的地位，现在的她希望能够慢下来："我希望从明年开始，写的少一点，读的多一点，留给思考多一些空间。实际上，我的创作里也不在乎多一本书少一本书了，而是需要考虑，自己想要多哪一本书，留下什么东西来。"

每一个故事都经过漫长的培育过程

猜测严歌苓的下一部作品是很徒劳的事情，她的家底太厚。即便她告诉你这次回国一面去了体操馆采访，一面去了舞厅跳舞，你猜测她接下来要写体操运动员或是舞男的生活，也会得到一个神秘莫测的答案："题材还有很多，我还没有定。"

在当代女作家当中，严歌苓是较少将自己生平直接移植进小说的那一类，近30年的创作里，可能仅有《有个女孩叫穗子》与《无出路咖啡馆》最贴近她的经历，前者有她的童年与少年印记，后者则展现了她刚到美国的处境，以及在关于她的人物报道中可见的，那段反复被渲染的跨国恋爱。

最初她的小说题材来自经验。原本她打定主意要做一个舞蹈家：12岁以文艺兵入伍，对一个背负家庭出身的孩子，那已经是最好的出路。但20岁那年中越自卫反击战开始，她报名上战场，当了随军记者。前线颠覆了她的全部经验，在野战医院的凝固着血腥与死亡气息的空气里，她采访、照顾了3个月伤员，见过了无数的命运突转，这让她从一个英雄主义者，转向对个体生命的悲悯。她发现舞蹈不够表达那个新的自己。而后她调到铁道兵政治部担任创作员，成为一名军旅作家。

从1971年到1976年，文艺兵严歌苓每年进藏演出，20岁以前，她已完成了父亲、作家萧马所谓的读万卷书行万里路的"最理想的培养作家的方式"。西藏使这个原本困在城市与军队的人际格局的女孩，感受了生命的神秘与开阔，重新思考人及自然。乃至有读者将她与张爱玲对比时，她调侃张爱玲没有去过西藏。

西藏同样是她初登文坛的灵感源泉，这名女作家在当时的创作中，就流露出明确的性别意识与政治隐喻。《七个战士和一个零》中是一群戍边的年轻战士面对一个少女的复杂心理，《雌性的草地》则是一群留守草原的女子牧马班与一个男指导员的关系，而《天浴》里原本单纯的女知青为争取一个回城名额，不得不用自己的所有交换，从身体到生命。这些主题在30年后看来可能未必新鲜，但萧马认为，严歌苓能在其有限的西藏经历中，将资源不断反刍，并各有侧重地呈现，已经说明她具备"文学家的聪明"。

到美国之后，严歌苓的题材转向了移民群体。在考入哥伦比亚艺术学院学习文学写作之前，严歌苓曾在前一年应美国新闻出版总署之邀，访问了一些艺术基金会，她当时的印象是："美国的艺术家可以得到艺术基金会的支持，可以通过天分和努力实现自己，并可以在一个讨论、学习的空间里，提升自己、使自己更加专业化。"

现在她将这种想法称为幻梦。年轻的艺术家仍不得以侍应生、看护员的身份来挣自己的生活费，给台湾人看孩子被诸多挑剔时，她心想："你知道我是谁吗？我的小说也是很有名的呀？我还是我们大院第一个万元户呢！"

更大的幻灭来自她与美国公务人员的恋爱。因为这个中国女人曾是个军官，严歌苓与劳伦斯的恋情被 FBI 高度重视，在繁重的读书与打工之间，严歌苓不得不每周抽出时间，接受 FBI 翻来覆去的询问。调查持续了四个月，并逐渐波及她的房东、朋友等相识的人，直到劳伦斯知道严歌苓在测谎同意书上签了字，愤然辞职。他觉得她没有必要受这样的折辱。

对于作家本人，这一事件让她对美国的民主、政治姿态产生幻灭，更明确了自己在美国社会中的边缘人身份："主流人群大概就是美国的中产阶级，占 80% 的人群，他们的生活稳定，可被预见。"而她这样的外来者，既处于边缘位置，语言能力又不足以顺畅沟通、表达自己的想法，"内心变得越来越复杂、越来越丰富，这个时候去感受周围的移民生活，那种敏感度就使我在美国写了一大批小说"。

在非洲，书写关于中国的故事

2004 年，劳伦斯被美国国务院召回，派驻非洲。美国离严歌苓的距离变得比中国更远——后者至少在她的发肤骨血里。

反正都够不着，不如写更亲切的东西。至于题材，这个故事爱好者，在 80 年代就已经开始自觉积攒。而如今巨变中的中国，每一则新闻底下都可能还有一座冰山主体。《赴宴者》来自于陈冲建议她去看的《焦点访谈》的一个会虫故事，而《老师好美》则是姜文告知的 2007 年的贵阳某中学生三角恋杀人案。她还有一个在八一厂工作的叔叔，看到报纸上有意思的新闻就为她剪下来，于是每次回国，她都会背上几捆剪报资料，回非洲津津有味地读。

听来的故事如果原状陈列，不过是报告文学，她所不屑为。她要在故事中寻找启发与共鸣。也因此，每一个故事都有一个经严歌苓手的漫长培育过程。为了了解《寄居者》里 20 世纪 40 年代犹太人在上海的生存场景，她跑遍图书馆借阅相关书籍，连时人所用香水的牌子、裁缝店的构造、舞厅的情况这类细节都不放过。而写《金陵十三钗》时，她的材料准备使她觉得脑中有一张南京地图，"很清楚这个城市什么时候在经历什么样的情况，教堂内外、屠杀前后，我脑子里全有画面，像一盘棋。"严歌苓说。

除了案头工作，严歌苓更为人所知的，是她为这些听来的故事而做的实地调查。作家格非认

为，在这个生活经验日渐趋同的社会里，严歌苓体验式的写作方式超前且值得学习。她为了《老师好美》跑过全国五所中学，有时候旁观，有时候跟学生一起听课；《妈阁是座城》的直接经济成本，则是四赴澳门赌场中哗哗流走的码洋；至于《第九个寡妇》，她数度下乡体验生活，在河南农村与老太太做朋友，同吃同住同劳动，以至于在将父亲萧马早年的剧本《铁梨花》改写小说时，严歌苓很技痒地用河南方言重写了一遍。

很多故事她藏了20多年才动笔，不仅是她有耐心等它们发酵，也是早些时候，她并没有这么充足的经费支持必要的调查。为《小姨多鹤》她去了三趟日本，每趟都有收获，但成本难以估量，"有的时候写个故事赚来的钱可能有一半要花在做调查上面"。

她首先回到多鹤原型的故乡，找到那些曾经到中国垦荒的日本人，那些曾经被中国家庭收养、保护的年轻女孩，现在已经耄耋之年，严歌苓请了两个翻译帮忙收集她们这些老人身上的故事，但她获得的多鹤仍然缺乏肉身。中途她查资料发现，有200个女孩死于冲绳之战，其中很多人是自杀，为了了解日本女孩的内心，她特地去了一趟冲绳，在纪念馆看着那些稚嫩的定格的容颜潸然泪下，她的多鹤从此具了形貌。但她仍没有满足，之后又去了一趟去过的乡村，在老人们的起居行止中，看到城市里看不到的日本人的仪态与精神。"我就觉得，好了，我找到这种感觉了。艺术创作不是依靠时间，或是你去采访多久，体验多久所能决定的，而是你有没有这样感性的认识，一刹那间，我获得了感觉，她活了。"

三十年的每一天她都在书桌前工作六小时

不管学术研讨会或新闻发布会，严歌苓总能收获一色赞美，比如美貌，比如天才，但问她什么是自己最在意的品质，她说："聪明人使笨功夫。"

从军之前她没那么多自觉。虽然出身艺术家庭，4岁识字，但小时候没有人看好严歌苓的作家才能：小姑娘能唱能跳是真的，让她笃笃定定坐下来写文章还有点难。

12岁时为了让哥哥留在城市，她报考了部队文工团，成了一名文艺兵。虽然因为父亲被打倒，她的关系转入一直有困难。但之所以有现在这个严于律己的作家严歌苓，确实归因于当时军队的教养，如她身上很多的规矩方圆，都可以在那段军旅生涯找到印记，即便随意站着等人，她的站姿也是一丝不苟的笔直。

在那段时间，她还接触到了一个人生榜样：拜伦。当时严歌苓在一处仓库中，发现了很多发霉的书籍，她将书绑在腿上，利用军裤的宽大掩护回了宿舍。为了掩人耳目，她还将书封撕掉，改头换面为毛选的皮套。这些书中有一本《拜伦传》。拜伦虽跛足，但以形貌昳丽、体型修长著称。他少年时曾是一个"胖瘸子"——这话还是他暗恋的女生说的——为此拜伦在他的短暂一生中，再也没有吃饱过，并且在燃脂运动及营养不良中，成功地使自己成了一个瘦子。

严歌苓深为拜伦的意志所鼓舞。三十年来这名作家坚持每天坐在书桌前工作六小时，自称内在的自律即源自于拜伦；但对当时的少女严歌苓来说，这本书还提供另一个意义：作为舞蹈演员，她并不是先天条件最出色的，但她可以成为最刻苦的那一个：每天早上4点半起床练功，脚搁在最高的窗棂上，两腿撕成一条线，哪怕写信也保持这个姿势。在小说《灰舞鞋》中，成年的严歌苓描述了当时的自己："看上去被绑在一个无形的刑具上。"

但造化弄人的是，即便她那么努力想跳好舞，却没有一个角色会剩给她了。15岁时疯狂爱上一个长她7岁的排长，6个月里严歌苓给他写了160封情书，但即便双方并无逾矩之处，这种恋情在军队里仍属作风问题。男方交出了情书，换来的是严歌苓无尽地被谈话、写检讨，她所有的证词都不被相信。她看不到这件事情有解决的可能，那曾是她一辈子最想死的时候。

她的祖父严恩春就是自杀的。严恩春是留美博士，曾翻译过哈代的《苔丝》，后回国任教，目睹国民党政府贪腐无能而痛苦。1937年日本进攻南京，他深感救国无路而自杀。严歌苓一直被描述成家里最像祖父的人：孤高、敏感、悟性高、读书用功，并且都失眠。

但祖父不具备她的童年经验：1969年萧马被清理出了阶级队伍，严歌苓成了文联大院里拖鞋大队的一员。这群反革命大文人的千金们无师自通地掌握了一些生存诀窍：撒谎、说脏话、将家里还能卖的东西变卖、用最快的速度将可吃的东西送下肚，尽管她们争吵、内斗，然而挤挤挨挨地活了下来。

所以严歌苓活了下来。没有角色可以演出，她也可以编舞，在可以离开的时候，她转去做记者、再顺势成了作家严歌苓。

她与祖父或许禀赋气质相仿，但祖父心之所系为救国，而在她，则愿意成就自己。相比祖父她更具韧性，如在她的每个小说女主角身上体现的那样。她写过一篇散文，写自己初移民的那些日子，文章叫作《呆下来，活下去》，"这里就是一分钱一分货的生活"，她这么想过，且感激着。

对话：我以为张艺谋会把《归来》拍成重大作品

腾讯娱乐：张导曾经说过，他要是晚找您三天，您就把《陆犯焉识》的改编给别人了，这是什么情况？

严歌苓：其实挺逗的，不是他晚找我三天，他要晚找我一个小时，就可能会考虑了，因为两封信是同时到的，我接到这两封 E-mail 的时候当时特别吃惊，我说这个东西怎么拍啊？

腾讯娱乐：您在写小说的时候就是把它写成抗拍性的小说，是吗？

严歌苓：当时肯定不会这样想，但是我写完了以后就觉得，哈，这个你们没法拍。当然他们能拍，我很高兴。不管怎么样，他对我的小说，对我的文学，特别是这一类的文学起到很大的推广作用。非常感谢张艺谋拍了这样一部很好的片子，所以我的小说绝对是有把很多观众变成我的读者的可能性的。

腾讯娱乐：那张导的这个胜出，是他的信里有什么感动您的地方吗？或者您觉得您信任他吗？

严歌苓：因为他还是做人比较厚道吧。从他出的价钱到什么，他都是跟我打交道的这么多的导演当中最优厚的。我前一部作品和他合作，后一部也有合作的可能。我觉得，跟一个导演建立这样较为长久的合作还是有一定好处的。

腾讯娱乐：他会是合作里面优先级比较高的导演吗？这样的导演还有其他人吗？或者您判断这个导演是否可以合作，有没有一些什么标准？

严歌苓：我判断我们这个时代的人，还是要我们这个时代讲故事的人来讲，我是写了这个时代的故事，假如是一个非常年轻的导演，他可能没有这样的感动，他的感动点会不会跟我比较靠近？所以像张艺谋这样的导演的阅历应该是最合适的，而且他也是拍这种史实性的作品……因为当时他拿去改的时候，我并不知道他，他只是攫取了后面的那一点，我以为他要拍出整个作品。他在前面拍过很多，比如像《活着》这样的作品，所以我觉得他应该能掌控得很好。

腾讯娱乐：但是只拍了后面的部分，您会考虑这个小说再次的改编吗？

严歌苓：其实不是由我考虑的。我作为一个小说家来说，我只是考虑写更好的小说出来，怎么去寻求突破。比如这篇小说我也是很难在这么长的作品里，用这么大的篇幅来写一个男性，以他的主观心理世界为主线的作品，这对我来说也是一种挑战。

下面一个作品，我希望还是要有突破和挑战的地方。我所有的心思都花在这儿了。我希望自己能把所有的潜能，在小说创作上的潜能体现出来，其他都不是我考虑的。

腾讯娱乐：我还想问一下严老师，我记得当时周晓峰老师说您在《第九个寡妇》里面就比较看好巩俐的演出，但是后来巩俐演了一个跟王葡萄性格完全不一样的冯婉瑜，您原先看好她可以出演一个王葡萄，那现在您怎么看待她这样一个冯婉瑜的演出，是不是有一些和您的判断不一致的地方？

严歌苓：我觉得巩俐是一个天才的演员，一个天才的演员可以演各种各样的角色，因为她通过她自身的塑造，能够创作出来一个她自己的王葡萄，或者她自己的一个冯婉瑜。她已经让观众甚至是原作者信服她了，这就是冯婉瑜。实际上冯婉瑜是那种江南的娟秀的比较单薄的女人，从形象上来说，巩俐和她的差距很远，是个北方的冯婉瑜。但不管怎么样，她把冯婉瑜这个年龄段演得我觉得是到极致了，我没话好讲，因为她创作的种种的角色，都演得非常好。我觉得她是一个可能性最大的演员。

腾讯娱乐：您怎么看小宋佳这个演员呢？您之前关注过国内的年轻一代的演员吗？因为您说您的故事还希望年纪大一点的导演来呈现，那您对于这种年轻一点的演员如何来体现您的人物，有什么想法吗？

严歌苓：对国内的电视剧演员，应该说我不是很熟悉，但是小宋佳，恰恰看过她演的《风车》《悬崖》，和张嘉译他们一起演的，在国内能够把这种呼声传到国外去，我们能听到，我们觉得不看不行，非得看看。特别是我看了她演的《萧红》，我认为演得非常非常好，尽管我这个大概只看了三四集，还是都没讲最后剪出来的东西，但是我觉得她的表演是非常好的，我是完全放心的。

腾讯娱乐：您有没有考虑过您自己要担任一部作品的全权负责的改编？就是有没有一部作品您不愿意把它交出去，或者您交出去了，您想要全权负责的？

严歌苓：我没有这种野心，本来我的小说被拍成电影已经是我的一种意外的收获了，我觉得我已经很感激这些电影工作者了。因为他们的工作，所以我的读者群在一年年地扩大。如果我的读者群扩大，他们终究会从小说中来理解我的创作，我觉得这对文学来说，对我的文学来说，是一种福音。其他的我不能考虑太多，在这方面，我也没有控制欲，没有霸气。

腾讯娱乐：那《四十九日·祭》的这个合作有没有一些更打动您的地方，或者是您觉得能够胜出的地方？

严歌苓：我觉得在我写《四十九日·祭》这个电视剧剧本的时候，我已经把整个南京大屠杀的所有的资料，我能够找到的，已经看得非常多了。这种丰富的资料研究为我写电视剧提供了一个更好、更高的基础。我在写的时候，就像有一盘棋一样的，很清楚这个城市当中在经历什么样的情况，所以脑子里面有画面，写的时候，就觉得，只有这样写，不仅仅是写一个小教堂里的故事，你可以把教堂内外和屠杀发生前后，所有的东西都可以放进去，我不想将我的储备浪费一点一滴。

江志强：中国电影缺好剧本好导演，最不缺钱

文 / 喻德术　编辑 / 萝卜　摄影 / 小钢

开始采访了年过六十的江志强对着镜头做自我介绍：大家好，我是《黄飞鸿》（新版）的监制——江志强。他其实还有很多听起来比"监制"唬人的头衔：制片人，公司总裁，李安、张艺谋的知己，刘德华、李连杰的好友，汤唯的老板……

你或许对"江志强"这个名字感到陌生，但你对他投资发行的电影一定不陌生——《卧虎藏龙》《色·戒》《英雄》《十面埋伏》《霍元甲》……还有那部一口气拿下九座金像奖的《寒战》。在国际上，"江志强"三个字几乎等同于华语电影的品质保证，他同时也受到海外片商的青睐，不仅是《木乃伊3》的中方制片人，还引进《贫民窟的百万富翁》等电影进入香港。

业内都习惯称他一声"江老板"，媒体有时候则把他奉为"教父"。老板江志强很少西装革履，格子衬衣永远扎在皮带里，外套似乎永远是那件深色夹克，坐飞机只坐经济舱。各种大片的新闻发布会，作为投资方老板或制片人，他往往不会坐上嘉宾席或主席台，而是背着一个双肩包在台下来回溜达，矮小、清瘦，经常从记者眼前一闪而过，一不小心还会以为他是个粉丝。

也很少见到江志强牵美女走红地毯、和演员搞饭局酒局，原因只有一个：没有时间——除了吃饭和睡觉，他几乎不做任何电影以外的事。年迈的母亲问他："你到底什么时候退休啊？"江志强说："钱赔完了就退。"

投资其实是最简单的事情

2012 年，警匪片《寒战》上映，导演陆剑青和梁乐民回忆：项目立项批文那天，投资人江志强比他们还兴奋："老板说，我们现在要做，而且还会做大。我去请演员。"

最终，江志强给《寒战》请来了梁家辉和郭富城，为第一次做导演的陆、梁二人"保驾护航"。"投资其实是最简单的事情，签支票就可以了。我觉得我付出精力更多的是帮他们请到这些好演员。"江志强在后来的采访里说。该片当年刷新了香港警匪片的最高票房纪录。

"梁家辉 + 郭富城 + 刘德华客串"这类阵容，在江志强监制的新导演作品中并不少见。2010 年，江志强用自己和李连杰的交情，找到他来主演薛晓路的导演处女作《海洋天堂》。虽然李连杰最后没有收片酬，但这部文艺片的百万投资过半打了水漂。两年后，江志强再度投资薛晓路，还找来汤唯演女主角，最终《北京爱上西雅图》用数千万投资在国内获得了 5 亿多票房，迅速让薛晓路从新人成长为一线导演，江志强公司也大赚了一笔。

2013 年，编剧出身的袁锦麟要导《风暴》，江志强不但找来刘德华主演，还"忽悠"他以片酬入股的方式共同投资。影片上映之前，江志强一度笑言"卖片全靠刘德华"，而刘德华也果真好使，《风暴》内地票房突破 3 亿，刷新了《寒战》的纪录。

"很多人问我：怎么挑选合作的新导演？我不是开教堂的，我就是一个生意人。我看人，只凭两点，一是人品，二是努力。有人拿着两页纸就来问我，老板什么时候可以帮我拍，我说你是不是写成一个 90 页的剧本再来谈呢？《寒战》那两位导演用了 5 年时间准备剧本。他们的成功百分百是自己赚来的，不是我给的。"

几乎是每年一部的节奏，今年开拍的《黄飞鸿之英雄有梦》，导演周显扬仍然是青年导演——两人之前曾合作过《大追捕》，当时的主角是任达华和张家辉。《黄飞鸿》主演彭于晏虽已是一线明星，但并没有武术底子，被太多人拿来与李连杰作比较。但江志强却十分看好这招"险棋"，甚至觉得他有望接替李连杰、甄子丹等人成为下一代功夫巨星。"他肯花一整年的工夫去练武、为一个角色做准备。"

一连串被他扶植过的导演、新人数过来，江志强摆摆手："他们的成功百分之九十五是他们自己的努力，我只是那百分之五。其实我是希望把中国电影做好，今天中国的市场这么大，还有潜力做得更好。"

我是老板但汤唯不是员工，关系很特殊

事实上，除了新导演，对做艺人经纪完全没兴趣的江志强还曾扶植不少新演员，汤唯就是其中之一。

2006年，江志强和李安合作《色·戒》选中汤唯，影片掀起极大反响，却因为尺度过大导致汤唯在内地被禁。这个时候江志强把汤唯签到了自己公司旗下，他曾表示之所以这么做是"受朋友之托"，但这个"朋友"是谁江志强从来没有说过，也许是李安，也许就是他自己。很长一段时期内，江志强的公司就只有汤唯一个艺人。后来安乐影业只再签了一个桂纶镁，成为艺人经纪公司中的"一朵奇葩"。

被禁之后，汤唯通过香港优才计划获得港籍，并被送到英国留学，后来出演港片《月满轩尼诗》正式复出，然后出演韩国电影《晚秋》获封影后——该片导演金泰勇现在成了汤唯的丈夫，再后来出演《武侠》和《北京遇上西雅图》，成功回到一线女星行列。有香港资深业内人士爆料称，汤唯的复出之路都是江志强一手策划的（恋情除外），为的是弥补当年《色·戒》给她带去的创伤。

但江志强否认了"一手策划"这个说法："没有没有，汤唯是很有主见、很聪明的一个人。她去英国是想提高演技，因为拍完《色·戒》以后，她对演技有想法，想提高一点，她去英国念英文、念演戏，因为她想做一个更好的演员，她本来是学导演的。"

那么到底有没有为汤唯的复出暗中出力？江志强坦言当然也有："张艺谋拍《金陵十三钗》，我说哎，汤唯你能用吗？张艺谋说他想找新人，没有办法解决。事实就是这样，你说的那些东西（一手策划）可能是人家随便写的，不是事实。"

江志强承认他和汤唯的关系极为特殊："她是我们带出来的，跟汤唯的关系是很密切，这是真的。我跟她真的是像（父亲）女儿一样的关系，因为是看着她长大的。这个关系也不是说我们的员工才这样，我不是这么看待这个事情的。我觉得拍电影跟做艺人（经纪）是很矛盾的，但是汤唯跟我的关系是很特殊的一个关系，因为她是一个很好的演员，就是我看着她长大而已。"

以前我们想把电影卖出去，现在他们想进来

有人说，江志强对扶植新人乐此不疲，很大程度上是因为好友李安的一番话。当时李安和他说："我拍了这么多年电影，很多老板和制片人我早都忘记了，但是我永远会记得帮我拍第一部

电影的老板。"

把江志强的事业推上顶峰的，也正是与李安的合作。李安拍摄《卧虎藏龙》时，资金筹备极其困难，没有华人愿意投这么大一笔钱来拍摄一部武侠片。当《卧虎藏龙》的全体演职人员已经在新疆准备就绪时，台湾投资方因为投资股票失利而临时撤资，江志强随后出资填补了资金空白，并担任该片的制片人。他还用了一年时间，游说好莱坞提前支付1500万美元预算的一半资金。

"当时，就觉得李安是个很好的朋友，就把自己的钱拿出来了，没想太多。"

随后，利用自己的人脉和发行资源，2000年，江志强把《卧虎藏龙》发行到了全球各地，其中北美票房超过1亿美金，成为美国市场上第一部票房超过1亿美元的"外语片"；同时其全球票房接近2.3亿美元，当时美元对人民币的汇率约为1∶8.28，换算下来约为19亿人民币。直到今天，仍然没有任何一部华语片的全球票房能超过这个成绩。2001年，《卧虎藏龙》还获得了奥斯卡最佳外语片大奖，这个奖至今还没有任何一部内地的华语片能够拿到。

2004年，江志强又把张艺谋的《英雄》发行到美国——该片于2002年在国内上映——竟然一举登上北美票房排行榜榜首，后来再也没有任何一部内地电影能重登榜首。最终，《英雄》的全球票房超过1.77亿美元，按照当时的汇率接近15亿人民币，同样笑傲群雄。

再后来，江志强又把《十面埋伏》《霍元甲》等国产片发行到全球各地，其中有张艺谋所有影片的海外发行，包括最新的《归来》。有人开玩笑地说："有人的地方就有华语电影，有华语电影的地方就有江志强。"

也正因为这些，安乐影业拿下了美国环球公司在内地的发行代理权。不过江志强表示，与香港不同，安乐只是环球公司在内地的"发行顾问代理"，因为内地只有中影一家公司具有引进好莱坞大片的权力，发行权则只有中影和华夏两家公司拥有。而且这种合作关系的稳固性，江志强并不看好，"它（环球公司）不会永远完全交给我，因为中国的市场越来越大，我相信美国公司都希望在中国建立自己的基地，发行电影"。

跟美国人学的：这圈子不讲关系只讲生意

很多人都好奇，华语电影界能人那么多，为什么老外单单就信江志强这个牌子？有更多人认为，江志强同这些海外片商建立了极好的"私交"，他们买江志强的电影是"看他的面子"。

江志强搓了搓他那斑驳得如同老树皮的手，笑了："我跟美国人这么多年，我跟他们学的，他们是不讲关系的，讲实力。为什么我今天一说拍《黄飞鸿》他们就跑来了呢？是因为环球公司通过《霍元甲》赚了5000万美金，整整4亿人民币，所以今天一听说我又要拍功夫片，他们立刻就跑来。不是好朋友的关系，我拍一个时装片，他会说'对不起，我没兴趣'；所以跟外国人打交道，是生意，不是说好关系、坏关系，一点都不是。"

而江志强的"实力"，则体现在他永远有精准的眼光，永远会跟潮流"对着干"：别人都在拍什么，他绝对不会跟着拍；别人都不拍什么，他反而会跑去拍。"最典型的就是《卧虎藏龙》，当年100个人劝我不要拍，说古装片、武侠片死定了，但我和李安当时就特别坚决，因为观众讨厌的不是某个类型，观众讨厌的是烂片。"

《卧虎藏龙》和《英雄》之后，中国的古装动作大片时代开启，《无极》《夜宴》等相继问世，这个时候，江志强又开始想别的路子："2006年为什么要拍《霍元甲》呢，因为我觉得这个题材很久没人拍了。我当时跟李连杰讲，你有没有这个能力、有没有这个心情，他说有，于是他花了很大的努力、重新锻炼身体来演霍元甲；我跟他说，只要我们很努力地做好这个事情，一定能卖。"事实证明江志强的判断是对的，《霍元甲》不但国内票房过亿，在北美市场上也卖了好几千万美元，让美国发行方环球公司赚得盆满钵满。

在江志强看来，正是因为有了《霍元甲》的成功，后来才出现了《叶问》系列："功夫片的时代来了，这个我很高兴，但后来因为太多这类影片了——各种《叶问》一度甚嚣尘上，有些人烂拍了，那就没办法了。"这个时候，江志强又调转方向，开始拍警匪动作片，于2012年和2013年连续推出《寒战》和《风暴》两部电影，内地票房分别超过2亿和3亿，创下香港警匪片最高票房纪录。

眼看警匪动作片大热起来，江志强又跑了，2014年开始弄功夫片《黄飞鸿之英雄有梦》，理由是："这些年我每到一个国家，当地的电影人都会问我'你下一个功夫片是什么、中国下一个功夫巨星是谁'，所以我觉得是时候了。"

果不其然，江志强一宣布要拍《黄飞鸿》，美国环球公司就兴奋得不行，跑来"求合作"：《黄飞鸿》在北京举行发布会当天，环球公司高层亲自出席并发表长篇讲话。除了美国，全球其他国家或地区的片商也都对《黄飞鸿》"虎视眈眈"，希望能与江志强合作再赚一把。

中国电影现在最不缺的就是钱

戏剧性的是，江志强在30岁之前没有碰过电影。

江志强父亲江祖贻原本是香港旺角一家影院的经理，后来"自己单干"成立安乐影片公司

（内地分部叫"安乐影业"），成为名噪一时的电影发行人。由于占尽"地利"，江志强从小就与哥哥和姐姐往父亲的影院和公司里钻，除了看电影，还看到父亲在做的一些事情，比如把全世界的电影买到香港来放映。

13岁时，父亲去丹麦买片，江志强也跟着去了，并看了他人生中的第一部情色艺术片——这或许为他后来投拍《色·戒》埋下了种子："当时我还是个孩子，影院不让进，但我父亲说'我是来买片的，不能把小孩丢在外面'，所以稀里糊涂就看了。"

但年轻时的江志强对电影并没有兴趣，学习也不大好。成年之后，算得上"富二代"的他整天无所事事："我30岁以前不知道自己要做什么，最沉迷的就是赌马和打麻将，但赌钱哪会赢的啊？"

30岁之后，江志强在别无选择的情况下进入了父亲的电影公司工作，没想到一干竟然入了迷。除了电影，江志强似乎再没有其他爱好。新闻上，从来不见他与女明星的绯闻；他甚至几乎不跟演员和圈里人凑饭局、酒局，博纳影业董事长于冬就说："这辈子谁要能吃一顿江志强请的饭，算是天大的面子，因为他从来不请人吃饭，永远请人喝咖啡谈事儿，谈完事儿之后拜拜。不要在饭点约江先生，这就是前辈，这就是老师。"

为什么不和演员吃饭——反正要吃饭嘛？江志强的答复是"身体原因"和"没有时间"："我不能喝酒，因为以前病得很厉害的时候，医生说我不能喝酒。"

"为什么要跟演员吃饭呢？没有必要啊。我跟所有人都是好朋友，有东西可以直接跟他们谈，因为我相信现在中国电影最缺乏的是好剧本、好导演，你找到好剧本、好导演，就一定会有好演员来找你。所以我就花大量时间去培养新导演，选编剧，没有时间干别的。"江志强接着说，"中国电影唯一不缺乏的就是钱。"

那不工作的时候，江志强在干吗？答案是：吃饭和睡觉。

"因为人的兴趣就是这样，我一到晚上，没什么事就提早吃饭，然后我就去看电影了。"江志强身边的工作人员介绍，他每周都会去影院两三次，和观众坐在一起看片，这样做的主要目的是为了现场观察观众反应，看他们到底喜欢什么、不喜欢什么。

现在不是以前了，你骗观众就一定赔钱

安乐几十年间将全世界的电影发行到香港或内地，也把华语电影推广到全世界各个角落。在国际市场上，江志强"不讲关系只讲生意"，叱咤风云；而在内地，由于电影产业和市场还极不成熟，江志强的发行工作做得也并不容易，虽然他本人不喝酒，但手底下的人为了卖片却难免应

酬——曾经很长一段时间，中国电影的发行都是靠在酒桌上解决。

走到今天，当中国已成为全球第二大电影市场的时候，在酒桌上做发行的时代已经过去。"现在我觉得发行不是一个最重要的环节，宣传才是最重要的环节，怎么把一个电影推广出去才是关键。现在不用喝酒了，你请这些影院的老板、经理喝酒，他们都不会来，没有时间跟你去。因为我们现在面对的不是影院经理，也不是院线老板，而是观众。你看《失恋33天》第一天只有5%的排片，但是当天晚上就变成30%了。你不跟他们喝酒，就算影院经理讨厌你也没关系，只要你的影片有人看他就会排。现在观众才是真正的老板，因为他要掏70块钱买票，他们喜欢看什么、不喜欢看什么很重要，这个不是靠喝酒能得来的。"

说到观众常常大骂国产片烂，江志强从制作人的角度表示理解并支持："基本上观众就是讨厌烂片嘛。现在跟以前不一样，以前刚刚有电影开发出来，电影院都很吃香，大家都很喜欢去影院享受一下；现在时代已经变了，观众去影院是为了享受电影，所以你给他一个烂片、浪费他两个小时，他当然要骂人。"他觉得观众只会越来越苛刻，观众的年纪也越来越低，"所以将来对我们制片人的要求会越来越严格，你不能骗观众，烂片就是烂片，一定会赔钱的。"

但江志强有一项固定娱乐活动却是去电影院看烂片。"作为一个电影制作者，你必须要不断地看片，尤其要看烂片。因为只有你亲眼看过之后才会知道它到底烂在哪里，然后自己做的时候避免出现同样的情况。"

没有企业化中国电影没有未来

曾经有杂志在报道江志强时，用了个标题叫"江志强的电影王国"。"整个安乐其实只有50个人，怎么会是电影王国呢？"江志强自我调侃道。

近年中国电影市场高速发展，华谊兄弟、博纳影业等专业影视公司纷纷上市，在资本市场上大展拳脚风光无限，但江志强的安乐公司却一直维持在50人左右的规模，既不扩容也不上市，让不少看好他的业内人士干着急。

江志强有他的想法："我很认同中国电影应该要企业化、应该上市、应该规范，我非常同意，没有这个中国电影以后没有前途。但我不懂上市的事情，对这个东西也没有太大兴趣。我就喜欢拍电影，你让我每天跟这些银行家吃饭，我觉得很累……"

"不懂"，只是一个比较表面的说法，更深层的原因是江志强想要获得更大的投资自由："如果公司上市了，我就得对投资人负责，那我遇到自己特别喜欢、但又明知不会赚钱的项目怎办，投还是不投？所以我觉得现在这个规模正好，我可以做自己喜欢做的事情，那些更大的事情（比如上市）让别人去做就好了。"

那么什么是江志强"喜欢的事情"——电影本身，这其中最重要的两件事就是做艺术电影和艺术院线。

几十来年，江志强以在电影投资方面眼光精准著称，但也有投资失败的案例，比如《苏乞儿》和《海洋天堂》。这两个电影，一个是想尝试 3D 技术，一个艺术性比较强，结果都血本无归。但在江志强看来这都是值得的，甚至是必须的："对一个电影公司来讲，商业和票房很重要，只有赚到了钱才能继续拍下去，但艺术电影也是很重要的，它是给观众一些呼吸和营养的东西，我觉得这是一个正能量。"

也正因为喜欢艺术电影，拥有香港影院半壁江山的江志强敢于投建艺术影院，北京唯一一个艺术影院东直门 MOMA 百老汇电影中心就是他的，由于坚持放映艺术片，观众群体有限，影院开业好多年了至今仍在亏钱，但江志强不会将其关闭："因为我个人喜欢，北京这么大的地方，奥运会都办过了，说自己是顶级城市，怎么可能没有艺术影院呢？你去美国、伦敦这些地方，很小的地方都有艺术影院，北京怎么可能没有呢？"

其实业界都知道，在电影预算方面江志强是一个极其抠门的老板，《风暴》主演兼投资人刘德华就曾笑言向江志强要钱比要命还难，他绝对不会多花一分钱。

"对于我来说，目光要宏观一点，长远一点，电影应该是艺术与商业兼顾，我的整个企业可以经营下去，一个赚一个赔，有点赚就可以了。"

"其实您是在把拍商业片赚来的钱拿来满足自己的艺术梦想？"面对记者这样的总结，江志强乐了："对对对，可以这么说。我妈妈就问我，到底你什么时候退休啊？我说钱赔完就退了。"

把钱赔光暂时看来不大可能，到底有没有退休的打算？江志强说："没想过退休，身体上想过，但精神上没有。除非死掉，否则我会一直做下去（电影），不会停止。"

采访手记

专访江志强的时候，记者又看到了他的标志性双肩包：因为上台讲话，他的包静静地躺在角落处。

十九年来，这个包似乎从来没有换过，永远半瘪不瘪、如影随形地趴在他背上，难道里面有什么秘密？

江志强再度笑了，笑得有几分顽皮："方便嘛，为争取时间。为什么我住的地方永远都离机场很近？因为我没有耐心住在城里、花几个小时去机场。我把所有财富（指证件、银行卡、合同等）往这个包里一放，说走就走，效率很高。"

至于作为中国电影界最有影响力的大佬之一，为什么要如此低调？江志强反问："我低调吗？没有啊！"随即话题一转："不是低调，一点都不低调；你看我经常做访问，但我做访问都是为了宣传电影，我永远都不希望宣传自己，因为我们是幕后的人。"

他最后叮嘱记者："多写一些关于《黄飞鸿》电影的（内容）啊。"

王中磊：从三部亏两部的黑历史到百年老店的野心

文 / 喻德术　编辑 / 萝卜　摄影 / 薛建宇

　　一个有趣的假设，如果你是李冰冰、姚晨、黄晓明、Angelababy、冯绍峰、廖凡等人的老板，你想怎样装扮你的脸？

　　答案肯定会很丰富，比如一场说走就走的环球旅行、拥有一架私人飞机、向抛弃你的前女友示威，或者夜夜当新郎过一段时间……

　　作为国内最大娱乐影视企业的老总，44岁的王中磊选择了另外一种生活：作为公司总裁，只要人在北京，他每天都会去公司和员工一起上下班、结婚20来年与结发妻子一路同行，如今儿女双全、本来已经移民海外现在又正在想办法"移回来"……像任何一个低调传统充满斗志的大老板。

　　再换个定语，王中磊可能是娱乐圈少有的"像艺人的老板"。他曝光率极高——各种电影节、电视节或颁奖典礼，华谊每年成百上千个娱乐活动，有很大一部分都会出席并接受采访。出现在公众场合的王中磊，一般都会穿一件颇具个性的衬衫或T恤，外套一件西服，裤腿很瘦，有时候还会露出脚踝，这让他颜色丰富的鞋和袜子看起来特别扎眼……像任何一位勤劳的男明星。

　　他谈起了小时候的成长环境、创业的失败艰辛、美国梦碎的彷徨、哥哥王中军的提携和帮助，还有对于他来说最重要的——华谊兄弟"百年大计"。正是这一切，让王中磊选择了成为现在的自己。

任何一个成功的人，也许都远没有你和我想象的那么简单。

父亲一脚踹出了家里第一个大学生
毕业后的工作"还挺牛的"

三十多年前一个炎炎夏日午后，少年王中磊拿了一个竹竿，一根绳子，独自上池塘钓了十几只青蛙，准备给家里改善生活。"我那时候可以独立地在下雨之后拿一个小筐，拿一小铲子，弄好几筐蘑菇回来。"

王中磊其实是"大院儿"里的小孩。

"我跟他，一个大院出来的。"有人说这似乎是很多京籍成功人士的口头禅，大院是社交圈，是一种身份象征。王中磊出生在北京一个军人家庭，家里五个男人，父亲和三个哥哥都是军人，这让他从小就不能"随便来"。

有关"军队大院"的生活，姜文曾在《阳光灿烂的日子》里有过真切描述：因为父亲要"从军"极少陪在身边，导致"熊孩子"到处都是，什么调皮捣蛋的事情都干得出来。但王中磊是个例外："我小时候还是比较规矩的，中军就比较调皮。"调皮自然会付出调皮的代价："我就亲眼看见中军被父亲暴打过几次。"回忆起这个细节，王中磊忍不住对着记者哈哈大笑，好像又回到了童年的时光："这就叫杀鸡儆猴，看见中军被暴打，我就会变得乖一点，我这辈子只被父亲打过一次。"为什么被打？其实也没犯什么天大的错误，就是有一次吃饭时和母亲顶嘴："可能当时说得越来越不像话，父亲就横起一脚，直接把我从桌上踢到了地上，踹飞了。"

这次挨打让王中磊长了记性，从此以后再不"犯事"，大院里一帮"熊孩子"去外面疯玩儿的时候，他却干起了"正事儿"——喏，就是那些青蛙和蘑菇。

王中磊家中兄弟四人，他排行老幺——比王中军刚好小10岁。因为父亲是军人，三个哥哥都当了兵，王中军更是初中毕业后就当了兵。身边都是"制服男"，王中磊那时候也想过要去当兵，但父母却另有打算："基本到上初、高中的时候，已经被父母严格地告诉说，你最后的选择才是当兵，除非你没考上大学；如果考上就可以不用当兵了，因为家里边五个男人已经有四个是军人了。"

高考的时候，王中磊考上了北京青年政治学院——在外地学生看来貌似高大上但并不在他的理想学校名单中，不过鉴于父母的强烈期望，他还是去念了大学，从而成了"王家"的第一个大学生。

大学期间，王中磊读的是文秘专业，后来才念了经济管理，1990 年毕业后被分配到物资部管轴承。

首次创业"一阵风就吹垮了"
当时就跑去结婚了，"媳妇也没工作"

不仅是铁饭碗，还是能盛满饭的碗，在物资部待得舒服的王中磊乐不思蜀，越来越安于现状，觉得生活没了什么冲劲："因为那个时候在机关里都是大爷，下到下边人家都说'北京来人了'，好吃好喝地伺候，每天其实也没什么大事。"

这时候，哥哥王中军从美国写信回来，告诉他"应该选择一下自己的职业方向"，王中磊开始琢磨"是不是该搞点别的什么事"，恰好 1992—1993 年，中国的经济开始腾飞，小时候就懂得抓青蛙改善生活的王中磊也加入其中。20 年后再回忆起当时的情形，王中磊觉得好笑："那个时候全民从商，我那时候什么汽车、什么盘条都倒，也成立了自己的商贸公司，等于脚踏两只船，一边在单位挂职，外面还有自己的生意。"

有文章写道：大院子弟的青春期，在冷战格局和"文革"的渲染中。他们以为可以去战场上大练身手，建功立业，接过父辈的班，指点江山，挥斥方遒。迅速到来的改革开放，打破了他们这种战争英雄梦，却让他们最早看到了外面世界和物质世界的诱惑。

王中磊的事业起初有所起色，但天有不测风云，不久他的一个合伙人就出了问题："他跟他爸爸好像犯了经济罪，都进了监狱，我很小的公司就这样就被吹垮了。"公司一垮，所有的资金都被检察院查封，人生失意。这个时候，王中磊却出乎意料地想到了结婚，尽管他当时才 24 岁："我的几个哥哥都是 20 多岁就结了婚，我觉得自己也应该 20 多岁结婚。"

于是，王中磊给倾心于他的重庆姑娘王晓蓉写了封信，信中说："我们结婚吧。"女方辞了工作，只身一人来到北京。王中磊再一次出乎意料地把物资部的工作辞了，两个"失业青年"就这样结了婚。在一无所有时把自己交给了对方。

这段婚姻在当时是被唱衰的，但陷在回忆中的王中磊自己却觉得幸福："因为都没有工作，我俩过了八个月的蜜月。"

美国梦碎和王中军联手搞出了"华谊兄弟"
最初就负责行政工作

在王中磊的生命中，哥哥王中军像是一盏灯，在人生的各个路口指引着他的方向。

王中磊大学毕业时，最大的梦想其实并不是找一份稳定的工作，而是想去美国，去找在那里留学的王中军，没想到后者写信告诉他："你还是别来了，我现在还在餐馆送饭呢，并不是你想象的那种状态。"

王中军又来了一封信，建议他去国家单位："你去了以后，不管进入哪个部门，都在这套体系内，你是管理者，在北京还占据天时、地利、人和。"因为当时改革开放虽然早已开始，但计划经济的力量依然庞大，王中军认为去国家单位"能长见识"。正是因为听从了哥哥的建议，王中磊去了物资部。

后来王中磊开始创业，尽管最后失败了但还是积累了一笔钱。

1994年，王中军从美国带着送外卖赚来的10万美元回国，号召几个兄弟一起创业，王中磊精打细算才拿出10万人民币——除了一辆夏利车，这几乎是他当时的全部家当，他于是也成为其他三个兄弟中唯一出资的；当然，这个10万到现在变成了数亿资产。

不过，王中磊刚开始只是"出资"，并没有"出力"，度完八个月蜜月后，王中军对他说："你差不多了，结婚这么长时间，咱们公司现在干得也不错，你还是开始工作吧。进公司吧。"

王中磊于是正式进入公司，最初负责的只是行政工作："其实就是补足中军的弱项，因为中军不爱管特别具体的非业务方面的事情，一个合伙人再加上自己的亲兄弟负责一些行政、财务、人事，可能他觉得比较信得过。"

直到今天，已经上市的华谊兄弟仍然沿袭着当初的分工，王中军是董事长，不管具体事务，只负责管理大概10来个高管，平均下来一个月还去不了一次公司。王中磊是总裁，全权打理所有事务。

兄弟初涉水，投三部电影亏了两部
其间抵押个人财产无数次，"签了很多字"

华谊成立之初，主营业务其实并不是影视，而是广告。那时，中国的各大银行并没有统一的标识和宣传手册，王中军利用自己在美国看到的经验，然后四处托人让中国的各大银行变成了自己的客户，短短几年就赚了好几千万，为公司积累了第一桶金。

王中磊自己总结，华谊兄弟涉足影视是一次意外，当时王中军为了帮朋友的忙投资了第一部电视剧《心理诊所》，没想到赚了一大笔。于是1995年，华谊兄弟一口气投资了三部电影，分别是姜文的《鬼子来了》、陈凯歌的《荆轲刺秦王》和冯小刚的《没完没了》。

但现实往往是残酷的，这三部电影，姜文的《鬼子来了》因为审查和违规参赛的原因被禁映，血本无归。陈凯歌的《荆轲刺秦王》遭遇票房滑铁卢，也血本无归。只有冯小刚的《没完没了》小赚了一笔。

由于资金比较雄厚，华谊兄弟顶住了压力。不仅如此，当年的打击还让华谊兄弟因祸得福："因为这三个片子，刚好碰到了电影可能会出现的三种状况。比如《鬼子来了》，我们当时完全不知道电影还会有审查的风险。《荆轲刺秦王》的投资很大，好几千万，而且有好几个国家的投资，但可能因为它的创意，或者它的拍摄手法都是非常的超前，也非常的戏剧化，带有很强烈的导演个人风格，现在我们看起来它和市场之间是有一些矛盾的。这是第二种情况。"

而冯小刚的《没完没了》，当时是他个人最不喜欢的一部电影："因为它在商业上完全是顺着来，观众想怎么看他就怎么拍。那时候小刚已经拍完了《不见不散》《甲方乙方》，有点如日中天的感觉。大家都说，你就不要改了，你还是拍贺岁档，还是葛优，还是喜剧，就没有问题。小刚那时候可能希望拍一些自我感受的东西。他拍《没完没了》，交换条件就是我们要投资他的第四部电影《一声叹息》，那是他比较个人化的电影了。"但没想到顺着观众拍竟然成功了，冯小刚由此一发而不可收，成为中国最善于摸准市场脉搏的导演，后来推出了《大腕》《手机》《天下无贼》《夜宴》《集结号》《非诚勿扰》系列《唐山大地震》《一九四二》《私人订制》等无数票房大卖的作品，成为华谊兄弟的标志性人物。

当然，成功的背后必然有艰辛，王中磊说，在公司投拍影视剧初期："我们多次把个人财产进行抵押，到后来电影的投资规模越来越大，还有时会做抵押。现在对我来说，已经记不清都做了哪些，签了很多字，现在想想风险还挺大的。"

在面对失败大家有消极情绪、想打退堂鼓的时候，哥哥王中军很好地发挥了"领袖"作用。王中磊说："我觉得他很会激发大家的热情，希望大家可以继续做下去。当年《鬼子来了》和《荆轲刺秦王》虽然亏了钱，但《没完没了》赚了钱，《心理诊所》也赚了钱。年底拍了一个电视剧《罪证》也非常赚钱，所以实际上我们并没有赔太多钱，而且还成功地进入了这个行业，获得了很多宝贵的经验。"

坐拥"娱乐航母"，身边诱惑确实多
"老婆会给我阶段式上弦"

到今天为止，20 年间，华谊兄弟已经变成一艘"娱乐航母"，"基本上只要人在北京，我每天都会去公司，因为永远都有处理不完的事情"。这与王中军平均一个月才去一次公司形成了鲜明的对比，不过王中磊对此并没有什么怨言，在他看来这是"分工不同"。

不在北京的时候，王中磊说他基本上都在飞机上，去外地或国外处理业务："我特别容易把生活和工作放在一起，出差对我来说也是一种旅行。我为什么喜欢旅行，因为每年我差不多有一半时间都是在飞，每次工作旅行对我来说都是一种放松。因为你进 office，你可能一天处理十件事情，但是你如果去出差，可能你的任务是非常简单的一到两个任务，你就会有一些空间思考或者放松自己。"

坐拥华谊兄弟这样的"娱乐航母"，王中磊也坦承他身边有不少诱惑，其中不言自明的便是美女的诱惑，毕竟华谊兄弟拥有国内最大的艺人经纪公司，不少刚入行的美女艺人会抓紧一切机会向老板"示好"，尤其王中磊还风度翩翩，多次被旗下艺人或员工夸奖是"中国最帅的老板"。但却并没有出现王中磊被"拖下水"的新闻：结婚 20 年，他和妻子王晓蓉感情融洽，如今儿女双全，被不少网友赞叹："太幸福了，什么都有。"

那么，到底靠什么来抵挡那些来自四面八方的诱惑呢？王中磊沉默了大概有十几秒钟："就是把自己弄得比较忙，我觉得就容易处理。因为人家需要的可能很大的一部分，还是要在一起吧，要陪伴吧，没有这个，自然就封闭了这个空间。"字面"翻译"，诱惑是有的，哥是扛得住的。

但无论怎么预防，由于工作原因，王中磊还是得花大量时间和女艺人打交道，交往时有没有什么底线？"底线？"他反问了一下，然后又说到了自己小时候成长的环境："就是你的生活背景、成长背景，定义了你对家庭和婚姻的概念，其实是对这个概念有底线，而不是对跟别人交往有底线。我觉得这是两个概念。第二个，就是你的另一半给你的感受太强烈了，你的另一半太完美了，她没有任何毛病可以让你挑出来，此外你没有一个理由说，你跟这个拜拜，或者跟这个分开，这个也有关系。"

王中磊还笑言，老婆王晓蓉对他也不是百分之百的放心，"阶段式的上弦肯定是有的"："其实她最重要的对我的上弦是说，她对我的信任有一个底线，她的信任感就是我对家庭、对她、对孩子，是负责任的。但是她说，我的危险性是如果我超过了她的底线的话，可能会让我自己不幸福，我想她是对的。"

站稳脚跟，"百货公司式"经营开始了
"要把华谊打造成百年老店"

戏剧化地，失败过去了，成功来敲门了。

1995 年之后，华谊兄弟在王中军和王中磊的带领下彻底转向影视——当然，此时广告仍然是公司的主要业务之一。

而从 1995 年至 2004 年这 10 年间，国内最主要的民营影视公司有两家，一个是张伟平的"新画面"，另一个就是华谊兄弟。王中磊看得很明白："他做的是精品店——长期只做张艺谋一个人的作品，我们做的是百货公司。"

正是在王中磊"百货公司"的经营理念下，华谊兄弟不但在广告界和影视界都风生水起，2000 年之后还涉足艺人经纪人，一度几乎把李冰冰、范冰冰、黄晓明、周迅等内地最当红的明星全部签至旗下；2004 年又成立华谊音乐公司，把张靓颖、尚雯婕、陈楚生等年轻一代实力派唱将招至麾下。

经过多年筹备，2009 年华谊兄弟上市，还拿了个第一——内地第一家上市的民营影视企业，说得再大一些，开启了中国娱乐影视行业的资本时代。而上市前后大约有一年时间，王中磊作为公司的一把手，长期箭崩在弦上："可能每天头上都会悬着一堆事情，因为你得对投资人负责。"

当时，作为公司的大股东，一向口无遮拦的冯小刚在上市之后就不能随便"开炮"或提前透露重大行动了，比如他一时兴起说自己很累、想退休，公司股价就会应声而跌，然后各种电话就会打到王中磊那里，他得忙着解释。诸如此类的事情，王中磊每天都有一堆摆在面前。

公司上市，王中磊的"百货公司"理念进一步深化，近年又相继成立时尚文化传媒公司，涉足影院，布局互联网和游戏，今年甚至还搞起了文化地产旅游，冯小刚前几天还笑言要跟着去搞房地产。可以说，只要与娱乐沾边的事情，王中磊几乎都做，而且每一项都做得很投入，这大大分散了公司的风险。

"可能到今年业绩报表出来的时候，可以看到电影只占百分之十几、二十，以前是五十、六十。刚上市那两年好像基本都是在 50% 左右，承担一半的业绩数。"谈到这里，王中磊长舒了一口气，有点如释重负的感觉："现在只占 20% 左右，这个会给华谊电影的整个团队带来一个非常好的创作环境，不用背负那么大的压力。"

谈及自己将把华谊兄弟打造成一个什么样的企业，是不是要打进好莱坞、把它变成一个和迪士尼一样的全球娱乐集团，王中磊说这还不是终极目标，它只是一个阶段性的事情："我和中军

给自己设立了一个目标，就是希望华谊兄弟的品牌变成一个百年老店。也许未来再过十年、二十年，我和中军这个家族在公司里面的持股量并不是很大，甚至我们可能都已经是请职业经理人在管理这个公司，但华谊兄弟这个品牌是属于我们这个国家的。它可能变成一个国际企业，但它依然是发自于这里。所有其他的步骤，我觉得在这个互联网时代都不需要做长期的规划，做个一两年、两三年已经很好了。"

采访手记

雷蒙德·连卡佛在书中说过："我还相信工作的价值——越辛苦越好。不工作的人有太多的时间来沉溺于自己和自己的烦恼之中。"

不知道王中磊是否也相信工作的价值，但他坚持和员工一起上下班，不是在处理业务，就是在去处理业务的航班上。听起来无趣的工作行程表背后，是更像旧式小说里贵公子的王中磊。他衣着光鲜出现在大量的娱乐活动上，在那些衣香鬓影的场合，每次出场，他都手牵美女一个，而且是大名鼎鼎的美女，比如冰冰或者周公子；讲话时，他的脸上总是带着微笑，而且一笑就会露出酒窝和整齐的牙齿。也正因如此，他经常被旗下的艺人或员工称为"最帅的老板"或"最迷人的老板"。

爱研究美食和红酒，寸土寸金的南池子大街有一个私人会所就是"小王老板"的。从外表看，这个会所极其普通，门牌号是有人拿墨水写的，不但歪歪扭扭，关键是写在一块墙砖上，像被人贴的一个小广告。可约了王中磊专访的记者进到里面后，发现竟然有上千平米，里面的服务生西装革履，彬彬有礼。然后进入到地下一楼，映入眼帘的，是满满半层楼的红酒……

腾讯娱乐原创书系

贵圈：关于娱乐圈的 32 个真相

《贵圈》是腾讯娱乐的一档深度调查报道栏目。凭借腾讯娱乐的资源优势，深度剖析和揭秘中国当下娱乐圈的种种现象，其内容具有原创性、深入性、创新性三大优势，改变了娱乐报道"速食"的性质，能够真正洞悉娱乐圈、挖掘表象背后真相，没有时效性局限，在行业内首屈一指，对读者而言真正做到"在这里，读懂娱乐圈"。

导演公园：对话拍电影的人

《导演公园》是腾讯娱乐一档聚焦电影导演的深度栏目。不管是老导演，还是新导演，不管是大导演，还是小导演，不管是走市场，还是走电影节，只要作品好，《导演公园》都希望与他（她）投入地聊上一次。除了深度对话，《导演公园》还会对导演做出深度剖析，从生平到作品三观，力求入木三分、一针见血，既活泼又深刻。《导演公园》集结国内外优质导演，讲述他们的艺术人生。《导演公园》邀请到了李安、王家卫、张艺谋这样的一代宗师，也有许诚毅、吴京、大鹏这样的新起之秀，还有赵薇、薛晓路、李玉等优秀女导演。这些优秀的导演在一起，既比票房，也比想法。

封面人物：娱乐大人物的真实与谎言

《封面人物》是腾讯娱乐的一档深度人物栏目。聚焦娱乐领域值得关注的人物。他们是娱乐行业最核心的成就，他们身上有着无尽的关注，《封面人物》将他们从那些碎片式的报道里打捞出来，谨慎地审视他们，呈现他们明星面具下面的一切。潮流更迭，每一次后浪涌起的时候，都意味着娱乐权力的交接，这背后也可窥见时代的变化。新一代的明星更敢于表达自己，00后已经成为娱乐消费的重要族群，幕后的缔造者们在这里传达他们的经验、观点，让我们理解此刻所处的这个娱乐时代。通过人物报道，我们拓宽了娱乐的广度和深度，打开窗户，让光照进来。

电影有内涵：唯有电影，不可辜负

《电影有内涵》是腾讯娱乐一档聚焦电影的策划报道栏目。它以现象级电影为蓝本，对它们的大卖或者高话题度做出足够理性又足够感性的解读和剖析。它解读一切值得解读的电影，包括灾难片、恐怖片、青春片、黑帮片，等等；也对产业动态保持充分的好奇心，比如关注营销新方式，比如审查制度变了，这得好好聊聊；同时一网打尽国内外的重要电影节和颁奖礼，并深度揭秘其中的门道。

本书系图片部分来源网络，请原作者与腾讯娱乐中心联系。

《贵圈》《封面人物》联系方式：bosinaluo@tencent.com 010-62671967　　《导演公园》《电影有内涵》联系方式：judezeng@tencent.com 010-62671967